神东煤炭集团
生产安全应急管理体系建设

王存飞 编著

应急管理出版社

·北 京·

图书在版编目（CIP）数据

神东煤炭集团生产安全应急管理体系建设／王存飞编著．－－北京：应急管理出版社，2020
 ISBN 978－7－5020－8446－2

Ⅰ.①神… Ⅱ.①王… Ⅲ.①煤炭企业—安全生产—生产管理—管理体系—体系建设—中国 Ⅳ.①F426.21

中国版本图书馆 CIP 数据核字（2020）第 228467 号

神东煤炭集团生产安全应急管理体系建设

编　　著	王存飞
责任编辑	成联君
责任校对	邢蕾严
封面设计	于春颖

出版发行	应急管理出版社（北京市朝阳区芍药居 35 号　100029）
电　　话	010－84657898（总编室）　010－84657880（读者服务部）
网　　址	www.cciph.com.cn
印　　刷	北京虎彩文化传播有限公司
经　　销	全国新华书店
开　　本	710mm×1000mm $^1/_{16}$　印张 $14^1/_4$　字数 262 千字
版　　次	2021 年 1 月第 1 版　2021 年 1 月第 1 次印刷
社内编号	20201674　　　　　　定价 58.00 元

版权所有　违者必究

本书如有缺页、倒页、脱页等质量问题，本社负责调换，电话:010－84657880

前　　言

我国"富煤、贫油、少气"的资源条件决定了煤炭在国民经济发展中一次能源的主体地位，煤炭行业的生产安全是其持续健康发展的前提条件，而煤矿应急管理是保证煤矿安全的基础性工作。习近平新时代中国特色社会主义对应急管理事业提出了"对党忠诚、纪律严明、赴汤蹈火、竭诚为民"的总要求，要求应急管理工作应遵循"从事后处置向事前预防转变、从流程化向流程化＋专业化转变，以不发生事故为目标"的原则，着力在应急预案、应急管理体制、应急管理机制和应急管理制度上下功夫，在标准化、信息化上求实效，积极完善管理体系，深化责任落实，强化应急准备，稳步提升应急管理工作水平。

本书以神东煤炭集团应急管理体系建设作为对象，对神东煤炭集团生产安全应急管理的体制、机制、制度、应急救援预案、处置能力和保障能力各要素和环节进行了全面、细致和深入的阐述。本书借鉴了当前国内外先进的应急管理理论，综合了国内学者、管理者和专业人士的煤矿应急管理思想、煤矿安全风险管控措施、煤矿应急救援技术、煤矿应急救援案例分析等内容，系统地阐述了神东煤炭集团应急管理体系建设内容和思路。

由于作者水平和时间有限，书中难免存在不足之处，敬请广大读者批评指正。

王存飞

2020年7月于陕西神木

目　录

第一章　绪论 ... 1
- 第一节　应急管理相关理论概述 ... 1
- 第二节　我国生产安全应急管理发展概况 ... 5
- 第三节　神东煤炭集团生产安全面临的突发事件 ... 10

第二章　神东煤炭集团生产安全应急预案建设 ... 14
- 第一节　神东煤炭集团应急预案体系构成 ... 14
- 第二节　神东煤炭集团应急预案编制 ... 15
- 第三节　神东煤炭集团应急预案范例 ... 21
- 第四节　神东煤炭集团应急演练 ... 60

第三章　神东煤炭集团生产安全应急管理体制建设 ... 80
- 第一节　神东煤炭集团应急管理组织结构 ... 80
- 第二节　神东煤炭集团应急管理组织机构及职责 ... 81
- 第三节　矿处级应急管理组织机构及职责 ... 85
- 第四节　科队级应急管理组织机构及职责 ... 90

第四章　神东煤炭集团生产安全应急管理机制建设 ... 92
- 第一节　生产安全事故发生前应急管理机制 ... 92
- 第二节　生产安全事故发生时应急管理机制 ... 102
- 第三节　生产安全事故事中处置时应急管理机制 ... 108
- 第四节　生产安全事故处理完毕后应急管理机制 ... 117

第五章　神东煤炭集团生产安全应急管理制度建设 ... 122
- 第一节　各级应急管理制度概述 ... 122
- 第二节　神东煤炭集团规章制度建设的总体要求 ... 125

第三节　神东煤炭集团应急管理制度建设情况 ………………………… 130

第六章　神东煤炭集团生产安全应急处置能力建设　135
第一节　应急救援队伍建设 ……………………………………………… 135
第二节　应急处置能力提升建设 ………………………………………… 142

第七章　神东煤炭集团生产安全应急保障能力建设　146
第一节　应急物资保障 …………………………………………………… 146
第二节　应急救援基地建设 ……………………………………………… 148
第三节　应急装备保障 …………………………………………………… 151
第四节　应急信息化建设 ………………………………………………… 153
第五节　应急救援技术保障 ……………………………………………… 154

第八章　神东煤炭集团生产安全应急建设远景规划　171
第一节　应急管理体制建设规划 ………………………………………… 171
第二节　应急管理机制建设规划 ………………………………………… 172
第三节　应急管理制度建设规划 ………………………………………… 173
第四节　应急预案体系建设规划 ………………………………………… 173
第五节　应急处置能力建设规划 ………………………………………… 175
第六节　应急保障能力建设规划 ………………………………………… 176

附件 …………………………………………………………………………… 178
附件1　内蒙古自治区宝马煤矿"12·3"特别重大瓦斯爆炸
　　　　事故应急救援案例 ……………………………………………… 178
附件2　河北省艾家沟矿业有限公司"2·28"重大火灾事故
　　　　应急救援案例 …………………………………………………… 186
附件3　山西省东于煤业"5·22"较大水害事故应急救援案例 ……… 190
附件4　山西平定汇能煤业有限公司"12·17"顶板事故应急
　　　　救援案例 ………………………………………………………… 198
附件5　山东省星村煤矿"7·26"冲击地压事故应急救援案例 ……… 203
附件6　黑龙江省某矿"11·27"煤尘爆炸事故应急救援案例 ………… 206
附件7　山西坤龙煤业有限公司"10·1"一般运输事故应急
　　　　救援案例 ………………………………………………………… 209

目　　录

附件8 山西申南凹焦煤有限公司一般机电事故应急救援案例 ………… 213

附件9 河北吕家坨矿业分公司"2·19"触电事故应急救援案例 …………………………………………………………… 216

参考文献 ……………………………………………………………… 220

第一章　绪　论

近年来，应急管理研究与实践多从事故防范、预警及采取应对措施等方面着手，科学系统地应对突发事件，编制突发事件应急预案，完善应急机制、体制、法制和队伍建设及装备保障，对提高政府、行业主管部门和企业预防、应对突发事件能力，构建社会主义和谐社会意义重大。为保障煤矿企业安全发展，确保煤矿企业具备生产安全的基本条件，在提高抗灾防灾能力的同时，必须加强和完善煤矿应急救援预案、体制、机制、法制、处置能力和保障能力建设，积极践行以人为本、科学施救的理念，确保安全、及时、有效救援，提高应对煤矿事故的能力。本书主要阐述神东矿区生产安全应急管理体系建设情况，在陈述之前，首先针对应急管理及相关概念进行描述。

第一节　应急管理相关理论概述

一、突发事件的定义

"突发事件"一词在各国立法名称不一，近似的提法有"紧急事件""紧急情况""非常状态""特别状态"等，还包括一些狭义上的"戒严状态""战争状态"等。比较有代表性的相关定义是欧洲人权法院对"公共紧急状态"的解释："一种特别的、迫在眉睫的危机或危险局势，影响全体公民，并对整个社会的正常活动构成威胁。"学者们对此也从不同角度进行界定、解释，基于学者不同的研究角度和出发点，其准确含义并不统一。该现象在相关法律规定中亦是如此，例如，"突发事件"在我国《刑法》第277条中的含义与"自然灾害"并列，而《人民警察法》第17条第1款中规定："……对严重危害社会治安秩序的突发事件，可根据情况实行现场管制"；《国防交通条例》第53条规定："……特殊情况，是指局部战争、武装冲突和其他突发事件……"。直至2007年8月30日我国颁发《突发事件应对法》后，在应急管理领域，突发事件的概念得以统一和明晰，即指"突然发生，造成或者可能造成严重社会危害，需要采取应急处置措施予以应对的自然灾害、事故灾难、公共卫生事件和社会安全事件"。

二、突发事件的特征

现实生活中,突发事件形态各异、变化诡谲。但纵观各种突发事件,大都具有爆发突然、起因复杂、蔓延迅速、危害严重、影响广泛的特点。具体而言,突发事件有以下几方面的共同特征:

(1) 突然性。一般事件的形成通常有一个由量变到质变的萌生、形成和发展的过程,使人们可以从容地了解、掌握、处理事件。但突发事件由量变到质变过程很快,具有非常明显的突发性特点。因此,对于突发事件发生,于什么时间、什么地点以什么样的方式发生,以及原因、程度、发展趋势等情况,人们都难以准确地把握。与此同时,事发的突然性会造成短时间内事件信息的高度缺失,使得信息掌握不充分,因而造成救助主体无法及时而迅速地采取最初应对措施,无法明确所需的救助资源并实现资源的配置。另外,突发事件的突然性使它在较短的时间内会迅速成为社会关注的焦点和热点,并产生巨大的震撼力和影响力。

(2) 危害性。从某种意义上说,突发事件以人员伤亡、财产损伤为标志。不论什么性质和规模的突发事件,都会不同程度地给国家和人民造成政治、经济上的损失和精神上的伤害,都会影响政治局面的稳定、破坏经济建设、危及正常的工作和生活秩序,甚至威胁人类的生存。突发事件造成的损害有直接损害和间接损害,这种损害性不仅体现在人员的伤亡、组织的消失、财产的损失和环境的破坏上,还体现在突发事件对社会心理和个人心理所造成的破坏性冲击,并进一步渗透、影响到社会生活的各个层面。突发事件越是严重,其危害范围和破坏力就越大,所造成的危害越会在短时间内大范围蔓延,滋生出更严重、更广泛的危害。

(3) 不确定性。突发事件在发生的时间、地点等方面具有不确定性特征,同时其发展过程也是不确定的。突发事件爆发后会受到很多偶然因素的影响,很多后续的发展难以准确预测。由于突发事件这种瞬息万变的特点,使得应急管理的应对措施需要依靠非程序化手段进行决策。

(4) 复杂性。首先,造成突发事件的原因相当复杂。有纯自然因素造成的突发事件,有人为因素造成的突发事件,还有自然因素和人为因素共同影响而造成的突发事件。其次,突发事件的后果是复杂的,突发事件影响的地域往往比较广,涉及的人员比较多,还往往引起多米诺骨牌效应和涟漪效应。这种连锁反应带来的直接后果就是突发事件变得更加复杂。

三、突发事件的分类和分级

1. 突发事件的分类

突发事件的分类是根据事件的特征,把各种突发事件划分为不同的类别。由于不同突发事件的发生原因、处置措施、技术手段以及责任部门都不相同,因此分类的目的在于明确责任体系,更加便捷地处置专业性、技术性的突发事件。突发事件的分类是应急管理工作的基础,只有首先确定事件的类别,才能更快地找到处理问题的应对方案。认真研究和合理确定突发事件的分类,对于明确责任、制定预案、科学组织、整合资源具有重要意义,是做好突发性事件应对和处置的基础性工作。

2006年1月8日,国务院发布的《国家突发公共事件总体应急预案》对突发公共事件进行了分类,见表1-1。

表1-1 突发事件的种类

类别	表现	举例
自然灾害	主要包括水旱灾害、气象灾害、地震灾害、地质灾害、海洋灾害、生物灾害和森林草原火灾	台风、暴雨、海啸、地震、泥石流、火山爆发等
事故灾难	主要包括工矿商贸等企业的各类安全事故、交通运输事故、公共设施和设备事故、环境污染和生态破坏事件等	化工企业毒气、毒液泄漏事故,桥梁垮塌事故,城市水源地污染事故等
公共卫生事件	主要包括传染病疫情、群体性不明原因疾病、食品安全和职业危害、动物疫情以及其他严重影响公众健康和生命安全的事件	集体食物中毒事件、恶性传染病突发事件(SARS、COVID-19)、伪劣药品损害事件等
社会安全事件	主要包括恐怖袭击事件、危害社会治安事件、经济安全事件和涉外突发事件等	公共场所的爆炸案件,大型群众性活动中的踩踏伤亡事件,聚众闹事,堵路事件等

2. 突发事件的分级

将突发事件划分为不同级别而采取不同级别的应急措施是各国应急管理的共同经验。我国《突发事件应对法》中将突发事件分为特别严重(Ⅰ级)、严重(Ⅱ级)、较严重(Ⅲ级)和一般严重(Ⅳ级)四级,依次用红色、橙色、黄色和蓝色进行预警和分级管理。针对不同级别的突发事件需要采取不同的应急措施，因此将突发事件分级的目的在于规定我国各级人民政府对突发事件的管理范围，即不同级别的突发事件由相应级别的政府进行控制：

（1）一般严重（Ⅳ级）突发事件，表示其影响局限在社区和基层范围内，可由县级政府控制。

（2）较严重（Ⅲ级）突发事件，表示后果严重，影响范围大，发生在一个县或是波及两个县以上，超出县级政府应急能力，需要动用市级有关部门力量方可控制。

（3）严重（Ⅱ级）突发事件，表示其规模大，后果特别严重，发生在一个市以内或是波及两个市以上，需要动用省级有关部门力量方可控制。

（4）特别严重（Ⅰ级）突发事件，表示其规模极大，后果极其严重，其影响超出省级范围，需要动用全省的力量甚至请求中央政府增援和协助方可控制，其应急处置工作由发生地省级政府统一领导和协调，必要时（超出地方处置能力范围或者影响全国的）由国务院统一领导和协调应急处置工作。

四、应急管理的定义

根据《突发事件应对法》，应急管理是指政府及其他公共机构在突发事件的事前预防、事发应对、事中处置和善后恢复过程，通过建立必要的应对机制，采取一系列必要措施，应用科学、技术、规划与管理等手段，保障公众生命、健康和财产安全，促进社会和谐健康发展的有关活动。其目的是为了预防和减少突发事件的发生，控制、减轻和消除突发事件引起的严重社会危害，规范突发事件的应对活动，保护人民生命财产安全，维护国家安全、公共安全、环境安全和社会秩序。

五、应急管理的阶段

美国联邦安全管理委员会认为，应急管理包括减缓（Mitigation）、准备（Preparedness）、响应（Response）、恢复（Recovery）四个阶段。对各种突发事件实施有效的应急管理是政府的一项重要职能，突发事件应急管理工作是一项系统工程，政府应急管理过程中各个阶段的主要工作内容如下：

（1）减缓阶段，是指政府为了消除危机出现的机会和减轻危机事件的危害所做的各种预防性工作。有的危机是可以预防的，有的危机是无法避免的，但可以通过采取措施减缓危机的危害后果，最为普遍的措施就是做好风险评估工作，及早预测可能面临的风险及危害后果，从而制定和采取相应的预防措施。例如，采取加强建筑管理，使建筑标准达到防震、防火、防飓风的要求；组织水利设施建设以便防洪泄洪；检查排除灾难、事故、疫情隐患。

（2）准备阶段，是指政府为了应对潜在危机事件所做的各种准备工作，主要有预警监测、科学研究、信息处理、日常管理等准备工作。例如，广泛收集自然和社会环境中突发事件的征兆信息，发现并跟踪监测各种隐患发展势态，建立预警系统，及时对事态作出准确评估；搭建信息平台，为应急指挥决策提供信息支撑；组织制定应急预案，组织演练活动。

（3）响应阶段，是指政府在危机发生、发展过程中所进行的各种紧急处置工作。当危机事件不可避免地发生时，政府的当务之急就是控制事态的恶化，尽可能减少人员伤亡和财产损失，安抚公众情绪，保证社会稳定。危机一旦发生，政府决策者必须立即启动应急预案，采取有效措施，动用各种社会资源，开展现场处置和施救工作，尽快修复已毁损的社会系统，确保社会的稳定和有序。

（4）恢复阶段，是指政府在危机事件得到有效控制后，为了恢复正常状态和秩序所进行的各种善后工作。危机势态得到控制后，人们从紧张和失衡状态中恢复后，政府要进行危机后的恢复重建、有关责任的追究、民众心理慰藉和信心恢复、防止危机复发等工作。

第二节　我国生产安全应急管理发展概况

生产安全事故是国家突发公共事件中的事故灾难之一，包括工矿商贸等企业的各类安全事故。生产安全应急管理是国家突发公共事件应急管理的重要组成部分，是安全生产工作的重要方面。因此，国家突发公共事件应急救援的指导思想、原则和普遍规律都适合于生产安全应急管理。

一、生产安全应急管理的内涵

根据风险控制原理，风险大小是由事故发生的可能性及其后果严重程度决定的。事故发生的可能性越大，后果越严重，则该事故的风险就越大。控制事故风险的根本途径有两条：第一是事故预防；第二是应急管理。由于受技术发展水平、人的不安全行为以及自然客观条件（乃至自然灾害）等因素影响，要将事故发生的可能性降至零，即做到绝对安全，是不现实的。事实上，无论事故发生的频率降至多低，事故发生的可能性都依然存在，而且有些事故一旦发生，后果将是灾难性的。那么，如何控制这些发生概率虽小、后果却非常严重的重大事故风险呢？无疑，应急管理成为重要的风险控制途径。

生产安全应急管理工作是立足于防范事故的发生，从生产安全应急管用的角度出发，着重做好事故预警、加强预防性安全检查、搞好隐患排查整改等工作，包括：

（1）要加强风险管理、重大危险源管理和事故隐患的排查整改工作。

（2）要坚持"险时搞救援，平时搞防范"原则，建立应急救援队伍参与事故预防和隐患排查的工作机制，尤其组织矿山、危险化学品和其他救援队伍参与企业的安全检查、隐患排查、事故调查、危险源监控以及应急知识培训等工作。

（3）要解决事故发生后迟报、漏报、瞒报等问题。

（4）要强化现场救援工作，以提升应急管理和应急救援工作水平。

（5）要做好善后处置和评估工作。

二、生产安全应急管理的特点

与自然灾害、公共卫生事件和社会安全事件相比，生产安全应急管理更具有复杂性、长期性和艰巨性等特点。

（1）生产安全应急管理本身是一个复杂的系统工程。

① 从事件序列看，生产安全应急在事前、事发、事中及事后四个过程中都有明确的目标和内涵，贯穿于预防、准备、响应和恢复的各个过程。

② 从涉及的部门来看，生产安全应急管理涉及生产安全监督管理、消防、卫生、交通、物资、市政、财政等政府的各个部门，以及诸多社会团体或机构如新闻媒体、志愿者组织、生产经营单位等。

③ 从应急管理涉及的领域来看，则更为广泛，如工业、交通、通信等。

④ 从应急对象来看，种类繁多，涉及各种类型的事故灾难。

⑤ 从管理体系构成来看，涉及应急法制、体制、机制到保障系统。

⑥ 从层次上来看，则可划分为国家、省、市、县及生产经营单位应急管理。

（2）重大生产安全事故发生所表现出的偶然性和不确定性，往往给生产安全应急管理工作带来消极的心态影响。

① 侥幸心理。主观认为或寄希望于这样的生产安全事故不会发生，对应急管理工作淡漠，而应急管理工作在事故灾难发生前又不能带来看得见、摸得着的实际效益，这也使得生产安全应急管理工作难以得到应有的重视。

② 麻痹心理。经过长时间的应急准备，而重大事故却一直没有发生，易滋生麻痹心理而放松应急工作的要求和警惕性，若此时突然发生重大事故，则往往导致应急管理工作前功尽弃。

由于重大生产安全事故的偶然性和不确定性，决定了生产安全应急管理工作任重道远，生产安全应急管理要常抓不懈，一刻也不能放松。

三、生产安全应急管理的意义

生产安全应急管理是生产安全工作的重要组成部分。在各地区、各部门、各单位和社会各界的共同努力下,全国生产安全形势呈现了总体稳定、趋于好转的态势,但是,加强生产安全应急管理工作依然需要时刻警惕。

(1) 加强生产安全应急管理,是落实中央领导指示精神、加强生产安全工作的重要举措。党中央、国务院高度重视生产安全。一些特大和特别重大事故发生后,中央领导同志及时做出批示和指示,要求做好事故的抢险救援工作,全力抢救涉难人员,减少事故损失。

(2) 工业化进程中存在的重大事故灾难风险迫切需要加强生产安全应急管理。目前我国正处在工业化加速发展阶段,是各类事故灾难的"易发期"。面对依然严峻的生产安全形势和重特大事故多发的现实,迫切需要加强生产安全应急管理工作,有效防范事故灾难,最大限度地减少事故给人民群众生命财产造成的损失。

(3) 加强生产安全应急管理,提高防范、应对重特大事故的能力,是坚持"以人为本、执政为民"思想的重要体现,也是全面履行政府职能、进一步提高行政能力的重要方面。

四、我国生产安全应急管理现状

在党中央、国务院的高度重视和正确领导下,经过各级党委政府、社会各界和广大人民群众的共同努力,我国生产安全领域的应急救援工作取得了长足发展。以"一案三制"(预案、体制、机制和法制)为重点,加强生产安全应急管理和应急救援体系建设、队伍建设、装备建设,生产安全应急管理工作取得了新的进展。

(1) 应急管理体制初步建立。全国 31 个省(区、市)、新疆生产建设兵团和 215 个市(地)、部分县(市、区),以及生产安全任务较重的 54 家中央企业建立了生产安全应急管理机构,建立了国家和区域生产安全应急救援协调机制。

(2) 应急管理规章标准建设稳步推进。制定颁布了《矿山救护规程》(AQ 1008—2007)、《生产经营单位生产安全事故应急预案编制导则》(GB/T 29639—2020)、《生产安全事故应急预案管理办法》(国家安全监管总局令第 17 号)和《生产安全事故应急演练指南》(AQ/T 9007—2011),以及应急救援队伍建设、应急平台体系建设、宣传教育培训等一系列规章、标准和指导性文件,为加强生产安全应急管理提供了依据。各省(区、市)制订的部分地方性法规和规章也对生产安全应急管理工作进行了规范。

（3）应急救援队伍体系建设成效明显。各地区、有关高危行业企业加强了应急救援队伍建设，救援人员增加了40%，初步形成了国家（区域）、骨干、基层救援队伍相结合的应急救援队伍体系，通过开展培训演练和技能比武等工作，应急救援队伍素质不断提高，救援能力明显加强。

（4）应急救援装备水平不断提高。国家级矿山和危险化学品救援队伍增配各类救援车辆700余台，配备个体防护、救援、侦检、通信等装备8000余台（套）。骨干队伍和基层队伍所在地方政府和依托单位加大了救援装备投入力度，部分省（区、市）建立了生产安全应急物资装备储备库。

（5）应急预案和演练、工作进一步加强。在国家层面，制定颁布了事故灾难应急预案42个，各级地方政府和高危行业企业经常举行应急预案培训和演练。

（6）应急平台建设全面启动。制定了国家生产安全应急平台体系建设指导意见。

（7）应急管理培训和宣教工作深入开展。修订完善生产安全应急管理培训和宣教工作制度，制定了应急管理和指挥人员培训大纲。

（8）应急科技支撑不断增强。各地区均成立了生产安全应急救援专家组。

（9）国际交流合作不断深入。通过组织救援指战员及应急管理人员赴发达国家学习交流、参加国际矿山救援技术竞赛以及举办国际性生产安全应急管理论坛和展会等方式，加强了生产安全应急管理领域国际交流与合作。

五、我国生产安全应急管理发展方向

1. 完善生产安全应急管理法规、政策、标准体系

随着《生产安全事故应急条例》的颁布、实施，各地区、各行业需要制定修订与其配套的生产安全应急预案管理、资源管理、信息管理、科技管理、队伍建设与管理以及培训教育、运行保障等规章和标准。除此之外还需要建设生产安全应急管理统计指标体系，完善应急救援队伍经费保障、装备器材征用补偿、装备购置税费减免以及表彰奖励等政策措施，形成国家、地方、企业及社会多元化的应急体系建设保障制度。同时也需要研究探索社会捐助、保险等支持生产安全应急救援的途径，形成政府主导、行业监管、社会民众参与的救援体系。

2. 建立健全生产安全应急管理机构

建立完善省、市和重点县三级生产安全应急管理机构，需要加强人员、装备配置，强化技术培训，落实运行经费，制定工作制度和协调指挥程序，以提高应急管理能力和救援决策水平。同时需要加强高危行业企业应急管理机构建设，落实应急管理与救援责任。

3. 理顺和完善应急管理与指挥协调机制

完善国家、省级相关部门生产安全应急救援联动机制和联络员制度，健全各级应急管理机构之间、应急管理机构与救援队伍之间的工作机制和应急值守、信息报告制度，建立健全区域间协同应对重特大生产安全事故的应急联动机制，建立完善事故现场救援队伍协调指挥制度。

4. 加强应急救援队伍体系建设

建设国家（区域）矿山、国家（区域）危险化学品应急救援队和部分中央企业应急救援队，以及矿山、危险化学品骨干应急救援队伍，建立健全高危行业企业应急救援队伍，完善队伍体系，形成区域救援能力。注重培养"一专多能"的各级救援队伍，实施社会化服务，发挥救援队伍在预防性检查、预案演练、应急培训等方面的作用。鼓励和引导各类社会力量参与应急救援。将应急救援队伍建设纳入各级经济和社会发展规划，加大资金、政策扶持力度。将矿山医疗救护体系纳入各地区医疗卫生应急救援体系和生产安全应急救援体系，同步规划、同步建设。开展化工园区、矿山企业聚集区应急救援队伍一体化示范建设。加强生产安全应急救援队伍资质管理，促进队伍素质提高。积极配合有关部门推进公路交通、铁路交通、水上搜救、船舶溢油、建筑施工、电力、旅游等行业国家级救援基地和队伍建设，配合各地消防部队加强综合应急救援队伍建设。

5. 完善应急预案体系

建立并完善政府部门、重点行业企业应急预案体系，实现政府部门与企业应急预案有效衔接。规范预案编制内容，提高预案编制质量，加强预案审查，建立健全预案数据库。编制应急演练评估标准，完善应急预案演练制度，规范应急预案演练，以提高演练效果。

6. 加快生产安全应急管理宣教和培训体系建设

将生产安全应急管理培训纳入生产安全教育培训总体规划统一部署，充分利用各级政府和有关部门、大型企业现有的应急培训资源，完善培训设施，加强师资队伍建设，健全生产安全应急培训体系。制定培训规划和考核标准，加强各级生产安全应急管理人员和救援队伍指战员培训。充分利用各种新闻媒体和网络等，面向从业人员和社会公众开展生产安全应急管理宣传教育，普及防灾避险、自救互救知识，增强全民应对事故灾难的意识和能力。

7. 推动应急救援科技进步

坚持以应急救援需求为导向，自主创新和引进消化吸收相结合，形成生产安全应急救援科技原始研发、创造创新、成果转化的能力和机制。鼓励应急装备和物资生产企业、教学科研机构搞好产学研结合,加强应急救援新技术、新装备的研发,扶持和培育应急救援技术装备研发机构和制造产业,积极推广应用先进运用的应急救援技术和装备,以煤矿、金属非金属矿山、危险化学品、烟花爆竹等高危行业(领域)为重点,优先推广应用紧急避险、应急救援、逃生、报警等先进适用技术和装备。强制淘汰不适应救援需要、不符合相关标准、性能不高的救援技术装备。

8. 加强应急救援支撑保障能力建设

在矿山、危险化学品等重点行业(领域)选择优势科研机构,重点建设一批生产安全应急救援技术支持保障机构,加强应急救援技术装备科技研发、检测检验等能力建设。加快国家(区域)应急救援队伍大型救援装备储备,依托有关企业、单位储备必要的物资装备和生产能力,建立生产安全应急物资储备制度和调运机制,形成布局合理、多层次、多形式的应急救援物资储备体系。支持有关大专院校加强生产安全应急管理学科建设,培养专业人才,建立和完善各类应急专家库,为应急管理和应急救援工作提供智力支持。

9. 深化应急平台体系建设和应用

加快省、市和重点县以及高危行业(领域)大中型企业应急平台建设,完善生产安全应急平台体系,强化各级平台间的互联互通,加强物联网等新技术的应用。深化应急平台在救援指挥、资源管理、重大危险源监管监控等方面的应用,注重通过应急平台体系,动态掌握各类应急资源的分布情况。

10. 加快建立重大危险源监管体系

落实企业主体责任,明确监控重点目标,建立健全企业重大危险源安全监控系统,提升重大危险源监控能力。开展重大危险源普查登记、分级分类、检测检验和安全评估。建立国家、省、市、县四级重大危险源动态数据库和分级监管系统,构建重大危险源监测预警机制。

第三节 神东煤炭集团生产安全面临的突发事件

神东煤炭集团是国家能源集团的骨干煤炭生产企业,地处蒙、陕、晋三省区能源富集区,现有大型现代化安全高效矿井13座(14井)和30个地面单位。内蒙古自治区伊金霍洛旗境内有7座矿井:补连塔煤矿、上湾煤矿、布尔台煤矿、乌兰木伦煤矿、柳塔煤矿、寸草塔煤矿、寸草塔二矿;陕西省神木市境内有5座矿井:大柳塔煤矿(含活鸡兔井)、榆家梁煤矿、哈拉沟煤矿、石圪台煤矿、锦界煤矿;山西省保德县境内有1座矿井:保德煤矿。

第一章 绪　　论

根据风险评估结果，神东煤炭集团主要存在着水灾、火灾、瓦斯（煤尘）事故和顶板事故等重大风险。

一、水灾风险

1. 地表水水害

各矿井井田内地表沟流大多为季节性沟流，平时干涸，只在汛期有少量流水。大柳塔、补连塔、上湾、哈拉沟、布尔台等井田范围内有零星分布的小型水库、鱼塘等地表水体，回采时地表水可能通过采动裂隙进入井下影响矿井安全生产。大柳塔、补连塔、榆家梁、乌兰木伦、石圪台、哈拉沟等煤矿周边分布较多已关闭小煤矿，部分小煤矿井口或其塌陷范围靠近沟谷两侧，沟内基岩较薄，雨季洪水可能通过小煤矿井口、露天采坑或塌陷裂缝涌入采空区，对矿井的安全生产造成威胁。

2. 松散层孔隙水水害

矿区松散层孔隙水主要赋存于第四系萨拉乌苏组含水层，岩性以细砂岩、中砂岩为主，分布于大柳塔、石圪台、哈拉沟、上湾、乌兰木伦等井田。在局部地段如河谷、古冲沟一带易形成富水区，由于这些地段煤层埋藏浅，上覆基岩薄，砂层含水层厚，工作面在回采过程中导水裂隙带导通砂层含水层，会出现较大涌水，个别地段可能发生突水溃砂现象。

3. 基岩裂隙水水害

（1）锦界煤矿直罗组风化基岩含水层厚度大，富水性强，是矿井直接充水水源，该含水层部分区域与上部砂层含水层直接导通，增强了地层富水性，矿井涌水量大。

（2）补连塔矿、布尔台矿、寸草塔矿、寸草塔二矿等矿井地下水主要赋存在白垩系志丹群、侏罗系安定组、直罗组、延安组基岩裂隙中，富水性一般较弱，但局部地段如布尔台矿呼和乌素沟附近富水性较强，基岩裂隙水具有承压性，水头高度大，补给水源丰富，为矿井开采时重要水害。

（3）活鸡兔井、榆家梁矿、石圪台矿、锦界矿等矿井部分沟谷地段煤层自燃使围岩形成烧变岩，烧变岩裂隙孔洞发育，地下水径流畅通，上部又覆盖砂层，易于接受大气降水，并补给烧变岩水，增强了该区域富水性。

4. 老空水水害

（1）大柳塔井、活鸡兔井、补连塔矿、榆家梁矿、石圪台矿、布尔台矿等矿井回采工作面上方存在采空区，对下部工作面回采有一定影响。

（2）大柳塔井、活鸡兔井、榆家梁矿、乌兰木伦矿、石圪台矿、哈拉沟矿等矿井周边分布众多地方小煤矿，部分小煤矿有越界开采行为，且采掘情况不明，严重影响矿井安全生产。

5. 奥灰水水害

保德矿处于奥灰水水头以下，开采受奥灰水威胁。突水系数最大为 0.047 MPa/m，虽小于临界突水系数 0.06 MPa/m，但遇断层、陷落柱、封闭不良钻孔等导水通道就可能与奥灰水导通，将对矿井的安全生产构成严重威胁。

二、火灾风险

1. 内因火灾

保德、榆家梁两个煤矿开采自燃煤层，自然发火期为 3~6 个月；其余矿井均开采容易自燃煤层，自然发火期为 1~3 个月。同时矿井煤层埋藏浅、距离近，在开采初期受采煤装备及地质条件限制，部分浅部薄煤层未采，厚煤层回采率低，工作面初采及末采期间遗煤较多，且许多矿井上层煤开采时，未采取预防性注浆等措施，开采下层煤时，上层煤采空区存在较大的自然发火风险。

2. 外因火灾

由于神东煤炭集团采掘机械化程度高，各类型电器设备多（数量超过数十万台）、井下电缆长度长（超过 4000 km）、带式输送机输送距离长（超过 700 km）、无轨胶轮车数量多（超过 3000 台），由于电气设备、电缆、带式输送机摩擦、电气焊、辅助运输车辆以及油脂、火工品等管理不善，可能引发外因火灾。

3. 地方煤矿火灾

神东矿区矿井周边分布众多小煤矿，有些小煤矿可能越界开采，部分小煤矿目前已出现发火迹象或已形成火区，影响活鸡兔、榆家梁、石圪台等矿井的安全开采。

三、顶板风险

（1）综采工作面顶板灾害：综采工作面存在过地质构造、综采面采空区三角区悬顶、顶板冒漏、相邻巷道底鼓、帮鼓及顶板下沉等风险。

（2）掘进工作面顶板灾害：掘进工作面存在过地质构造、大断面等情况，给巷道管理、维护带来困难，底鼓、片帮等成为主要风险。

（3）其他地点顶板灾害：年久巷道管理、大断面巷道管理。

以上风险中，遇断层、冲刷、风氧化带等地质构造，大采高采掘工作面的顶板管理，矿压显现强烈矿井的顶板管理，新盘区水平开拓延伸矿井的顶板管理，综采面采空区三角区的顶板管理，薄基岩与近距离煤层采空区下工作面的顶板管理6种顶板灾害对矿井安全生产危害较大。

四、瓦斯（煤尘）爆炸风险

根据各矿的煤尘爆炸性鉴定报告，各矿所采煤层均具有爆炸性。根据各矿井瓦斯等级鉴定报告，保德煤矿为高瓦斯矿井；布尔台矿、寸草塔矿、寸草塔二矿等矿井存在高瓦斯区域，加之矿井产量大，造成绝对瓦斯涌出量增大，故上述矿井也按高瓦斯矿井进行管理。神东煤炭集团对瓦斯管理重点防治的矿井主要有：保德矿、布尔台矿、寸草塔矿、寸草塔二矿。

各矿井采掘工作面、通风不良的巷道、盲巷、高冒区、采空区密闭、上隅角附近等易形成瓦斯（煤尘）积聚，管理不善时可能发生瓦斯（煤尘）爆炸事故。

此外，神东煤炭集团下属30个地面单位中，由于生产任务多样且各不相同，部分单位存在着地面火灾、水灾、机电运输、大面积停电、通信中断、食物中毒、环境污染等风险。

第二章　神东煤炭集团生产安全应急预案建设

企业的应急预案是企业应急管理的主线，也是企业开展应急救援工作的重要保障。煤矿企业是高危行业，瓦斯、煤尘、火灾、水害和顶板事故及自然灾害等不安全因素，严重威胁着煤矿的生产安全，甚至造成的重大人员伤亡和财产损失，同时也会造成环境破坏并对社会造成不良影响。煤矿企业开展应急预案编制工作对于消除事故隐患，提高事故防范意识，减少事故的发生，控制事故的发展具有重要意义。

第一节　神东煤炭集团应急预案体系构成

企业应急预案建设是全面推进企业应急预案编制工作的重要内容，目前国家已要求各级各类生产经营单位都要编制应急预案，形成"横向到边、纵向到底"的应急预案体系。根据《生产经营单位生产安全事故应急预案编制导则》的规定，神东煤炭集团应急预案可分为综合应急预案、专项应急预案和现场处置方案。

一、综合应急预案

综合应急预案是神东煤炭集团及下属矿处单位应急管理的综合性工作方案，是应对生产安全事故的总体工作程序、措施和应急预案体系的总纲，从总体上阐述事故的应急方针、政策，应急组织结构及应急职责，应急行动、措施和保障等基本要求和程序。神东煤炭集团及下属矿处单位综合应急预案的主要内容包括：总则、适用范围、响应分级、组织机构及职责、应急响应、信息报告、预警、响应启动、应急处置、应急支援、响应终止、后期处置、应急保障和附件等内容。

二、专项应急预案

专项应急预案是神东煤炭集团及下属矿处单位应对某一种或者多种类型生产

安全事故，或者针对重要生产设施、重大危险源、重大活动防止生产安全事故而制定的专项工作方案，是综合应急预案的组成部分。作为综合应急预案的支持文件，专项应急预案按照综合应急预案的程序和要求组织制定。神东煤炭集团及下属矿处单位专项应急预案的主要内容包括：适用范围、组织机构及职责、响应启动、处置措施、应急保障等内容。

三、现场处置方案

现场处置方案是神东煤炭集团下属矿处单位针对具体的装置、场所或设施、岗位所制定的应急处置措施。现场处置方案具体、简单、针对性强，是根据风险评估及危险性控制措施逐一编制的。神东煤炭集团下属矿处单位现场处置方案重点规范事故风险描述、应急工作职责和注意事项，并体现自救互救、信息报告和先期处置的特点，事故相关人员对现场处置方案应知应会、熟练掌握，并通过应急演练，做到迅速反应、处置正确。神东煤炭集团下属矿处单位现场处置方案的主要内容包括：事故风险、工作职责、应急处置、注意事项等内容。

据此，神东煤炭集团应急管理办公室负责编制公司生产安全事故综合应急预案。集团公司调度室、生产管理部、机电管理部、通风管理部等部门负责编制各分管业务范围内的公司突发事件专项应急预案。集团公司环保管理处负责编制公司环境污染、森林草原火灾等生态环境事件专项应急预案。集团公司矿业服务公司负责编制公司食物中毒、饮用水污染、所辖压力容器爆炸、水库及橡胶坝洪水等事故专项应急预案。集团公司信访办负责编制公司范围内集会罢工、群体上访等突发群体性事件专项应急预案。集团公司治安保卫处负责编制公司社会治安类突发事件、防恐专项应急预案。集团公司所属矿井生产单位负责编制本单位生产安全事故综合应急预案、各类专项应急预案及现场处置方案。最终群策群力，形成了神东煤炭集团应急预案体系。

第二节　神东煤炭集团应急预案编制

一、应急预案编制原则

企业应急救援预案的编制是一项涉及面广、专业性强的工作，是一项复杂的系统工程。应急预案的编制以科学的态度，在全面调查研究的基础上，实行领导与专家相结合的方式，开展科学分析和论证，使应急预案真正具有科学性，具有实用性和可操作性，符合使用对象的客观情况。神东煤炭集团及下属矿处单位应急预案具有以下特性：

1. 针对性

根据神东煤炭集团公司及下属矿处单位可能发生的事故、矿井危险源及关键岗位和场所的实际情况，分别制定了不同类型的应急预案、不同的应急响应处理方案和措施。例如，对煤矿冲击地压和突出危险区进行定期的检测、评估和监控，了解其与地质构造的关系和分布现状，制定相应的专项应急预案。又如，对火灾和瓦斯爆炸事故，通过对火源点和瓦斯积聚源的引火引爆源的辨识，以及对灾害事故发展态势的分析和监测，编制了相应的专项应急预案。再如，对一些特殊岗位人员，如爆破工、瓦检员、探水钻工等，根据岗位的特征和职责，编制了相应的现场处置方案。

2. 科学性

应急救援工作是一项科学性很强的工作，神东煤炭集团及下属矿处单位编制应急预案遵照科学规律，制定决策程序和处理方案及应急手段，使应急预案真正具有科学性、先进性。例如，对火灾和瓦斯煤尘爆炸的风流控制，遵照灾情的发展和风流流动的客观规律进行处置。又如，对瓦斯突出的应急预案，按照《防治煤与瓦斯突出细则》的有关规定编制，贯彻"四位一体"的处置方针。

3. 实用性和可操作性

发生重大灾难事故时，有关应急组织和救援人员按照应急预案的规定迅速、有序、有效地开展应急救援行动，降低事故损失。为确保应急预案的实用性和可操作，神东煤炭集团及下属矿处单位应急预案的编制机构充分掌握集团公司、矿处等相关单位大量资料和信息，分析和评估本单位可能存在的危险源及其引发事故的后果，并结合自身的资源和应急救援能力的实际情况编制对应的应急预案。例如，对冒顶事故或水灾造成隔离区遇险人员的救援，根据本矿救援技术和救援能力来选择是采用撞楔法，还是采用打大直径钻孔建立救援通道的救灾措施。又如，火灾的反风和短路通风救灾措施，要根据火灾的位置、反风设施和反风系统的完善情况，以及进风区域人员撤离等情况来确定。神东煤炭集团及下属矿处单位应急预案对这些救援方案的启动条件、操作程序和操作方法都作出了详细而系统的描述。

4. 全面性和完整性

神东煤炭集团及下属矿处单位应急预案编制的内容全面和完整，涵盖信息、资源、救灾方案、应急响应和善后处理等多个方面，其完整性具体体现在以下两个方面：

（1）功能（职能）的完整。应急预案中说明了各个救援部门和救援人员在履行应急准备、应急响应和灾后恢复各个阶段的职能，明确各自的任务和职责，并说明了确保履行这些职能所需要的条件，以确保救灾行动的正确指挥和有效实施。

（2）应急过程的完整。应急管理一般可划分为应急预防（减灾）、应急准备、应急响应和灾后恢复4个阶段。每一阶段的工作以前一阶段的工作为基础，目标是减轻灾难事故的冲击和造成的影响降至最小。因此神东煤炭集团及下属矿处单位应急预案涵盖这4个阶段，编制相应的预防计划、行动计划、处置计划和灾后恢复计划，力求使应急预案达到目标明确、预防为主、准备充分、处理得力。

5. 符合法律法规性

法律法规是开展应急救援工作的重要前提和保障，神东煤炭集团及下属矿处单位应急预案的编制遵守相关的法律、法规。我国对煤矿的生产安全已经颁布了许多法律、法规，如《中华人民共和国突发事件应对法》和《中华人民共和国安全生产法》，作为应急预案编制工作的指导方针和必须遵循的原则。

煤矿生产安全监督管理部门颁布的《煤矿安全规程》和《矿山救护规程》对煤矿各个环节的生产安全要求、安全措施和方法及应急救援作了详细规定，同时还发布了大量的安全技术法规，包括《矿井瓦斯抽放规范》《防治煤与瓦斯突出细则》《煤矿防治水细则》《煤矿矿井设计防火规范》《煤矿井下粉尘综合防治技术规范》等，制定了灾害事故的预测预报、防治措施及救援技术。这些法律、法规均是编制应急预案和救援方案的依据和指南。

6. 层次结构清晰，具有可读性

神东煤炭集团及下属矿处单位应急预案的编制有清晰的结构和层次，使各个章节相互连贯，因果关系明确，语言简洁，通俗易懂。各单位应急预案编写人员使用规范语言表达预案的内容，并尽可能地使用图表形式来表达预案的各项规定要求。引用普遍能接受的标准、规程和规范，将对编制预案有重要作用的依据应列入预案附录，便于基层人员查找、翻阅。

7. 相互协调一致、相互兼容

神东煤炭集团重大事故应急预案的编制与其他相关预案协调一致，相互兼容。如各矿井的综合预案、专项预案和现场处置方案，步调一致，上、下因果关系融洽，形成了一个整体的救援行动方案。同时，神东煤炭集团下属矿处单位的应急救援预案与集团公司、地方政府及相邻矿井等的应急预案衔接密切，使救援行动得到支援和支持，协调配合，行动一致，有效发挥各方面的救援力量。

二、应急预案编制步骤

（一）编制准备

神东煤炭集团各部门在编制应急预案前，做好编制前的一切准备工作，准备工作包括：

（1）全面分析本单位的危险因素，掌握可能发生的事故类型和事故的危险程度。

（2）排查事故隐患的种类、数量和分布位置。

（3）在隐患排查和治理的基础上，进行风险评估。

（4）分析本单位过去处置事故的措施并总结实施中的经验教训。

（5）充分借鉴国内外同行业事故教训及应急救援工作的经验。

（二）编制程序

在完成以上的准备工作之后，进入应急预案编制，具体编制步骤（图2-1）可分为以下6个方面：

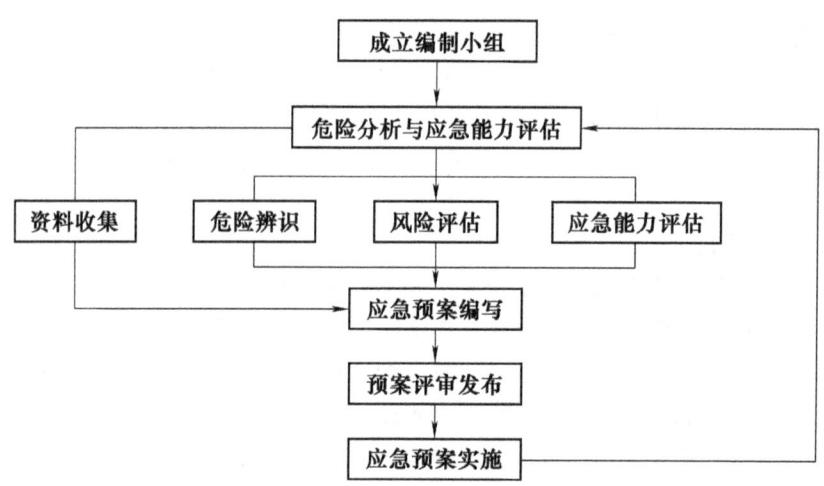

图2-1 神东煤炭集团应急预案的编制步骤

1. 成立应急预案编制小组

应急预案的成功编制需要集团公司及各矿处有关部门的积极参与，真诚合作，以达成一致意见。

参与人员包括各单位的领导，各级管理人员，技术、安全、监察、调度、采区机电、运输、物资供应、保卫、驻矿救护队、财务和医疗等部门人员，重要岗位人员和其他人员。

神东煤炭集团生产安全应急预案编制过程中不但充分发挥了专家的作用，还充分发挥了单位的管理人员、工程技术人员和设计人员的聪明才智和经验。各部门人员间互通信息，多方论证，充分讨论，提高了编制过程的透明度，确保了应急预案的科学性、准确性、完整性和实用性。

2. 资料收集

神东煤炭集团生产安全应急预案编制过程收集了所需的各种资料，主要包括相关的法律、法规，应急预案，技术标准，国内外相关事故案例分析，国内外相关最新救援技术和救援装备，以及集团及下属生产单位技术资料等。

3. 风险评估

危险源是灾害事故发生的根源，危险因素分析和对危险源的辨识，是确定应急预防和应急救援的基础，也是应急预案编制的依据和关键。

神东煤炭集团生产单位进行危险源和风险分析，在危险因素分析和事故隐患排查的基础上，确定生产单位的危险源及可能发生的事故类型和后果。通过事故风险分析，指出事故可能造成的破坏范围和影响区域、可能产生的次生灾害和衍生事故，形成分析报告，作为集团应急预案的编制依据。

危险源和风险的分析，按照国家的相关标准和规范，采用安全检查表、预先危险分析、火灾和瓦斯爆炸危险性指数及危险性评价等方法，建立危险源辨识和风险评价程序使危险分析规范化。

4. 应急资源调查

全面调查和客观分析本单位以及周边单位和政府部门可请求援助的应急资源状况，应急资源包括本单位应急队伍、应急人员技能、经验和接受培训等和外部应急资源，直接影响应急行动的速度和效果。

应急资源是应急救援机构、队伍、专家、物资装备、信息等人力、物力、信息资源的统称。神东煤炭集团应急资源既包括本集团内部的资源，也包括本集团外部的资源，具体评估时，神东煤炭集团按预案的需求分为下列 8 类进行评估：

（1）人力资源。包括本集团内外的应急指挥人员、矿山救护队、辅助救援人员、专家和社会人员（包括公安和消防人员）等。

（2）应急救援器材和装备。包括灭火器、消防砂土、木板、水泥砖石和建立密闭等器材，泡沫灭火机、燃油惰气灭火机、气体分析仪、呼吸器、苏生器、生命探测仪、液压剪、起重器及钻机等救援装备。

（3）应急救援技术。对各类事故的处理都必须有相应的救援技术作支撑，方能取得应急救援的成功。根据事故的特点，确定必需的救援技术，如制定危险地区人员的疏散逃生路线，掌握外源火灾的灭火方法、突水事故的堵截技术，快速建立生命救援通道等技术措施等。

（4）通信与信息。包括内部通信、外部通信、无线通信、卫星通信、局域网、专业网和互联网等，尤其重要的是矿井地面救援指挥中心与井下救援基地的通信，以及与灾区内的通信联络，要求准确迅速地传递信息。

（5）医疗和急救。包括医疗急救人员的数量、急救技术、急救设施和急救能力、伤员运载设施和医院的病床数量等。

（6）应急部门。包括本集团及各生产单位内部的应急、安全、调度、工程、生产和后勤供应等部门，也包括地方政府的应急救援、电力、交通、公安和消防等相关部门。

（7）应急经费。神东煤炭集团专门设置了包括预案编制、应急装备、应急物资、应急培训与演练、实际应急救灾等各项费用。

（8）互助协议。神东煤炭集团与当地政府和周边兄弟单位，签订的应对灾难事故协调互助支援合同，在救灾过程中相互配合，协调作战。

5. 应急预案编制

针对可能发生的事故，结合神东煤炭集团危险分析和应急能力评估等信息，按照《国家突发公共事件总体应急预案》《省（区、市）人民政府突发公共事件总体应急预案框架指南》《生产经营单位生产安全事故应急预案编制导则》等有关规定和要求，编制神东煤炭集团应急预案。

应急预案编制过程中，集团生产单位全体人员参与并进行编制前培训，使所有与事故有关的人员均掌握危险源的危险性、事故的风险及应急处置方案和应急技能。应急预案充分利用神东煤炭集团和社会的应急资源，并与集团公司、地方政府、上级主管部门及相关单位的应急预案相衔接。

神东煤炭集团矿井应急预案的编制，在原有预案的基础上，按照先编制矿井的综合应急预案，再编制专项应急预案和现场处置方案的程序进行。对于生产条件发生较大变化的矿井，当其原有应急预案不适应当前生产的具体情况时，先编写专项应急预案，以其原有应急预案为基础，编制矿井的综合应急预案和现场处置方案。

6. 桌面推演

桌面推演是检验应急预案可行性的第一步，在应急预案评审及发布实施前，神东煤炭集团相关部门及其人员采取桌面演练的形式，从注入信息、提出问题、分析决策和表达结果四个环节循环往复模拟生产安全事故应对过程。

（1）注入信息：执行人员通过多媒体文件、沙盘、消息单等多种形式向参演单位和人员展示应急演练场景，展现生产安全事故发生发展情况。

（2）提出问题：在每个演练场景中，由执行人员在场景展现完毕后根据应急演练方案提出一个或多个问题，或者在场景展现过程中自动呈现应急处置任务，供应急演练参与人员根据各自角色和职责分工展开讨论。

（3）分析决策：根据执行人员提出的问题或所展现的应急决策处置任务及场景信息，参演单位和人员分组开展思考讨论，形成处置决策意见。

（4）表达结果：在组内讨论结束后，各组代表按要求提交或口头阐述本组的分析决策结果，或者通过模拟操作与动作展示应急处置活动。

7. 应急预案的评审

为确保应急预案的科学性、合理性、可行性，依据我国有关应急的方针、政策、法律、法规、规章、标准和其他应急预案编制的指南性文件与评审检查表，组织专家进行应急预案评审工作，并提交政府有关部门和应急机构，取得政府有关部门和应急机构的认可。

8. 应急预案的发布与实施

重大事故应急预案经专家评审后，由神东煤炭集团行政负责人签署发布，并报送国家能源投资集团、政府相关部门和应急机构备案。

应急预案编制完成后，必须通过有效实施才能保证其有效性。神东煤炭集团应急预案实施主要包括：应急预案宣传、教育和培训，应急资源的定期检查落实，应急演习和训练，应急预案的实践，应急预案的电子化，事故回顾等。

第三节　神东煤炭集团应急预案范例

一、神东煤炭集团生产安全综合应急预案范例

1　总则

1.1　适用范围

本预案适用于神东煤炭集团及所属单位的生产安全事故应急处置工作。

1.2　响应分级

1.2.1　应急响应分级

根据集团公司应急响应分级原则，神东煤炭集团应急响应分为Ⅰ、Ⅱ、Ⅲ级响应。

（1）Ⅰ级响应：造成1人及以上死亡或被困，3人（含）以上重伤或者中

毒，因灾害疏散50人以上，或者直接经济损失1000万元以上的生产安全事故。

（2）Ⅱ级响应：造成1至2人重伤或者中毒，因灾害疏散50人以下的生产安全事故。

（3）Ⅲ级响应：可能导致1人（含）以上轻伤，因灾害撤离当班作业人员的生产安全事故。

1.2.2 启动条件

符合以下条件之一时，公司应急指挥部立即启动公司级应急响应程序：

（1）发生Ⅰ级响应的事故。

（2）发生Ⅱ级响应的事故，事故单位请求公司给予支援或帮助。

（3）受集团公司或地方政府应急联动要求。

2 应急组织机构及职责

2.1 公司应急指挥部

总指挥：公司总经理

副总指挥：公司总工程师、公司副总经理、公司党委副书记、公司工会主席

成员：公司副总师、机关部室主要负责人

特殊情况下，由总经理授权应急指挥部其他成员担任总指挥。

主要职责：

（1）全面准确了解生产安全事故各种信息，分析事态发展变化趋势，及时做出应急处置重大事项的决策。

（2）下达应急响应启动和终止指令。

（3）整合、调配应急资源，组织、协调、指挥各应急专业组及事故单位开展应急处置工作。

（4）审定并签发向集团公司及政府主管部门的报告。

（5）指定新闻发言人，审定新闻发布材料。

（6）当事态超出神东煤炭集团应急处置能力时，负责向集团公司及地方政府主管部门求援。

（7）应急处置结束后，负责做好事故调查、善后处置及恢复工作。

2.1.1 应急值守办公室

应急值守办公室设在公司总调度室。

主任：总调度室主任

成员：总调度室成员

应急值守办公室是公司应急指挥部的执行机构，主要职责：

（1）负责应急状态下迅速启动信息快速交换的通道，并保持畅通。

第二章 神东煤炭集团生产安全应急预案建设

(2) 跟踪、了解生产安全事故的发展动态及处置情况,及时向应急指挥部汇报。

(3) 保持各应急工作组之间的信息渠道畅通,汇总、传递相关信息。

(4) 负责召集应急会议,记录事故应急处置信息并留存。

(5) 按照公司应急指挥部的指令,向集团公司应急值守办公室报告或求援。

(6) 负责应急指挥部交办的其他任务。

2.1.2 应急管理办公室

主任:应急办主任

成员:应急办成员

主要职责:

(1) 全面负责公司应急预案体系建设,组织编制、修订公司应急预案,审核基层单位应急预案,组织应急预案备案工作。

(2) 负责应急队伍建设工作。

(3) 监督、指导各专业组和基层单位的日常应急管理工作。

(4) 监督、指导各单位应急演练和应急宣传、培训等工作。

(5) 监督、检查公司各类应急物资的储备及管理。

(6) 负责应急处置结束后应急预案的总结、评估、修订和完善工作。

2.2 专业协调指挥机构及职责

2.2.1 技术支持组

组长:公司总工程师

成员:公司副总师、生产管理部、通风管理部、机电管理部、安监局、救护消防大队技术负责人及公司应急指挥部选派的内、外部专家

主要职责:对事故危害程度、范围和发展趋势做出预测;参与制定和完善应急处置方案及具体措施;解决应急处置过程中遇到的技术难题;根据灾情变化情况及时修订应急处置方案。

2.2.2 抢险救灾组

组长:分管生产副总经理

成员:救护消防大队、兼职矿山救护队、应急抢险突击队、地方救护队及其他单位救援队伍负责人

主要职责:根据应急指挥部下达的应急处置方案抢救人员、控制灾害;组织协调受困区域人员现场撤离;统一指挥救援队伍现场救险工作。

2.2.3 医疗救护组

组长:公司工会主席

成员:工会工作部、大柳塔试验区人民医院及其他地方医院负责人

主要职责：负责遇险人员的医疗救护工作；组织调动和协调公司内、外部医疗救护资源及医疗专家。

2.2.4 物资供应组

组长：分管机电副总经理

成员：机电管理部、设备管理中心、设备维修中心、物资供应中心、救护消防大队、车辆管理中心、工程管理部、地测公司负责人

主要职责：负责组织协调、调运抢险救灾过程中所需的内、外部应急物资及救援设施、设备；负责救援车辆的调配。

2.2.5 警戒保卫组

组长：公司党委副书记

成员：治安保卫处、地方公安局负责人

主要职责：负责治安警戒、治安管理和交通管制；划分救援人员待命区，组织疏散与救援无关的人员；负责维护本区域稳定工作。

2.2.6 安全监察组

组长：分管安全副总经理

成员：安监局、生产管理部、机电管理部、通风管理部、环保管理处、纪检监察部负责人

主要职责：负责监督检查应急处置方案的实施情况；对事故发生原因进行分析，完成事故调查报告；配合集团公司及地方政府开展事故调查工作。

2.2.7 资金保障组

组长：分管经营副总经理

成员：人力资源部、财务部、规划发展部、核算中心负责人

主要职责：负责落实应急物资、应急处置等所需资金；分析财务风险并提供应对策略。

2.2.8 后勤保障组

组长：分管后勤副总经理

成员：矿业服务公司负责人

主要职责：负责会同事故单位做好遇险人员家属及救援人员的后勤服务工作。

2.2.9 善后处置组

组长：公司工会主席

成员：人力资源部、工会、财务部、公共关系部负责人

主要职责：负责核实伤亡人员信息，安抚遇险人员及家属，做好善后处理、

保险理赔、补偿等事项。

2.2.10 信息发布组

组长：公司党委副书记

成员：党建工作部（宣传部）、综合办公室、新闻中心负责人

主要职责：在公司应急指挥部的统一安排下，向媒体发布事故动态、救灾进展情况及社会关注等其他问题；负责舆情管控工作。

3 应急响应

3.1 信息接报

3.1.1 预警信息获取途径

(1) 事故单位上报的事故信息。

(2) 监控监测数据异常。

(3) 上级单位、部门、地方政府及公司检查发现的重大隐患。

(4) 地方政府公开发布的预报信息（蓝、黄、橙、红）。

(5) 对发生或可能发生的生产安全事故，经风险评估得出的事故发展趋势报告。

总调度室和公司职能部门获取预警信息后，应立即判断可能产生的危害结果，对可能导致生产安全事故的信息，应立即汇报公司应急指挥部。

公司所属单位若发生生产安全事故，应于30分钟内向公司总调度室报告。在应急处置过程中，事故单位应至少每小时报告1次，特殊情况下随时报告事态进展情况。

3.1.2 信息处置与研判

应急响应程序及主要步骤如图2-2所示。

应急指挥部对事故性质、严重程度、影响范围和可控性进行研判后，作出应急响应启动的决策并宣布启动；若事故达到响应启动条件自动启动应急响应。

若未达到应急响应启动条件，应急指挥部作出预警启动决策，并做好响应准备，实时跟踪事态发展，实时进行研判，根据研判结果作出是否启动响应决策。

响应启动后，注意跟踪事态发展，科学分析处置需求，及时调整响应级别。

3.2 预警

3.2.1 预警启动

公司应急指挥部负责对事故信息的危害程度、紧急程度和发展势态做出预测，对于暂时达不到响应条件，但可能导致生产安全事故发生的事件，应立即通过电话、电视、广播、网络及现场通知等方式发布预警信息。

(1) 通知相关部门、单位采取相应预防性处置措施。

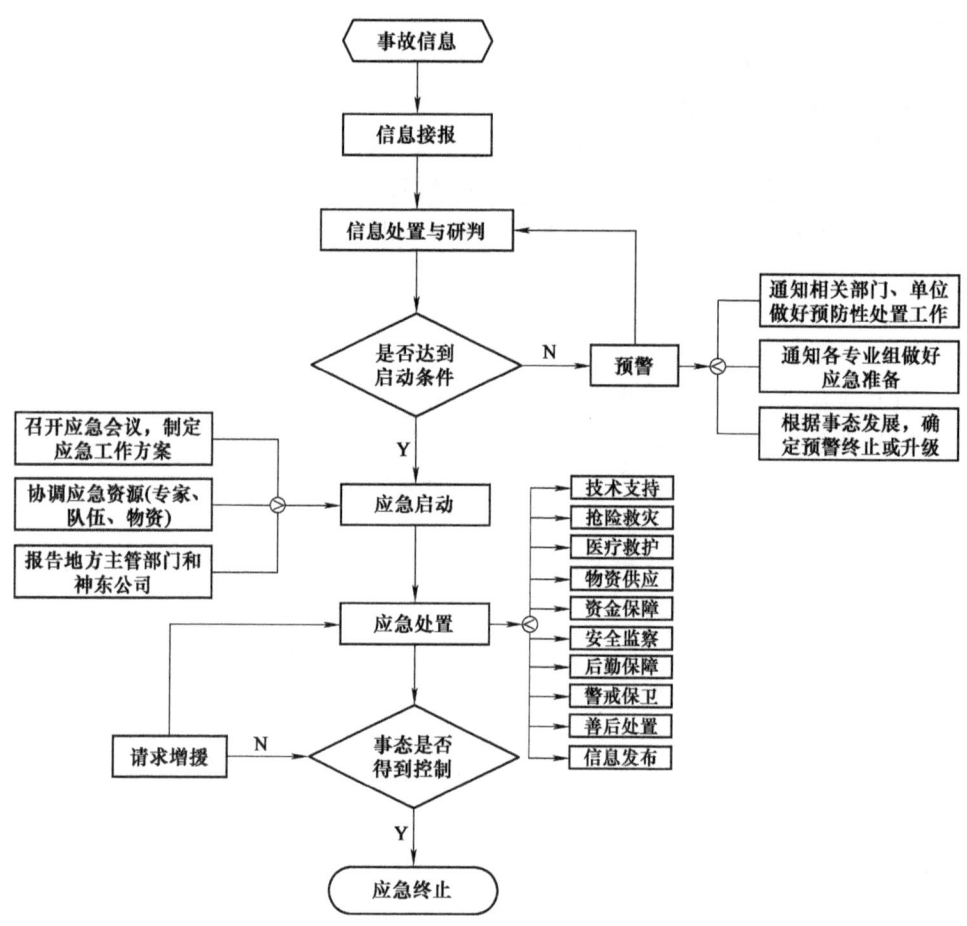

图 2-2　神东煤炭集团应急响应程序

（2）指令公司各应急专业组做好资源调配、信息发布和汇报材料起草等应急准备工作。

（3）根据事态发展情况，确定预警终止或启动应急响应。

3.2.2　响应准备

应急值班室立即通知消防救护大队及医疗救护队到达事故现场待命，矿兼职救护队到达事故现场待命，物资供应组相关人员在库房待命，事故现场设置警戒，严禁任何人员车辆入井，警戒保卫组相关人员在事故现场设置警戒，严禁无关人员随意进入，通知各专业组做好应急准备。

3.2.3 预警解除

当导致发生安全事故的相关危险因素和隐患得到有效控制或消除，由应急总指挥宣布预警解除。

3.3 响应启动

公司总调度室接到事故报告后，根据事故情况立即核实事故单位调度室是否下达停电、撤人、通知救护队和医院等指令，并立即按照事故汇报程序汇报公司应急指挥部相关人员。

3.3.1 召开应急会议

公司应急指挥部接到通知后，立即召开应急会议。会议应包括以下内容：

（1）通报生产安全事故情况。
（2）确定应急处置方案和工作要求。
（3）判断所需调配的内外部应急资源。
（4）确定信息发布的时间、发布渠道和新闻发言人。根据事态发展及处置情况，公司应急指挥部总指挥适时召开后续应急会议。各应急专业组适时召开组内会议，落实组内工作任务，及时将会议情况及决定事项报告总指挥。

3.3.2 向集团公司和地方政府报告

发生生产安全事故后，公司应急指挥部总指挥根据规定逐级上报，并根据事态发展及时补充上报事故最新情况。

报告内容包括：

（1）事发单位名称，事故类型。
（2）事故发生的时间、地点。
（3）事故发生的初步原因。
（4）事故经过和采取的处置措施。
（5）人员伤亡、失踪及撤离情况。
（6）事故对周边自然环境影响，是否波及社会人群或造成社会人员生命财产威胁和影响。
（7）现场应急物资储备及消耗情况。
（8）需上级协调、支持的事项。
（9）报告人的单位、姓名、职务和联系电话。
（10）其他相关事项。应急信息报告以书面报告为主，必要时可采用影像视频等形式。情况特别紧急时，可用电话口头初报，随后再书面报告。

3.3.3 协调应急资源

根据生产安全事故情况，公司应急指挥部负责及时组织调配应急救援队伍和应急物资，当事态超出神东煤炭集团应急处置能力时，立即向集团公司、地方政府申请援助。

3.4 应急处置

公司应急指挥部应采取有效措施组织抢救遇险人员，控制危险源、封锁危险场所、划定警戒区，防止事件扩大。

各专业组应根据救灾需要，针对性地开展技术支持、抢险救灾、医疗救治、物资供应、资金保障、安全监察、后勤保障、警戒保卫、善后处置和信息发布等应急处置工作，并及时汇报救灾进展。

抢险救灾过程中，公司应急指挥部应根据灾情变化情况，及时组织优化救灾方案。

3.5 应急支援

当事态超出本级应急响应能力，且事故得不到有效控制时，公司应急指挥部应立即向集团公司和地方政府请求实施更高级别的应急救援。

应急响应升级，集团公司或地方政府应急指挥部到达后，公司应急指挥部应立即移交指挥权，并汇报事故情况、救援进展、风险和影响控制事态的关键因素等问题，服从指挥。

3.6 应急终止

当遇险（失踪）人员全部得救（发现），事故现场得以控制，可能导致次生、衍生事故的隐患消除，经救护队及相关专家对灾区现场进行监测核实，确认灾区通风系统、矿井空气、温度等恢复正常，环境条件符合有关标准，由公司应急指挥部总指挥宣布应急处置工作结束。

对于继续救援直接威胁救援人员生命安全、极易造成次生衍生事故等情况，公司应急指挥部要立即暂停救援；在事故现场得以控制、导致次生衍生事故隐患消除后，经公司应急指挥部组织研究确认符合继续施救条件时，再行组织施救，直至救援任务完成。

4 后期处置

应急处置结束后，善后处置组负责配合事故单位做好善后处置工作。

安全监察组负责做好事故调查工作，完成事故调查报告。

事故单位负责及时组织清理现场，做好灾后重建、污染物收集和清理等工作。

5 保障措施

队伍、物资、资金、医疗、通信、后勤等保障工作按各专业组职能分工组织落实，执行公司应急指挥部的统一指令。

6 附件（略）

附件1 神东煤炭集团概况

附件2 神东煤炭集团风险评估结果

附件3 神东煤炭集团预案体系与衔接

附件4 神东煤炭集团应急救援通讯录

附件5 神东煤炭集团应急处置专家通讯录

附件6 神东煤炭集团救援区域联防信息表

附件7 神东煤炭集团及地方应急救援力量分布点示意图

附件8 神东煤炭集团救护消防大队大、中型装备明细表

附件9 神东煤炭集团应急物资明细表

附件10 煤矿事故应急图纸准备明细

附件11 事故简报

二、神东煤炭集团×××煤矿综合应急预案范例

1 总则

1.1 适用范围

本预案适用于×××煤矿生产安全事故应急处置工作。

1.2 响应分级

1.2.1 响应分级

按照神东公司应急响应分级原则，×××煤矿应急响应分为Ⅰ级（矿级）响应和Ⅱ级（队级）响应。

（1）Ⅰ级响应：造成1人（含）以上重伤或者中毒，因灾害疏散一个作业面及以上作业人员的事故。

（2）Ⅱ级响应：可能导致1人（含）以上轻伤，因灾害撤离当班作业人员的事故。

1.2.2 启动条件

（1）发生Ⅰ级及以上响应的事故。

（2）发生Ⅱ级响应的事故，基层区队无法处理请求响应升级。

2 应急组织机构及职责

2.1 应急指挥部

总指挥：矿长

副总指挥：总工程师

指挥部成员：党委副书记、生产副矿长、掘进副矿长、机电副矿长、安全副

矿长、经营副矿长、救护队队长、机电副总、技术副总、生产副总、通风副总、生产办主任、安全办主任、机电信息中心主任、通风办主任、调度指挥中心主任、党委办主任、行政办主任、经营办主任、材料组组长、驻矿财务科科长、驻矿地测站站长、治安保卫组组长、后勤管理组组长、井口检身组组长、供应站站长、驻矿生活服务部经理、基层区队队长。应急指挥部组织机构图如图2-3所示。

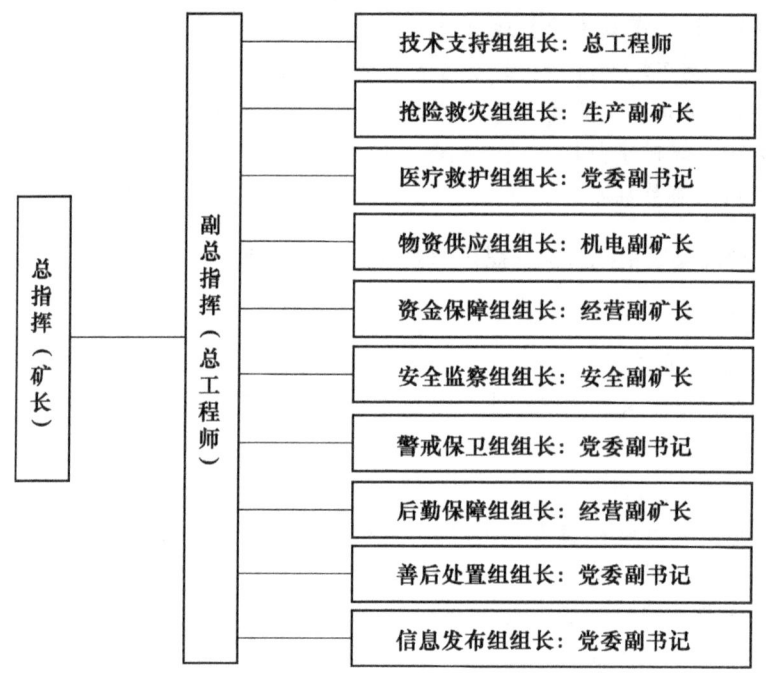

图2-3　神东×××煤矿生产安全事故应急指挥部组织机构图

主要职责：

(1) 下达应急响应启动和终止指令。

(2) 制定现场工作方案，组织实施应急处置工作。

(3) 向上级汇报事故情况，并根据事态发展，确定是否响应升级。

(4) 接受上级指令并实施。

(5) 事态超出矿应急处置能力时，负责向公司应急指挥部求援，并做好配合工作。

第二章 神东煤炭集团生产安全应急预案建设

2.2 应急值守办公室

应急值守办公室设在矿调度指挥中心,是矿应急指挥部的执行机构。在发生事故时,应急指挥部成员在调度指挥中心集合并召开应急会议,指挥应急救援工作。

主任:调度指挥中心主任

副主任:调度指挥中心副主任

主要职责:

(1) 负责应急值守、信息汇总,掌握各类应急资源,发挥协调指挥枢纽作用。

(2) 了解、掌握事故现场信息,依据事故性质下达初步指令,及时向矿应急指挥部汇报事故最新动态。

(3) 负责应急指挥部的工作联系,传达公司指挥部的指令并跟踪落实。

(4) 按照应急指挥部的指示向公司应急指挥部提供事故简报,定期更新。

(5) 负责接收、上传、下达应急信息及紧急事项;督促落实公司应急救援管理方面有关决定事项和上级批示、指示精神。

2.3 应急指挥部下设十个工作组

2.3.1 技术支持组

组长:总工程师

副组长:通风副总、机电副总、生产副总、技术副总

成员:生产办主任、机电信息中心主任、通风办主任、地测站站长

主要职责:

(1) 根据事故情况准备应急处置所需资料。

(2) 组织专家分析、判断事故原因、性质和灾害程度,研究制定应急处置技术方案和措施。

(3) 根据事故现场情况变化随时修改应急处置技术方案。

2.3.2 抢险救灾组

组长:生产副矿长

副组长:救护队队长

成员:救护队队员、兼职救护队队员

主要职责:

(1) 指挥现场应急处置。

(2) 实施应急指挥部制定的应急处置方案。

(3) 处置现场突发情况。

2.3.3 医疗救护组

组长：党委副书记

副组长：行政办主任、××人民医院院长

成员：行政办人员、××人民医院医护人员

主要职责：

(1) 按指挥部命令第一时间赶往指定地点待命。

(2) 对伤员进行及时救治及安置。

(3) 组织调动和协调内、外部医疗救护资源及医疗专家。

2.3.4 物资供应组

组长：机电副矿长

副组长：机电副总

成员：材料组组长、驻矿供应站站长、机电信息中心主任、车队队长

主要职责：

(1) 第一时间提报应急物资的储备情况。

(2) 负责保证应急处置中物资和设备的及时供应、调配、运送及安装。

(3) 负责应急车辆的调配。

2.3.5 资金保障组

组长：经营副矿长

副组长：经营办主任、财务科科长

成员：经营办及财务科成员

主要职责：

(1) 为应急处置提供资金保障。

(2) 统计分析事故经济损失。

2.3.6 安全监察组

组长：安全副矿长

副组长：安全办主任、井口检身组组长

成员：安全办成员、安全办安监员、井口检身员

主要职责：

(1) 负责统计入井、升井人数并向指挥部汇报。

(2) 控制人员及车辆入井。

(3) 引导灾区人员撤离。

(4) 配合做好事故调查工作，提出整改措施并监督落实。

2.3.7 警戒保卫组

组长：党委副书记
副组长：行政办主任、治安保卫组组长
成员：行政办及治安保卫组人员
主要职责：
(1) 负责在矿大门口、办公楼门口及井筒设置警戒，疏散、戒严、维护秩序。
(2) 合理划分救援队伍待命、工作区域。
(3) 做好事故处理期间其他安保工作。

2.3.8 后勤保障组
组长：经营副矿长
副组长：行政办主任、后勤管理组组长、驻矿服务部经理
成员：行政办及驻矿服务部人员
主要职责：
(1) 及时统计救援人员情况。
(2) 为救援人员、遇险人员家属提供后勤服务。

2.3.9 善后处理组
组长：党委副书记（工会主席）
副组长：经营办主任、行政办主任、工会副主席
成员：经营办和行政办（工会）人员
主要职责：
(1) 核实伤亡人员信息，及时通知家属，安抚遇险人员及家属，按照国家规定提出工伤事故善后处理意见并报批实施。
(2) 安排伤亡人员后期治疗及其他善后事项，与工伤家属签订协议书，履行协议内容，负责保险理赔、补偿等事项。

2.3.10 信息发布组
组长：党委副书记
副组长：党政办主任、安全办主任
成员：党政办和安全办人员
主要职责：
(1) 做好媒体人员接待工作。
(2) 在应急指挥部的统一安排下，对外发布事故动态、救灾进展情况及社会关注等其他问题。
(3) 负责舆情管控工作。

3 应急响应

3.1 信息报告

3.1.1 预警信息获取途径

应急值守电话：××××××。

矿调度指挥中心和机关职能部门获取预警信息后，应立即判断可能产生的危害后果。对可能导致生产安全事故灾难的信息，立即汇报矿应急救援指挥部。

预警信息获取：

(1) 区队上报的事故信息。

(2) 井下监控监测数据异常。

(3) 上级单位、部门、地方政府和本单位检查发现的重大隐患。

(4) 地方政府公开发布的预报信息（蓝、黄、橙、红）。

(5) 对发生或可能发生的生产安全事故，经风险评估得出的事故发展趋势报告。

矿调度指挥中心和机关职能部门获取预警信息后，应立即判断可能产生的危害后果，对可能导致生产安全事故的信息，立即汇报矿应急指挥部。

其中，区队发生生产安全事故，启动区队应急响应的同时，现场带班队干必须立即向矿调度报告。矿在启动应急响应的同时，矿主要负责人应于30分钟以内向公司总调报告。在应急处置过程中，矿调度指挥中心应至少每1个小时向总调度指挥中心报告1次，特殊情况下随时报告事态进展情况。向地方县级主管部门汇报最迟不得超过1小时，汇报内容由总指挥部审批，并根据事态发展，及时补充上报事故最新情况。

3.1.2 信息处置与研判

应急响应程序和主要步骤如图2-4所示。

应急指挥部对事故性质、严重程度、影响范围和可控性进行研判后，作出应急响应启动的决策并宣布启动；若事故达到响应启动条件自动启动应急响应。

若未达到应急响应启动条件，应急指挥部作出预警启动决策，并做好响应准备，实时跟踪事态发展，实时进行研判，根据研判结果作出是否启动响应决策。

响应启动后，注意跟踪事态发展，科学分析处置需求，及时调整响应级别。

3.2 预警

3.2.1 预警启动

矿应急救援指挥部负责对事故信息的危害程度、紧急程度和发展势态做出预测，对于暂时达不到响应条件，而可能导致生产安全事故发生的事件，应立即发布预警信息（预警方式包括井下广播系统、人员定位系统紧急寻呼、扩音电话、

第二章 神东煤炭集团生产安全应急预案建设

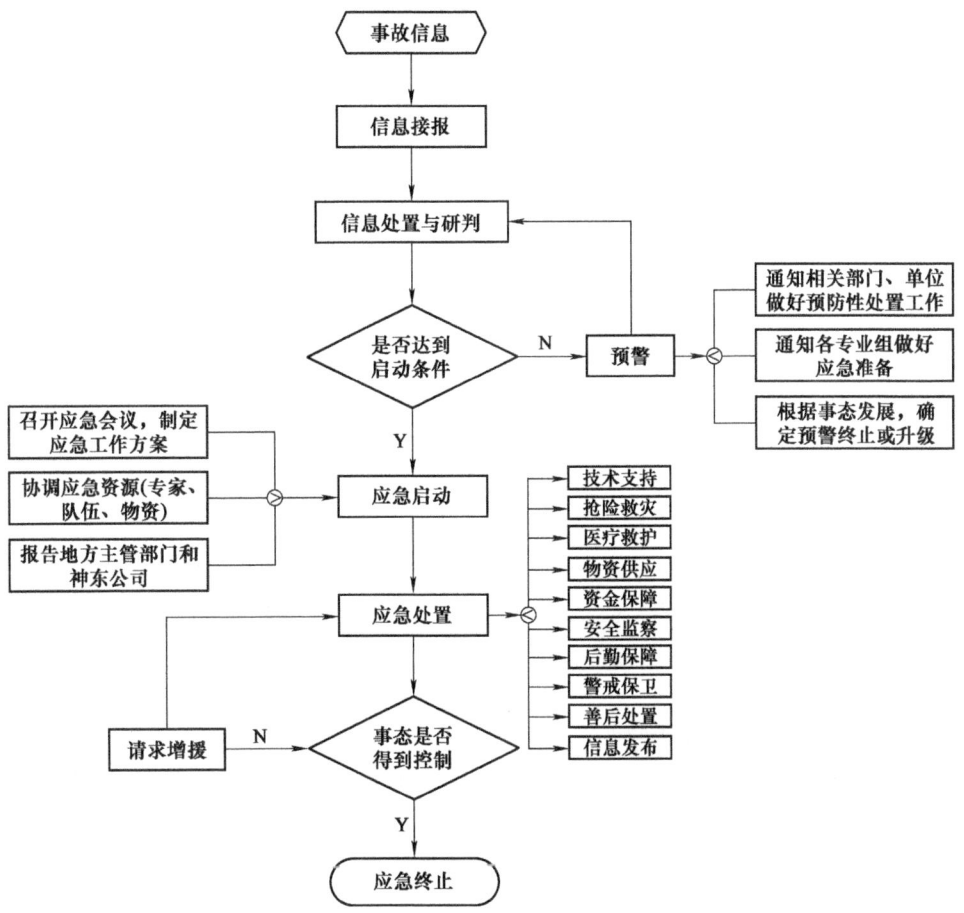

图 2-4 神东煤炭集团×××煤矿应急响应程序

固定电话、手机短信等）。

（1）通知相关部门、单位采取相应预防性处置措施。

（2）指令矿各应急专业组做好资源调配、信息发布和汇报材料起草等应急准备工作。

（3）根据事态发展情况，确定预警终止或启动应急响应。

3.2.2 响应准备

应急值班室立即通知消防救护大队及医疗救护队到达井口待命，矿兼职救护队达到井口待命，应急库保管员在库房待命，井口设置警戒严禁任何人员车辆入井，保卫科在矿门口设置警戒，严禁无关人员随意进入，通知各专业组做好应急准备。

3.2.3 预警解除

当导致发生安全事故的相关危险因素和隐患得到有效控制或消除,由应急总指挥宣布预警解除。

3.3 响应启动

矿调度指挥中心接到事故报告后,应立即下达停电、撤人指令,并按照事故汇报程序汇报矿应急指挥部成员,同时汇报公司总调度指挥中心。

3.3.1 召开应急会议

应急指挥部根据生产安全事故性质,通知各专业组成员立即到达调度会议室并召开应急会议。应急会议由应急指挥部总指挥主持,会议应包括以下内容:

(1) 通报生产安全事故情况。
(2) 明确救援方案和工作要求。
(3) 确定所需调配的内、外部应急资源。
(4) 确定信息上报的部门和时间。

根据事态发展及处置情况,总指挥应适时召开后续应急会议,各应急专业组应适时召开组内会议,落实组内工作任务,并及时将会议情况和决定事项报告总指挥。

3.3.2 向公司和地方报告

发生生产安全事故后,矿应急指挥部应尽快上报,向公司汇报最迟不得超过 30 分钟,向地方县级主管部门汇报最迟不得超过 1 小时,汇报内容由总指挥部审批,并根据事态发展,及时补充上报事故最新情况。

报告内容包括:

(1) 事发单位名称,事故类型。
(2) 事故发生的时间、地点。
(3) 事故发生的初步原因。
(4) 事故经过和采取的处置措施。
(5) 人员伤亡、失踪及撤离情况。
(6) 事故对周边自然环境影响,是否波及社会人群或造成社会人员生命财产威胁和影响。
(7) 现场应急物资储备及消耗情况。
(8) 需公司、地方政府协调、支持的事项。
(9) 报告人的单位、姓名、职务和联系电话。

应急信息报告以书面报告为主,必要时可采用影像视频等形式。情况特别紧急时，可用电话口头初报，随后再书面报告。

3.3.3 应急资源协调

根据生产安全事故现场情况，矿应急指挥部负责及时组织调配应急救援队伍和应急物资。当事态超出矿应急处置能力时，应立即向公司申请响应升级。

3.4 应急处置

按照"紧急处置、妥善避难、安全撤退、救人优先"的原则，遇到险情或事故征兆时生产现场带班队长、班组长、调度员、瓦检员、安监员有直接处置权和指挥权，可立即下达停产撤人命令，组织现场人员及时、有序撤离到安全地点。

矿应急指挥部应根据灾情制定应急处置方案，明确救灾要求，在确保安全的前提下，采取有效措施组织抢救遇险人员，控制危险源、封锁危险场所、划定警戒区，防止事件扩大。

各专业组应根据矿应急指挥部指令，针对性地开展技术支持、抢险救灾、医疗救治、物资供应、资金保障、安全监察、后勤保障、警戒保卫、善后处置和信息发布等应急处置工作，并及时汇报救灾进展。

3.4.1 水灾事故应急处置措施

（1）接到事故信息后，矿调度指挥中心迅速了解水灾事故的发生位置、波及范围及人员伤亡情况等。

（2）矿调度指挥中心根据事故情况确定停电范围，立即下达撤人指令；通知各主水泵房关闭防水闸门、开启水泵全力排水；通知救护队和医院；并按事故汇报流程汇报矿相关领导，通知现场相关跟班队领导、安检员、瓦检员，通知井口设警戒。

（3）监测监控部门对监测数据进行分析，发现异常及时汇报。

（4）应急指挥部根据事故情况分析判断通风系统、排水系统破坏程度，积极研究制定救援方案，根据灾情发展趋势及时调整优化救援方案。

（5）救护队按照救援方案实施救援并及时将应急处置进展汇报应急指挥部。

（6）抢救伤员时，必须判断伤势轻重，按照"三先三后"的原则处理。

（7）为应急处置供应所需应急物资和设备。

（8）水灾事故消除后，及时检查维护被水浸泡过的设备，保证恢复生产时运行正常。

3.4.2 火灾事故应急处置措施

（1）接到事故信息后，矿调度指挥中心迅速了解火灾事故的发生位置、波及范围及人员伤亡情况等。

（2）矿调度指挥中心根据事故情况确定停电范围，下达停电撤人指令；通知救护队和医院；并按事故汇报流程汇报矿相关领导，通知现场相关队领导、安监员、瓦检员，通知井口设警戒。

（3）监测监控部门对监测数据进行分析，发现异常及时汇报。

（4）应急指挥部根据事故情况分析判断通风系统破坏程度，立即研究制定救援方案，并根据事故情况发展趋势及时调整优化救援方案。

（5）合理调整通风系统：

① 平硐、副井、风井、主井等发生火灾时，可采取反风或风流短路的措施。

② 进风的下山巷道发生火灾时，必须采取防止火风压而造成的主风流逆转的措施。

③ 有瓦斯涌出的采煤工作面发生火灾时，应保持正常通风，防止引起瓦斯积聚和爆炸，必要时可增加风量或采取局部区域性反风。

④ 在掘进巷道发生火灾时，不得随意改变原有通风状态，需要进入巷道侦查或直接灭火时，必须有安全可靠的措施，防止事故扩大。

⑤ 井下其他地点发生火灾时，应保持事故前的风流方向，控制火区供风量。

（6）采取通风措施限制火势时，通常是采取控制风速、调节风量、减小回风侧风阻或设水幕洒水措施。防止风速过大造成煤尘飞扬而引起煤尘爆炸。

（7）灭火的主要方法：

① 直接灭火：用水、砂子和化学灭火器等在火源附近直接扑灭火灾或挖除火源，灭火时应从火源边缘逐步向火源中心喷射；人员应站在火源的上风侧，不得用水扑灭电气火灾和油类火灾。

② 隔绝灭火：直接灭火不能控制火势时，构筑防火墙和密闭，封闭火区，控制火势蔓延。

③ 联合灭火：先将火灾区进行封闭，然后采取其他灭火措施进行灭火，以加快火区的熄灭速度。

（8）救护队按照救援方案实施救援并及时将应急处置进展汇报应急指挥部。

（9）有明火存在时，应同时救人、灭火、监测气体浓度，防止中毒和爆炸。

（10）为应急处置供应所需应急物资和设备。

（11）事故隐患消除后，恢复通风系统，应急处置结束。

3.4.3 瓦斯（煤尘）爆炸事故应急处置措施

（1）接到事故信息后，矿调度指挥中心迅速了解瓦斯（煤尘）爆炸事故的发生位置、波及范围、人员伤亡情况和主要通风机运行情况。

（2）矿调度指挥中心根据事故情况确定停电范围，下达停电撤人指令；通知救护队和医院;并按事故汇报流程汇报矿相关领导,通知现场相关队、安监员、瓦检员,通知井口设警戒。

(3) 监测监控部门对监测数据进行分析,变化异常及时汇报。

(4) 应急指挥部根据事故情况分析判断通风系统破坏程度及连续爆炸、火灾发生的可能性,积极研究制定救援方案,并根据事故情况发展趋势及时调整优化救援方案。

(5) 救护队按照救援方案实施救援并及时将应急处置进展汇报应急指挥部。

(6) 有明火存在时,应同时救人、灭火、监测气体浓度,防止中毒和二次爆炸。

(7) 为应急处置供应所需应急物资和设备。

(8) 事故隐患消除后,恢复通风系统,应急处置结束。

3.4.4 顶板事故应急处置措施

(1) 接到事故信息后,矿调度指挥中心迅速了解顶板事故的发生位置、波及范围及人员伤亡情况。

(2) 矿调度指挥中心根据事故情况下达受灾区域撤人指令;通知救护队和医院;并按事故汇报流程汇报矿相关领导,通知队领导、安监员、瓦检员,通知井口设警戒。

(3) 监测监控部门对监测数据进行分析,变化异常及时汇报。

(4) 应急指挥部根据通风系统破坏程度、冒顶和涌水情况,积极研究制定救援方案,并根据事故情况发展趋势及时调整优化救援方案。

(5) 救护队按照救援方案实施救援并及时将应急处置进展汇报应急指挥部。

(6) 在抢救处理中必须有专人检查和监护顶板情况,加强支护防止发生冒顶。

(7) 为应急处置供应所需应急物资和设备。

(8) 在顶板事故隐患消除后,要对冒顶区域附近进行检查,有针对性地进行补强支护,防止发生二次顶板事故。

3.4.5 通风机无计划停风应急处置措施

(1) 主要通风机无计划停风应急处置措施:

① 接到事故信息后,矿调度指挥中心迅速了解主要通风机停风地点、停风原因及停风影响范围。

② 主要通风机司机立即启动备用通风机,恢复正常通风,时间间隔不得超过10分钟。

③ 备用通风机启动后,由机电信息中心牵头,机电队尽快查明主要通风机

停风的原因,并及时排除故障,并汇报矿调度指挥中心。

④ 若备用通风机短时间内无法启动,矿调度指挥中心根据事故情况下达停风区域停电、撤人指令;并按事故汇报流程汇报矿相关领导、通知队领导、安监员、瓦检员,通知井口设警戒。

⑤ 矿调度指挥中心下令机电队将所停主扇的井口安全出口风门和防爆盖同时打开,充分利用自然通风。

⑥ 监测监控部门对监测数据进行分析,变化异常及时汇报。

⑦ 应急指挥部根据主要通风机停风原因,立即组织机电人员对主要通风机故障进行排查,力争最短时间内恢复主要通风机运转。

⑧ 主要通风机恢复正常运转前,矿调度指挥中心请示应急指挥部同意,由机电队关闭防爆盖、安全出口风门后,方可通知主要通风机司机开启主要通风机恢复正常供风。如井下主要大巷瓦斯浓度超限,需排放系统瓦斯时,在主要通风机附近 20 m 范围内、进出风井井口、井下主要进回风大巷等主要地点进行瓦斯检查,确定不超限后,方可恢复主通风机运行。经检查井下大巷发现瓦斯超过 0.75% 时,风机启动前应打开风硐行人小风门,提起备用风机控制闸门,然后采用风流短路的方法稀释瓦斯浓度进行排放。当风机及启动设备附近 20 m 范围内瓦斯浓度不大于 0.5% 时,可先启动一级风机;待检查风机出口处瓦斯浓度不超过 0.75% 时,方可启动二级风机排放瓦斯。采用主要通风机排放矿井瓦斯时,在通风机出风口处检查瓦斯浓度不得大于 0.75%,否则应采取加大短路风量的措施解决。

⑨ 主要通风机恢复通风后,应急指挥部指派矿总工程师或通风副总、通风队队长带队按照"三级排放瓦斯制度"进行井下瓦斯的排放。

⑩ 瓦斯排放完毕后,由通风队瓦检员、安全办安监员共同对井下各作业地点气体情况进行检查,确认安全后方可恢复正常生产。

(2) 局部通风机无计划停风应急处置措施:

① 发生局部通风机无计划停风后,工作面人员立即停电闭锁,沿避灾路线及时撤离至全风压风流处,并在巷口设置栅栏、警标,严禁人员进入。

② 发生局部通风机无计划停风后,当班带班队长立即向调度指挥中心汇报。调度指挥中心接到停风事故报告后,应立即汇报跟、值班矿领导及相关人员,同时通知通风队、通风办、机电信息中心等立即安排人员查明原因,进行处理,尽快恢复送风。

③ 调度指挥中心通知停风影响区域内的其他人员停止工作,切断电源,撤离至全风压通风安全地点。

第二章　神东煤炭集团生产安全应急预案建设

④ 如果无计划停风时间较长，通风队应安排瓦检员检查停风区、停风地点栅栏外风流中瓦斯浓度，每班至少检查一次。

⑤ 停风区域恢复通风时必须严格执行瓦斯三级排放瓦斯制度：

a. 局部通风机因故停止运转，在恢复通风前，必须首先检查瓦斯，只有停风区中最高瓦斯浓度不超过1.0%和最高二氧化碳浓度不超过1.5%且局部通风机及其开关附近10 m以内风流中的瓦斯浓度不超过0.5%时，由当班瓦检员、跟班队长开启局部通风机恢复通风。

b. 当停风区中瓦斯浓度大于1.0%或二氧化碳浓度超过1.5%，最高瓦斯浓度和二氧化碳浓度不超过3.0%时，当天值班矿领导或总工程师指定由通风副总或通风科（队）领导现场指挥排放，采取安全措施，控制风流排放瓦斯。

c. 当巷道瓦斯浓度大于3.0%，必须制定针对性的瓦斯排放安全措施，由总工程师组织审批后，由救护大队组织进行排放瓦斯。

d. 在排放瓦斯过程中，排出的瓦斯与全风压风流混合处的瓦斯浓度和二氧化碳浓度不超过1.5%，且混合风流经过的所有巷道内必须停电撤人，其他地点的停电撤人范围应当在措施中明确规定。

⑥ 排放瓦斯结束后，只有恢复通风的巷道风流中瓦斯浓度不超过1.0%和二氧化碳浓度不超过1.5%，且稳定30分钟后，方可人工恢复局部通风机供风巷道内电气设备的供电和盘区回风系统内的供电，恢复正常作业。

3.4.6　机电运输事故应急处置措施

3.4.6.1　机电事故应急处置措施

（1）现场工作人员有第一时间处置权，切断电源、控制电器火灾火情，立即关停相关机电设备。

（2）一旦发生触电事故，应立即切断供电电源；如果引发火灾，必须先停电，而后再用干粉灭火器或水进行灭火。

（3）事故地点如有人员伤亡，跟班队干、班长负责组织人员就地进行急救，同时立即向生产指挥中心（调度室）汇报现场情况。

（4）生产指挥中心（调度室）接到汇报后，立即启动《×××煤矿生产安全事故应急预案》，并按预案要求进行汇报和组织抢救。

（5）当机电运输事故扩大引发火灾、停风等事故时，按照处理火灾、恢复通风等相应预案处理。

3.4.6.2　主运输事故应急处置措施

（1）现场工作人员有第一时间处置权，当发现有皮带伤人、着火，立即按动闭锁紧急停车。

（2）事故地点如有人员伤亡，跟班队干、班长负责组织人员就地进行急救，同时立即向生产指挥中心（调度室）汇报现场情况。

（3）生产指挥中心（调度室）接到汇报后，立即启动《×××煤矿生产安全事故应急预案》，并按预案要求进行汇报和组织抢救。

（4）如运输事故扩大引发火灾，停风等事故时，按照处理火灾，恢复通风等相应预案、以及相应现场处理措施处理。

3.4.6.3 辅助运输事故应急处置措施

（1）辅助运输事故造成人员伤亡时，跟班队干、班长负责组织人员就地进行急救，同时立即向生产指挥中心（调度室）汇报现场情况。

（2）生产指挥中心（调度室）接到汇报后，立即启动《×××煤矿生产安全事故应急预案》，并按预案要求进行汇报和组织抢救。

（3）如辅助运输车辆引发火灾时，按照外因火灾处理计划进行处理。

3.5 应急支援

当事态超出本级应急能力，且事故得不到有效控制时，矿应急指挥部应立即向公司请求实施更高级别的应急救援。

应急响应升级，公司现场应急指挥部或地方政府应急指挥工作组到达后，应急指挥部应立即移交指挥权，并汇报事故情况、进展、风险以及影响控制事态的关键因素等问题，服从公司现场应急指挥部和地方政府应急指挥工作组的指挥。

3.6 响应终止

当遇险（失踪）人员全部得救（发现），事故现场得以控制，可能导致次生、衍生事故的隐患消除，经救护队及相关专家对灾区现场进行监测核实，确认灾区通风系统、矿井空气、温度等恢复正常，环境条件符合有关标准，由总指挥宣布应急处置工作结束。

对于继续救援直接威胁救援人员生命安全、极易造成次生衍生事故等情况，应急指挥部要立即暂停救援；在事故现场得以控制、导致次生衍生事故隐患消除后，经应急指挥部组织研究，确认符合继续施救条件时，再行组织施救，直至救援任务完成。

4 后期处置

应急处置结束后，应及时组织清理现场，做好灾后重建、污染物收集和清理工作。应对受影响人员和家属进行合理安置，后勤保障组与善后处理组配合做好善后处置工作。

安全监察组负责对事故应急处置工作进行总结，并配合上级生产安全监管监察部门做好事故调查工作。

5 应急保障

5.1 通信与信息保障

应急值守办公室应当掌握本矿所有应急相关人员的通信联系方式。

机电信息中心信息组负责组织制定通信保障方案，保障事故期间的通信畅通。

5.2 应急队伍保障

与×××救护中队签订救护协议，×××救护中队应按照规定时间到达事故现场进行救援。

按公司要求建立兼职救护队，共21人，且救护队队员年龄均不超过45岁，其中40岁以下队员保持在2/3以上。

5.3 物资装备保障

应急物资管理符合公司应急物资管理办法要求，按规定配齐物资、消防器材和工程材料。应急物资台账应明确应急物资和装备的类型、数量、性能、存放位置、入库日期、替换周期、管理责任人及其联系方式等内容。应急物资进行定期检查维护，确保完好、达到随时可用的战备状态。

矿井兼职救护队装备库、应急物资库由调度指挥中心主管，由通风队负责定期检查、维护，确保完好、达到随时可用的战备状态；井下消防材料库由通风办主管，通风队负责定期检查、维护；地面三防库由调度指挥中心主管，材料组负责定期检查、维护。应急物资和装备的类型、数量、性能、存放位置、管理责任人及其联系方式等详见附件4。

当×××煤矿现场不能满足应急物资和设备供应时，物资供应组应立即向公司应急指挥部请求调配所需物资。

5.4 经费保障

由资金保障组负责保证应急资金到位。

5.5 医疗保障

与×××人民医院签到医疗协议，×××人民医院能按照规定时间到达进行医疗救治。

×××煤矿各区队应确保每班都配备有急救员和急救箱。

每年由培训组邀请×××人民医院、×××救护大队对急救员进行培训，通过培训提高急救员急救知识水平和实际急救技能，确保能在医院医务人员到达前对受伤人员进行合理的先期医疗处置。

急救箱由各区队负责日常维护，箱内药品过期或损坏后报矿工会，由矿工会负责统一更换、补充，确保急救箱内药品齐全完好；由安全办负责对急救箱进行定期、不定期检查，确保急救箱内药品齐全完好。

5.6 交通运输保障

×××矿车队必须保证24小时有值班车辆，确保满足应急工作需要；应急指挥部负责对矿厂区内和井下进行道路交通管制，并根据需要开设应急救援绿色通道，确保救援物资、器材和人员运送及时到位，满足应急工作需要。

5.7 治安保障

发生生产安全事故后，警戒保卫组应按照应急指挥部的安排，迅速在矿各大门口设警戒，加强对重要单位、重要场所、重要人群、重要设施和物资的防范保护，维持现场秩序，及时疏散现场群众。必要时，请求神东煤炭集团治安保卫处和地方公安部门增援。

6 附件（略）

附件1 ×××煤矿概况

附件2 ×××煤矿事故风险辨识与评估结果

附件3 预案体系与衔接

附件4 应急装备配备及物资器材储备情况

附件5 ×××煤矿应急救援通讯录

附件6 应急处置专家通讯录

附件7 格式化文本

附件8 煤矿事故应急图纸准备明细

附件9 医疗救护协议、应急救护协议

三、神东煤炭集团×××煤矿火灾专项应急预案范例

1 适用范围

本预案适用于×××煤矿火灾事故应急处置工作。

2 应急组织机构及职责

2.1 应急指挥部

总指挥：矿长

副总指挥：总工程师

指挥部成员：党委副书记、生产副矿长、掘进副矿长、机电副矿长、安全副矿长、经营副矿长、救护队队长、机电副总、技术副总、生产副总、通风副总、生产办主任、安全办主任、机电信息中心主任、通风办主任、调度指挥中心主任、党委办主任、行政办主任、经营办主任、材料组组长、驻矿财务科科长、驻矿地测站站长、治安保卫组组长、后勤管理组组长、井口检身组组长、供应站站

长、驻矿生活服务部经理、基层区队队长。组织机构图如图2-5所示。

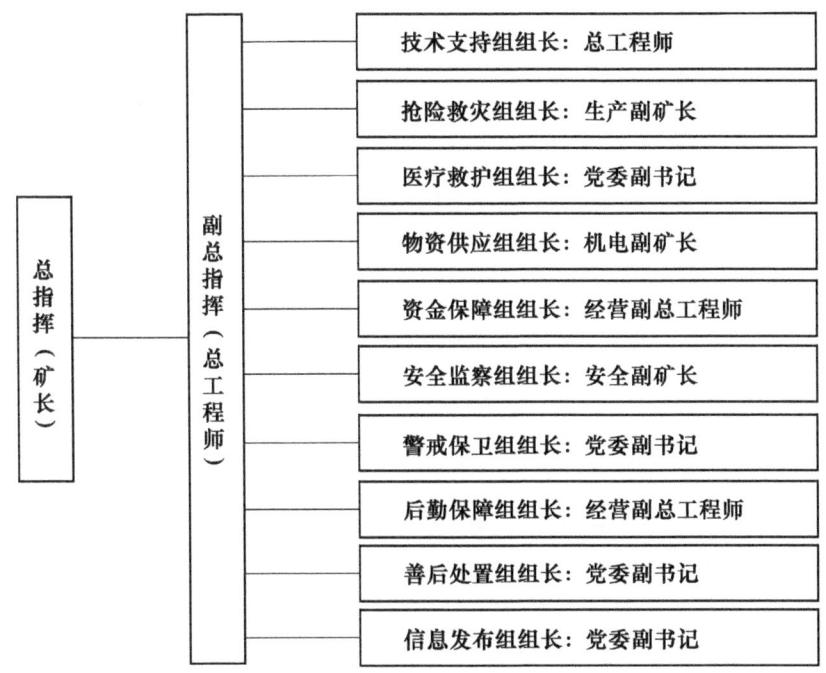

图2-5 神东×××煤矿火灾事故应急指挥部组织机构图

应急指挥部主要职责：
(1) 下达应急响应启动和终止指令。
(2) 制定现场工作方案，组织实施应急处置工作。
(3) 向上级汇报事故情况，并根据事态发展，确定是否响应升级。
(4) 接受上级指令并实施。
(5) 事态超出矿应急处置能力时，负责向公司应急指挥部求援，并做好配合工作。
(6) 指定新闻发言人，审定新闻发布材料。
(7) 审定并签发向上级部门汇报的报告。

总指挥职责：是应急指挥部的第一责任人，负责召开应急会议，组织制定抢险救灾方案，下达抢险救灾处置命令。

副总指挥职责：在总指挥的领导下组织制定抢险救灾方案，完成总指挥交办的专项工作。

成员职责：协助总指挥、副总指挥制定可靠的抢险救灾方案，及时调集救灾所需的设备，确保主要设备的正常运行；根据救灾方案，对矿井的风流、设施、安全通道、顶板状况等进行调整、疏通、支护；对井下的环境参数进行有效监控；监控入井人员，发放入井特别许可证，确保矿区通信系统畅通。

2.2 应急值守办公室

应急值守办公室设在矿调度指挥中心，是矿应急指挥部的执行机构。发生事故时，应急指挥部成员在调度指挥中心集合并召开应急会议，指挥应急救援工作。

主任：调度指挥中心主任

副主任：调度指挥中心副主任

主要职责：

（1）负责应急值守、信息汇总，掌握各类应急资源，发挥协调指挥枢纽作用。

（2）了解、掌握事故现场信息，依据事故性质下达初步指令，及时向矿应急指挥部汇报事故最新动态。

（3）负责应急指挥部的工作联系，传达公司指挥部的指令并跟踪落实。

（4）按照应急指挥部的指示向公司应急指挥部提供事故简报，定期更新。

（5）负责接受、上传、下达应急信息及紧急事项；督促落实公司应急救援管理方面有关决定事项和上级批示、指示精神。

2.3 应急指挥部下设十个工作组

2.3.1 技术支持组

组长：总工程师

副组长：通风副总、机电副总、生产副总、技术副总

成员：生产办主任、机电信息中心主任、通风办主任、地测站站长

主要职责：

（1）根据事故情况准备应急处置所需资料。

（2）组织专家分析、判断事故原因、性质和灾害程度，研究制定应急处置技术方案和措施。

（3）根据事故现场情况变化随时修改应急处置技术方案。

2.3.2 抢险救灾组

组长：生产副矿长

副组长：救护队队长

成员：救护队队员、兼职救护队队员

主要职责：

(1) 指挥现场应急处置。

(2) 实施应急指挥部制定的应急处置方案。

(3) 处置现场突发情况。

2.3.3　医疗救护组

组长：党委副书记

副组长：行政办主任、×××人民医院院长

成员：行政办人员、×××人民医院医护人员

主要职责：

(1) 按应急指挥部命令第一时间赶往指定地点待命。

(2) 对伤员进行及时救治及安置。

(3) 组织调动和协调内、外部医疗救护资源及医疗专家。

2.3.4　物资供应组

组长：机电副矿长

副组长：机电副总

成员：材料组组长、驻矿供应站站长、机电信息中心主任、车队队长

主要职责：

(1) 第一时间提报应急物资的储备情况。

(2) 负责保证应急处置中物资和设备的及时供应、调配、运送及安装。

(3) 负责应急救援车辆的调配。

2.3.5　资金保障组

组长：经营副矿长

副组长：经营办主任、财务科科长

成员：经营办及财务科成员

主要职责：

(1) 为应急处置提供资金保障。

(2) 统计分析事故经济损失。

2.3.6　安全监察组

组长：安全副矿长

副组长：安全办主任、井口检身组组长

成员：安全办成员、安全办安监员、井口检身员

主要职责：

(1) 负责统计入井、升井人数并向应急指挥部汇报。
(2) 控制人员及车辆入井。
(3) 引导灾区人员撤离。
(4) 配合做好事故调查工作，提出整改措施并监督落实。

2.3.7 警戒保卫组

组长：党委副书记

副组长：行政办主任、治安保卫组组长

成员：行政办及治安保卫组人员

主要职责：

(1) 负责在矿大门口、办公楼门口及井口设置警戒，疏散、戒严、维持秩序。
(2) 合理划分救援队伍待命、工作区域。
(3) 做好事故处理期间其他安保工作。

2.3.8 后勤保障组

组长：经营副矿长

副组长：行政办主任、后勤管理组组长、驻矿服务部经理

成员：行政办及驻矿服务部人员

主要职责：

(1) 及时掌握救援人员情况。
(2) 为救援人员、遇险人员家属提供后勤服务。

2.3.9 善后处理组

组长：党委副书记（工会主席）

副组长：经营办主任、行政办主任、工会副主席

成员：经营办和行政办（工会）人员

主要职责：

(1) 核实伤亡人员信息，及时通知家属，安抚遇险人员及家属，按照国家规定提出工伤事故善后处理意见并报批实施。
(2) 安排伤亡人员后期治疗及其他善后事项，与工伤家属签订协议书，履行协议内容，负责保险理赔、补偿等事项。

2.3.10 信息发布组

组长：党委副书记

副组长：党委办主任、安全办主任

成员：党委办和安全办人员

第二章 神东煤炭集团生产安全应急预案建设

主要职责：
(1) 做好媒体人员接待工作。
(2) 在应急指挥部的统一安排下，对外发布事故动态、救灾进展情况及社会关注等其他问题。
(3) 负责舆情管控工作。

3 响应启动

3.1 响应分级

根据火灾事故的可控性、严重程度和影响范围，将火灾事故分为特别重大事故（Ⅰ级）、重大事故（Ⅱ级）、较大事故（Ⅲ级）和一般事故（Ⅳ级）（见响应分级标准）。火灾事故发生后，应立即启动本应急预案，并根据事故等级及时上报。

3.2 应急响应程序

(1) 根据矿长指示，立即通知各救援小组成员到矿生产指挥中心集中。
(2) 矿生产指挥中心和应急救援指挥部进一步了解事故情况，整理事故相关资料和图纸等，为救援工作决策提供基础资料。
(3) 应急救援指挥部研究、决策救援方案，确定各救援小组工作要求，明确现场救援人员安排，选择合理的救援路线，各成员单位按照应急救援方案认真履行各自的职责。
(4) 根据救援工作的需要，可汇报上级有关领导、部门协调调动外部救援力量增援。
(5) 根据受伤人员情况，可汇报上级有关领导、部门协调医疗救护中心专家组奔赴现场，加强医疗救护的指导和救治。
(6) 根据事故情况和救援工作进展情况，及时汇报有关部门并适时向新闻媒体公布。

3.3 召开应急会议

应急指挥部根据生产安全事故性质，通知各专业组成员立即到达调度会议室并召开应急会议。应急会议由应急救援指挥部总指挥主持，会议应包括以下内容：
(1) 通报生产安全事故情况。
(2) 明确救援方案和工作要求。
(3) 确定所需调配的内、外部应急资源。
(4) 确定信息上报的部门和时间。

根据事态发展及处置情况，总指挥应适时召开后续应急会议，各应急专业组应适时召开组内会议,落实组内工作任务,及时将会议情况及决定事项报告总指挥。

3.4　向公司和地方政府汇报

发生生产安全事故后,矿应急指挥部应尽快上报,向公司汇报最迟不得超过30分钟,向地方县级主管部门汇报最迟不得超过1小时,汇报内容由总指挥部审批,并根据事态发展及时补充上报事故最新情况。

报告内容包括:

(1) 事发单位名称、事故类型。

(2) 事故发生的时间、地点。

(3) 事故发生的初步原因。

(4) 事故经过和采取的处置措施。

(5) 人员伤亡、失踪及撤离情况。

(6) 事故对周边自然环境影响,是否波及社会人群或造成社会人员生命财产威胁和影响。

(7) 现场应急物资储备及消耗情况。

(8) 需公司、地方政府协调、支持的事项。

(9) 报告人的单位、姓名、职务和联系电话。

应急信息报告以书面报告为主,必要时可采用影像视频等形式。情况特别紧急时,可用电话口头初报,随后再书面报告。

3.5　应急资源协调

根据生产安全事故现场情况,矿应急救援指挥部负责及时组织调配应急救援队伍和应急物资,当事态超出矿应急处置能力时,应立即向公司申请响应升级。

4　应急处置

4.1　火灾事故应急处置基本原则

(1) 控制烟雾和有毒有害气体的蔓延,防止火灾扩大。

(2) 防止引起瓦斯或煤尘爆炸,防止因火风压引起风流逆转。

(3) 有利于人员撤退和保护救护人员安全。

(4) 创造有利的灭火途径。

4.2　处置措施

(1) 最先发现火灾人员的处置措施:

最先发现火灾人员应该立即根据现场情况判断火势情况,若现场在保证安全的情况下能立即扑灭或控制火势,不使火灾扩大时,应先救灾后报告。若现场火灾无法立即扑灭或火势无法控制时,要在保证自身人身安全的情况下,尽可能查明火灾性质、地点、范围、着火原因、一氧化碳浓度情况、危害程度、威胁区域等情况，并立即汇报矿生产指挥中心。现场不能保证人身安全时，必须立即撤离，撤离期间要切断工作地点电源，并尽可能通知沿途受火灾影响区域人员一同撤离到安全地点。

（2）撤离期间注意事项：

① 事故地点进风侧的人员，应迎着风流撤退；在事故地点回风侧的人员，应立即戴好自救器，设法通过其他通道，尽快进入进风侧或新鲜风流中。通过火烟区时，必须佩戴自救器，通过时不要飞跑和急促呼吸，应稳步走出危险区。

② 尽量保持事故前的通风方式和风流方向。

③ 撤离前必须切断事故范围内电气设备电源。

（3）生产指挥中心接到井下发生火灾的汇报后的处置措施：

① 立即通知火灾回风侧工作人员撤离升井，生产指挥中心切断火灾可能波及范围内所有机电设备电源。

② 矿长、总工程师、矿值班领导、通风组组长、事故单位主要领导及各救援工作组成员赶到矿生产指挥中心成立救灾指挥部，研究灭火方案。

（4）生产指挥中心启动预案：

① 根据灾情下达应急指令：

a. 通知灾区人员断电并安全撤离。

b. 通知井口设置警戒，严禁人员入井。

c. 通知安管办通过定位仪、入井卡、矿灯等核查统计井下人员及分布情况。

d. 通知主要通风机人员观察风压和风量情况，及时汇报矿生产指挥中心。

e. 通知生产技术组、通风组、地质组准备相关资料。

② 通知公司总调度室，将矿井发生的灾害性质、灾害范围等情况进行汇报。

③ 通知神东总医院，将事故可能造成的人员伤亡情况进行汇报，使总医院启动应急响应。

④ 通知矿兼职救护队，要求其做好装备配备，为专职救护队创造必要的救援条件。

（5）应急救援指挥部成立后的处置措施：

① 根据现场火势及人员撤离情况判断可能受火灾影响区域人员伤亡情况、撤离情况，明确需要救护地点人员、救护路线等，并安排救护队组织营救。

② 组织制定合理有效的灭火方案，并落实救护队组织实施。

③ 根据火情，判断是否进行矿井反风及风流调度。

④ 根据灾情变化，不断优化救灾方案。

⑤ 根据灾情严重程度，确定是否求助社会力量。

4.3 根据现场火势采取合理灭火及防止火势扩大的措施

（1）在火灾初期，火区范围不大时，应积极组织直接灭火。

（2）如火势太大无法扑灭时，应根据现场情况及时采取防止灾情扩大的应急措施。

（3）必要时应将排水管、风管改为临时消防管路。

（4）直接灭火失效时，应采取隔绝灭火法封闭发生火灾的巷道或工作面。可利用工作面顺槽内砌筑的防火门墙进行快速的封闭，封闭火区时必须执行以下安全技术措施。

① 封闭火区的安全技术措施：

a. 封闭火区要执行"小、少、快"的原则，封闭的范围要尽可能小，建立最少的防火墙就能将火区封闭，防火墙施工要快，不得拖延。

b. 封闭火区由救护队员负责进行。

c. 封闭期间救护队员必须严格按救护规程的规定佩带装备。

d. 必须有专人负责检查封闭地点瓦斯及其他有毒有害气体情况，并负责监护，发现异常立即通知人员撤离。

e. 火区的封闭只有在确认火区里无人时可进行。

f. 封闭火区的救护队员应定时轮换，防止因温度过高或其他原因造成伤害。

② 防止火区发生瓦斯爆炸的安全技术措施：

a. 采区或其他瓦斯涌出量较少的工作地点发生火灾时，可以在保持火区正常通风的情况下先封入风侧防火墙或同时封闭入风侧及回风侧防火墙。

b. 火区封闭时，必须有专人负责检查回风侧风流中气体情况，发现瓦斯、一氧化碳或其他可能参与爆炸的有毒有害气体浓度异常时，必须立即撤到进风侧新鲜风流中并汇报现场指挥员及指挥中心，等候处理。

c. 封闭火区时，必须采取有效措施防止风流逆转。

d. 封闭火区时，可以同时向火区注入氮气或其他惰性气体，以降低火区氧气及瓦斯等爆炸性气体浓度，防止爆炸事故发生。

e. 火区封闭后，必须抹面，封严，防止漏风。

③ 灭火时必须注意的事项：

a. 不使瓦斯积聚，煤尘飞扬，以免造成爆炸事故。

b. 不致造成风流逆转。

c. 不致危及人员安全。

d. 有助于阻止火势扩大，抑制灾情，创造接近火源的条件。

e. 油类着火时，严禁用水灭火，只能用砂子、二氧化碳干粉灭火器等灭火。

f. 扑灭电气设备火灾时，不可将人体或手持的用具触及导线及设备，以防触电。

g. 救灾工作应由救护队员进行，其他人员只能在一氧化碳浓度不超过0.0024%，瓦斯浓度<2%，温度<35℃条件下参与救灾，并有防止人员中毒的安全措施。

4.4 避灾路线

（1）主斜井发生火灾时，立即采取主要通风机反风，将有毒有害气体直接排至地面，然后采取措施进行灭火。避灾路线：矿井内不同工作地点人员均遵循"逆风流"的原则，制定最短避灾路线，沿避灾路线迅速撤出工作地点至地面。

（2）平硐发生火灾时，立即采取主要通风机反风，防止有害气体蔓延到矿井其他地点，避免造成火灾范围扩大，然后采取措施进行灭火。避灾路线：矿井内不同工作地点人员均遵循"逆风流"的原则，制定最短避灾路线，沿避灾路线迅速撤出工作地点至地面。

（3）中央胶、辅运大巷及联巷发生火灾时，可进行风流调度，及时打开中央胶回大巷的联巷的行人风门或行车风门使风流短路，将有害气体直接引排出地面，避免火灾范围扩大，再采取措施进行灭火。避灾路线：矿井内不同工作地点人员均遵循"逆风流"的原则，制定最短避灾路线，沿避灾路线迅速撤出工作地点至地面。

（4）采煤工作面发生火灾时，避灾路线：矿井内不同工作地点人员均遵循"逆风流"的原则，制定最短避灾路线，沿避灾路线迅速撤出工作地点至地面。

（5）掘进巷道发生火灾时，避灾路线：矿井内不同工作地点人员均遵循"逆风流"的原则，制定最短避灾路线，沿避灾路线迅速撤出工作地点至地面。

掘进中的独头巷道着火时，局部通风机管理是关键。救护队员到达现场后，应保持巷道的通风原状，即风机停止运转的不能开启，风机开启的不能停止，进行侦察再采取措施灭火。工作面人员迎风流沿进风巷进行避灾，回风巷人员依据"就近原则"，通过联巷风门进入进风巷中进行避灾。掘进巷道中的全风压进风顺槽内着火时，要沿风流方向，将顺槽内着火点以后的风门打开，把有害气体直接引入回风顺槽，减少有害气体蔓延避免造成火灾范围扩大。工作面人员迎风流沿进风巷进行避灾，回风巷人员依据"就近原则"，通过联巷风门进入进风巷中进行避灾。

（6）井下变电所发生火灾时，避灾路线：矿井内不同工作地点人员均遵循"逆风流"的原则，制定最短避灾路线，沿避灾路线迅速撤出工作地点至地面。

井下变电所（配电点）为独立通风系统。当井下变电所的电气设备发生火灾时，要立即切断高、低压电源，利用灭火器、砂箱等进行直接灭火。当井下变电所发生火灾在灭火无效时，应关闭防火门，以防事故扩大。

（7）井下电缆发生火灾时，由于井下电缆较多，供电系统复杂，电缆电压高，电缆着火可能性大，主要处理的方法：发现电缆着火后，立即停电，汇报值班矿长，由值班矿长启动应急预案，同时现场跟班队干应尽快组织现场人员进行灭火。如果火势不断扩大，现场灭火的人员已经无法控制火情的情况下，为避免造成人员伤亡，立即组织人员撤离，同时向值班矿长汇报火情及撤离等情况，由值班矿长再采取措施进行灭火。

避灾路线：矿井内不同工作地点人员均遵循"逆风流"的原则，制定最短避灾路线，沿避灾路线迅速撤出工作地点至地面。

（8）原煤仓由于长期存放一定量的原煤，且夏季温度高、通风不畅的原因，导致煤块自然氧化严重形成焦结状发热体导致原煤引燃发生火灾

原煤仓有发火迹象时，要立即停止煤仓上煤和出煤，由矿内成立煤仓火灾应急处理小组，制定出切实有效的方案和措施，进行煤仓降温，处理煤仓一氧化碳高、温度高的问题。

原煤仓发生火灾时，避灾路线：矿井内不同工作地点人员均遵循"逆风流"的原则，制定最短避灾路线，沿避灾路线迅速撤出工作地点至地面。

（9）巷道发生火灾时，避灾路线：矿井内不同工作地点人员均遵循"逆风流"的原则，制定最短避灾路线，沿避灾路线迅速撤出工作地点至地面。

① 独头巷道火灾处理要点：

独头巷道火灾处理，局部通风机管理是关键。救护队员到达现场后，应保持巷道的通风原状，即风机停止运转的不开启，风机开启的不停止，侦察后再采取措施。

a. 当瓦斯浓度不超过2%时，应在通风的情况下直接进行灭火。灭火后，必须仔细清查燃火点，防止复燃引起爆炸。

b. 有爆炸危险的着火巷道，在不需要救人时，严禁进入侦察和灭火，应在远离火区封闭。

c. 如果相邻采空区的掘进巷道发生火灾，要密切关注联巷或局部冒顶与采空区沟通，直接灭火时要更加慎重，应防止灭火过程中瓦斯爆炸或火灾烧到邻近采空区。

根据巷道火灾位置不同，救护队应严格执行《矿山救护规程》有关规定。

② 全风压倾斜巷道火灾处理要点：

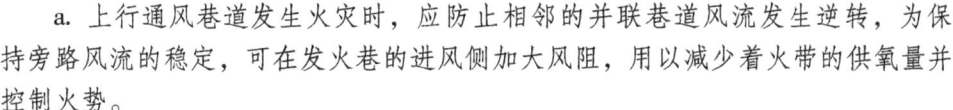

a. 上行通风巷道发生火灾时，应防止相邻的并联巷道风流发生逆转，为保持旁路风流的稳定，可在发火巷的进风侧加大风阻，用以减少着火带的供氧量并控制火势。

b. 下行通风巷道发生火灾时，应防止发火风流发生逆转，为保持发火巷道的风流稳定，可在旁路巷道增阻。

5 应急保障

5.1 通风队负责井下消防材料库风筒、黄土、砂子、木板、钉子、砖等防火设备、物资的配备，维护好必要的应急救援器材、设备，并进行经常性维护、保养，保证能够正常使用，并派专人管理。无抢险应急救援指挥部的命令，任何单位和个人不得擅自动用消防材料库的防灭火设备、物资。火灾发生后，通风队要安排专人负责消防材料库物资供应。

5.2 供应站负责组织事故发生后抢险救灾必须的应急救援物资、器材、设备的供应。

5.3 救护队负责保障灾区抢险救灾物料、设备的井下运输。

5.4 机电信息中心、供应站要备好铁锹、木板、消防水管、水泥、砂子、黄土等必备救灾物资。事故处理期间，必须安排好装卸人员保证救灾物资随要、随装、随运。

5.5 通风队要搞好监测系统的管理、维护，保证正常使用；灯房保证下井人员自救器、矿灯的完好，必须按规定对自救器、矿灯进行检查，发现自救器失效的要立即更换。

5.6 机电信息中心要保障好井上下固定电话、小灵通通信畅通，要保障矿井网络的畅通，保证事故发生后，相关信息传递及时、准确。

5.7 神东总医院要保证抢救的药品、器械满足要求。

四、神东煤炭集团×××煤矿辅助运输车辆现场处置方案范例

1 事故风险分析

1.1 车辆运输伤人事故

车辆不遵守规定，超速、强行强会、交叉路口不变光、未按规定路线行驶、违章操作；车辆在接送人员时超员、刹车失灵或灯光不好；驾驶车辆下坡时空档溜车；车辆未停稳人员上下车；倒车时不开启倒车语音报警装置；停车时未挂挡、熄火、拔钥匙、拉手刹、垫阻车器；行车中车内人员将头和手伸出车窗外；驾驶员酒后或疲劳驾驶车辆；驾驶员在未取得证件的情况下驾驶车辆；拉运物料超高、超宽、超载；井下巷道内结冰或有油污时车辆打滑；车辆停放在调车硐室

时，车身超出调车硐室未设置警戒；车辆出现机械故障，前后未设置警示；驾驶故障车入井。根据风险矩阵法分析，该风险可能性为 H5，损失为 C4，风险值 20，风险等级为重大。

1.2 车辆着火事故

车辆线路老化或线路短路；人为错误接线导致短路；车辆电线电缆绝缘不符合车辆自身和环境要求；车辆发动机外表温度过高引发油管着火；燃油泄漏；车辆加油时非作业人员在加油区域内吸烟；轮胎在超标准负荷情况下长时间运行，内部积热引起自燃起火。根据风险矩阵法分析，该风险可能性为 H5，损失为 C4，风险值 20，风险等级为重大。

1.3 检修车辆伤人事故

车辆在检修作业前未检查工具完好情况；举升机使用不当，车辆坠落；牵引故障车辆措施不当；检修车辆前未拉紧手刹，未用阻车器将车轮前后固定；车辆不熄火不拔钥匙，人员爬到车身下检修车辆；车辆在地沟上检修未停到位，轮胎滑落；更换轮胎时，千斤顶支护不到位、不掩车，车辆侧滑；起吊用具不适合或吊挂位置不正确；轮胎打气时空气压缩机不完好；检修自卸车举升油缸未做二次防护、油缸泄液。根据风险矩阵法分析，该风险可能性为 H5，损失为 C4，风险值 20，风险等级为重大。

2 应急工作职责

带班队长：负责现场应急处置指挥工作，组织现场人员自救互救，积极抢救遇险人员，查明事故原因，及时报告矿调度室，并积极组织现场应急救援处置，指挥疏通交通等工作，在指挥处理过程中，如人员受到伤害，根据情况组织本区域人员安全撤离。

班组长：协助带班队长组织现场应急处置，并清点人数。

瓦检员：负责对事故现场气体浓度进行监测。

急救员：负责对遇险人员进行急救。

其他各岗位员工：听从安排，积极开展现场自救互救工作。

3 应急处置

3.1 应急处置原则

事故救援工作应当遵循"以人为本、逐级负责、应急有备、处置高效"的原则。

(1) 迅速就近调集力量到场。生产指挥中心接到报告后，应立即就近调集抢险救援力量迅速前往车祸现场。其主要任务是：对事故现场进行封锁，并疏导交通，排除连锁隐患，并确定救援方案，抢救生命。

(2) 准备所需的器材装备。进行紧急救援时,抢救人员要携带好工具,如千斤顶、撬棍、三角木、钢丝绳套等,保证所使用的工器具完好。

(3) 快速开展抢险救援作业。救援人员到达事故现场后,根据事故情况进行大致编组和分工,采取组合式操作,迅速组织部队开展抢险救援作业。为了使现场的抢险救援行动规范有序进行,在有可能的情况下最好把力量分成若干个小组。具体几个小组应视情况而定,可组成的小组有:救援组、隐患排查组、交通管理组、伤员救治组。

3.2 应急处置程序(图2-6)

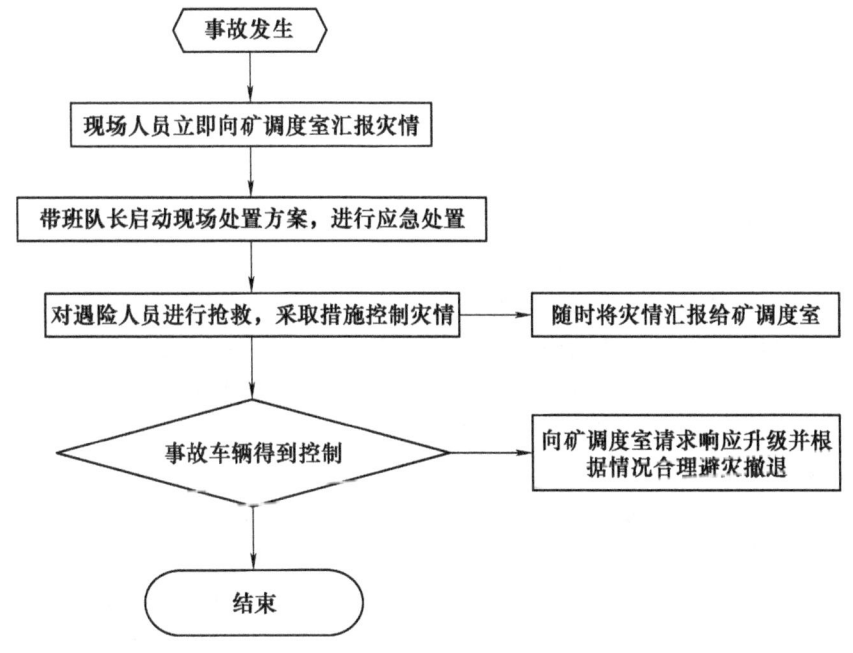

图2-6 事故应急处置程序

(1) 事故发生时,现场驾驶员立即向矿调度室汇报灾情,通知带班队长和班组长。

(2) 带班队长和班组长应立即查明事故原因、范围和人员遇险情况,启动本队现场处置方案,在确保安全的前提下,组织人员进行应急处置。

(3) 若有人员遇险,应首先抢救遇险人员,积极开展自救互救,及时将受伤人员脱离危险区域，经过急救处置后运送至地面或安全地点。

（4）在应急处置过程中，应实时监测通风状况，带班队长和班组长要及时将救灾进展情况向矿调度室汇报。

（5）若事故危害程度超出本队现场应急处置能力，带班队长和班组长应立即向矿调度室请求响应升级，根据情况组织人员按照避灾路线撤退，并判断是否配用自救器。撤退前应断开与救灾无关的电源，告知矿调度室避灾行走路线与目的地。

（6）若撤退线路遇阻或自救器有效作用时间不能安全撤离时，要充分利用避难硐室、压风自救、自救器过渡站等场所和设施合理避灾，等待救援。

（7）事故消除后，做好生产安全恢复工作。

3.3 应急信息报告

矿调度联系电话：×××

事故报告的主要内容有：

(1) 事故发生的时间、地点、影响范围。

(2) 事故发生的类型。

(3) 事故的简要经过、遇险人数。

(4) 事故原因、性质的初步判断。

(5) 事故现场已采取的措施。

(6) 需要有关部门、单位协助事故抢救和处理的有关事宜。

3.4 现场应急处置措施与避灾路线

3.4.1 车辆运输事故应急处置措施

（1）当车辆发生运输事故，立即通知矿调度室撤离安全区域人员。如情况严重，无法撤离，应立即启用定位仪报警。

（2）当有人被挤压或驾驶员无法脱离驾驶室，应设好警示标志后立即采用撬棍、千斤顶等现场可用措施移动车辆或移开物件、货物，将被挤压的人员救出，转移到安全地点。

（3）对伤员出血的伤口应加压包扎，有搏动性或喷涌状动脉出血不止时，暂时可用指压法止血或在出血肢体伤口的近端扎止血带。

（4）当伤员有骨折情况发生时要就地取材固定骨折的肢体，防止骨折的二次伤害。简单救助后将受伤人员安置在顶板良好、无淋水的地点或利用运输工具将受伤者送往附近医院救治。

（5）避灾路线：按照正常的辅助运输运路线撤离。

3.4.2 车辆着火事故应急处置措施

(1) 当车辆发生着火事故时，必须考虑到有发生有毒有害气体中毒的可能性，立即通知矿调度室撤离危险区域人员，迅速用车载灭火器或就近消防管路灭火。如情况严重，无法撤离，应立即启用定位仪报警。

(2) 发生有可能形成有毒或窒息性气体的火灾时，要在做好自我保护前提下进行救火，以防救援灭火人员中毒。

(3) 在抢救人员和消防队员到达事故现场之前，现场组织自救和灭火工作，同时做好火灾现场的人员撤离，在烟雾弥漫中，要用湿毛巾掩鼻，低头弯腰逃离火场。

(4) 根据不同类型的火灾，采取不同方法。发动机、油路着火时，应迅速关闭发动机，用灭火器或覆盖法灭火（严禁取水灭火）。当火势无法控制，驾驶员在逃离火灾时，应关闭点火开关、电源总开关，并设法关闭油箱开关。

(5) 当发生人员烧伤或中毒时，应立即将受伤人员脱离着火车辆，应采取简单的救助措施后将受伤人员安置在顶板良好、无淋水的地点或利用运输工具将受伤者送医救治。

(6) 车辆在加油时必须设好警戒，必须放置灭火器、砂箱，严禁非作业人员进入加油区域，加油区域内严禁明火。

(7) 避灾路线：按照×××煤矿火灾避灾路线进行撤离。

3.4.3　检修车辆伤人事故应急处置措施

(1) 当车辆检修发生伤人事故，立即通知矿调度室及车队值班队领导，组织人员赶赴现场进行应急处理。

(2) 当有人被挤压无法脱离，应设合理采用撬棍、千斤顶等现场可用措施移动车辆或移开物件、货物，将被挤压的人员救出，转移到安全地点。

(3) 对伤员出血的伤口应加压包扎，有搏动性或喷涌状动脉出血不止时，暂时可用指压法止血或在出血肢体伤口的近端扎止血带。

(4) 当伤员有骨折情况发生时要就地取材固定骨折的肢体，防止骨折的二次伤害。简单救助后立即将受伤者送往附近医院救治。

4　注意事项

(1) 所有现场人员对于事故的发生首先要保持冷静，头脑清醒。

(2) 要注意定位仪的报警信息，并准确使用定位仪。

(3) 营救伤员时，要按照"三先三后"原则进行处置。

(4) 在采取应急处置措施过程中，要防止二次伤害事故发生，确保人身安全。

(5) 在应急处置过程中，应充分考虑自救器有效使用时间和人员撤离时间，决定撤离或是进入临时避灾场所。严禁救护人员在不佩戴呼吸器的情况下进入通风不畅的灾区抢险救灾。

（6）戴上自救器后，人员应尽量匀速行走，呼吸要均匀。行走过程中尽量不要频繁使用氧气增压按钮，以免浪费氧气，缩短自救器有效使用时间。

（7）在撤退沿途和所经过的巷道交岔口或进入避难硐室前，要留设指示方向或衣物、矿灯等明显标志，以提示救援人员的注意。

（8）在被困地点待救时，遇险人员应尽量俯卧于巷道底部，以保证精力、减少氧气消耗，为外界救援争取时间，并要采取有规律地敲击金属物、顶帮岩石等方法，发出呼救联络信号，以引起救援人员的注意，提示避难人员所在的位置。在此期间，应只留一盏灯照明，其余矿灯全部关闭，以备再次撤退时使用。

（9）在抢救或等待救援车的过程中，应尽可能把伤员转移到有足够照明和车辆易于到达的交接班地点。

（10）拨打救援电话时必须说明事故发生时间、地点、受伤人员数量和受伤情况，并指派专人到救援车辆必经的路口带路。

第四节 神东煤炭集团应急演练

一、类型

神东煤炭集团应急演练针对本集团生产单位可能发生的事故情景，依据应急预案模拟开展应急活动。按照演练内容分为综合演练和单项演练，按照演练形式分为实战演练和桌面演练，按目的与作用分为检验性演练、示范性演练和研究性演练，不同类型的应急演练可相互组合。神东煤炭集团应急演练一般常采用以下3种演练形式。

1. 桌面演练

神东煤炭集团应急桌面演练是由应急组织的领导、指挥人员和关键岗位人员参加，按照应急预案和预案运作程序，讨论和论证在应急状态下，各部门和各类救援人员采取的运行准备和运行活动的演练。桌面演练的特征是在地面会议室内假想模拟事故现场的情景，参加人员进行相互提问，口头演练或多媒体电脑演练。

桌面演练通过相互提问和讨论，检查和解决预案中的某些问题，提高对预案中心思想的理解和认识。通过多媒体电脑演练，更形象地反映出紧急事件发生时

第二章　神东煤炭集团生产安全应急预案建设

的模拟场景；通过电脑操作互动，开展某些技术问题的研究，更正确地掌握事故发展态势和控制技巧。如通过救灾专家系统对灾区的救灾方案、灾区通风系统的风流流动规律、灾区通风系统破坏后瓦斯积聚的演变过程，以及避灾逃生路线的选择和优化等方面的问题进行讨论与分析，作出有益的结论。

2. 专项演练

专项演练是指针对某项应急响应功能或其中某些响应活动而举行的演练。专项演练也可以称为功能演练。

专项演练一般是在应急指挥中心举行，并同时可在现场实际生产条件下进行，调用有限的应急设备，主要目的是针对不同的应急响应功能，检验相关的应急救援人员和应急指挥协调机构的策划和响应能力。例如，指挥和控制功能的演练，其目的是检验和评价多个部门协调下，在一定紧急环境条件下集权式的应急运行和及时响应能力；又如针对交通运输活动的演练，目的是检验地方政府和煤矿企业的协调关系，解决交通运输设备的响应能力；再如应急通信功能的演练，可以假定在事故状态下，按照预案的要求，模拟事故态势的逐级发展，进行不同人员、不同地点和不同通信工具的响应功能演练，检查其能否满足实际的要求。

专项演练比桌面演练规模要大，需要动员更多的应急响应救援人员和组织，必要时，还可要求上级应急机构和地方政府参与，为演练方案设计、协调和评估工作提供技术和组织支持。

对专项演练要进行评估，充分总结演练过程中发现的问题和获得的经验。专项演练完成后，除采取口头评估外，还要向救援指挥中心和相关部门提交有关演练活动的书面评估报告，提出改进建议，为完善应急预案提供依据。

3. 全面演练

神东煤炭集团应急实战演练针对应急预案中全部或大部分的应急响应功能，是检验和评价应急组织应急运行能力的演练活动。实战演练在矿井现场按真实场景进行，演练需要更长的时间，动员更多的组织和人员参与。演练过程采取交互方式进行，调动更多的资源，开展人员、设备和其他资源的实战性演练，以显示相互协调的应急响应能力。如矿井的反风和局部反风演练，判断风流反转的能力、反风的数量及设施的完备状态，检验反风的目标效果；外源火灾的演练，在火灾模拟巷道或报废的矿井中进行，掌握火灾火情的发生条件和发展演变过程、风流逆转和逆退的现象特征及其控制，为火灾的熄灭和控制积累经验；矿井采掘工作面和采空区人员疏散、避难逃生、自救互救演练，检验井下作业人员的自救能力和避灾路线的合理性。

二、目标和要求

神东煤炭集团进行事故应急救援预案演练的目标和要求可以归纳为以下 6 个方面：

1. 熟悉灾害特征

通过演练，应急人员熟悉并掌握煤矿事故灾害的特征。例如，火灾的处置，能迅速判断火源的位置和灾情的发展，有效地控制风流方向和风量大小，达到防止瓦斯积聚和消除瓦斯爆炸的目标；又如对冒顶片帮事故，能掌握井巷附近地质构造的分布和地压活动的影响，改善支护的质量，正确辨识事故的隐患，迅速作出判断并进行应急处理。

2. 熟悉职责和任务

参加应急救援演练的每个救援人员，通过演练明确各自岗位的任务和职责，并分清相关组织和各个岗位人员的职责和任务，进而改善不同组织和个人之间的协调和相互配合问题。

3. 检验指挥能力

通过演练，正确的指挥能获得大众的认可和信心，增强指挥人员操作的熟练性和提高工作的信心，并且能检验和提高应急救援系统的指挥能力和领导能力。

4. 检验救援行动

通过演练，检查矿山救护队对预案的熟悉程度及成员间配合的默契程度；检验和测试应急设施和设备的可靠性，使救援队伍掌握相关装备的正确使用方法，提高操作的熟练程度和实际救援技能；培养顽强的战斗精神和提高心理素质与风险意识；改善各救援部门和应急人员相互配合的协调水平；最终检验应急救援队员在事故处理过程中能否正确理解应急预案的实质并采取正确的应急救援行动。

5. 检验应急救援整体能力

通过演练，检验应急救援指挥中心整体应急救援能力，包括现场组织指挥、各救援方案有序实施的指挥，以及神东煤炭集团救援队伍和外来救援队伍间协调配合的救援活动指挥；通过救护队的演练和实战操作，提高整体应急救援的实战能力。

6. 检验预案中的缺失与问题

通过演练，检验应急救援预案的整体或局部的应急处置，是否能有效地付诸实施，即预案的实操性；验证预案在应对出现各种意外情况所具备的适应能力；

发现预案中存在的缺失和问题,为修正预案提供实际资料。

三、应急演练组织机构及职责

演练应在相关预案确定的应急领导机构或指挥机构领导下组织开展。演练组织单位要成立由相关单位领导组成的演练领导小组,通常下设策划部、保障部和评估组;对于不同类型和规模的演练活动,其组织机构和职能可以适当调整。根据需要,可成立现场指挥部。

1. 演练领导小组

演练领导小组负责应急演练活动全过程的组织领导,审批决定演练的重大事项。演练领导小组组长一般由演练组织单位或其上级单位的负责人担任;副组长一般由演练组织单位或主要协办单位负责人担任;小组其他成员一般由各演练参与单位相关负责人担任。在演练实施阶段,演练领导小组组长、副组长通常分别担任演练总指挥、副总指挥。

2. 策划部

策划部负责应急演练策划、演练方案设计、演练实施的组织协调、演练评估总结等工作。策划部设总策划、副总策划,下设文案组、协调组、控制组、宣传组等。

(1)总策划。总策划是演练准备、演练实施、演练总结等阶段各项工作的主要组织者,一般由演练组织单位具有应急演练组织经验和突发事件应急处置经验的人员担任;副总策划协助总策划开展工作,一般由演练组织单位或参与单位的有关人员担任。

(2)文案组。在总策划的直接领导下,负责制定演练计划、设计演练方案、编写演练总结报告以及演练文档归档与备案等;其他成员应具有一定的演练组织经验和突发事件应急处置经验。

(3)协调组。负责与演练涉及的相关单位以及本单位有关部门之间的沟通协调,其成员一般为演练组织单位及参与单位的行政、外事等部门人员。

(4)控制组。在演练实施过程中,在总策划的直接指挥下,负责向演练人员传送各类控制消息,引导应急演练进程按计划进行。其成员最好有一定的演练经验,也可以从文案组和协调组抽调,常称为演练控制人员。

(5)宣传组。负责编制演练宣传方案,整理演练信息、组织新闻媒体和开展新闻发布等。其成员一般是演练组织单位及参与单位宣传部门人员。

3. 保障部

保障部负责调集演练所需物资装备,购置和制作演练模型、道具、场景,准备演练场地，维持演练现场秩序，保障运动车辆，保障人员生活和安全保卫等。其成员一般是演练组织单位及参与单位后勤、财务、办公室等部门人员，常称为后勤保障人员。

4. 评估组

评估组负责设计演练评估方案和演练评估报告，对演练准备、组织、实施及其安全事项进行全过程、全方位评估，及时向演练领导小组、策划部和保障部提出意见、建议。其成员一般是应急管理专家，具有一定演练评估经验和突发事件应急处置经验的专业人员，常称为演练评估人员。评估组可由上级部门组织，也可由演练组织单位自行组织。

5. 参演队伍和人员

参演队伍包括应急预案规定的有关应急管理部门（单位）工作人员、各类专兼职应急救援队伍以及志愿者队伍等。

参演人员承担具体演练任务，针对模拟事件场景作出应急响应行动，有时也可使用模拟人员替代现场参加演练的单位人员，或模拟事故的发生过程，如释放烟雾、模拟泄漏等。

四、神东煤炭集团×××煤矿水灾应急演练方案范例

1　演练目的

（1）检验矿井防灾抗灾能力。

（2）检测井上下通信及汇报流程，井下撤人所需时间、指挥部及领导小组人员到达指挥部时间、救护队到达时间、排水设施到矿及安装时间。

（3）检测应急指挥部及各应急救援小组的反应速度、应急处置、应急组织、指挥能力。

（4）检测遇险人员应急处置、自救、互救、紧急情况下逃生能力。

（5）检测应急救援预案的科学性、可靠性、实用性。

（6）检测救援物资保障情况、应急救援保障能力。

2　应急演练组织机构

演练由矿长全面负责组织实施，其余矿领导全程参与应急演练过程。

事故应急救援指挥部成员包括：

总指挥：矿长

副总指挥：总工程师

指挥部成员：党委书记、生产副矿长、安全副矿长、掘进副矿长、经营副矿长、机电副矿长、机电副总、生产副总、通风副总、通风科主任、生产办主任、

第二章 神东煤炭集团生产安全应急预案建设

机电科主任、安管办主任、调度室主任、地质科主任、党政办主任、经营办主任、车队队长、地测站站长、供应站站长、后勤服务公司经理、保卫组组长、财务科长、医务所所长、救护中队队长。

3 演练前的准备工作

3.1 全员培训

××××年××月由应急办和经营办组织对全员进行了《×××煤矿××××年生产安全事故应急预案》《×××煤矿××××年度灾害预防与处理计划》全员培训,使每位员工能够掌握灾变时期的行动原则、应急处置方法、避灾路线。

3.2 区队事故现场处置方案演练

××××年××月×××矿应急办组织区队、班组开展了区队事故现场处置方案演练活动,通过演练各单位更加明确了应急处置流程,对避灾路线、避险设施的使用也更加熟练。

3.3 成立演练评估小组

演练前,成立事故演练评估小组,组长为总工程师,安排7名评估员对事故处理全过程进行跟踪记录,并根据《煤矿单位生产安全事故应急演练考核评估标准》进行考核打分,具体安排见附表。

3.4 演练物资准备

(1) 地质科、通风科、机电科提前更新图纸等技术资料。
(2) 机电科提前对应急物资进行排查,保证应急物资完好、齐全。
(3) 安管办提前制作"入井救援通行证",存放在调度室备用。
(4) 车队提前准备好应急救援车辆。

4 演练时间

日期:××××年××月××日。

时间:演练预计历时×个小时。

5 工作面概况

5.1 水文地质情况

演练工作面煤层起伏较大,煤层总体趋势为南高,北低,倾角1°~3°,煤厚1.8~4.7 m,平均煤厚为3.3 m,局部受冲刷构造影响,为较稳定煤层。上覆基岩厚105~137.5 m,松散层厚8~30.9 m,工作面上部为22302采空区及12302顺槽,31号煤层与22号煤层间距为32.9~37.5 m,31号煤层与12号煤层间距为66~75 m。顶板砂岩含水性较大,顶板来压可能导致工作面顶板淋水增大,上覆采空区积水情况不详,回采过程中可能导致上覆采空区内积水涌入工作面，造成人员伤害或设备损坏。

5.2 工作面排水设施及排水路线

演练工作面敷设 DN150 排水软管 2 趟，中间断开分别向机头、机尾巷道排水，管路双向排水时，工作面管路排水能力为 $150 \times 4 = 600 \text{ m}^3/\text{h}$。工作面沿线配备 BQW100-12-7.5/N 潜水泵 7 台，按积水地点设置在工作面沿线，机头机尾处各设 1 台 BQS150-15-11/N 水泵。

排水路线如下：

（1）演练工作面主、辅运顺槽：工作面涌水→顺槽强排点→演练工作面辅运顺槽排水管路→盘区回风大巷 DN300 排水管路→盘区联巷中转水仓→盘区水泵房或中央水泵房。

（2）演练工作面回风顺槽：工作面涌水→初放水仓→演练工作面回风顺槽排水管路→盘区回风大巷 DN300 排水管路→盘区联巷中转水仓→盘区水泵房或中央水泵房。

6 演练情景

6.1 事故假想及演练地点

井下突水地点假想为演练工作面 85 架处。事故起因为：由于演练工作面上覆存在采空区，周期来压比较剧烈，近期降雨频繁，导致采空区积水急剧增加，××××年××月××日早 9:00 工作面 84—89 架压力显现剧烈，造成 84—89 架切顶，工作面与上覆采空区导通，造成工作面透水。

6.2 事故直接波及区域

由于演练工作面上覆存在采空区，近期降雨频繁，导致采空区积水急剧增加，透水水量无法预测，透水后水灾可能波及整个矿井。

6.3 事故后果

事故致使演练工作面大量积水，该区域内及附近作业人员有水淹、缺氧及有害气体的危险。

7 演练程序

7.1 模拟事故发生

负责演练评估的 7 名评估员就位后，做好跟踪观察和记录的准备，并向演练总指挥汇报就位情况。在接到演习开始的通知后，3 号评估员口头告知演练工作面所有作业人员：假设工作面 85 架处切顶导致透水，涌水量约 600 m^3/h，宣布演练开始。

7.2 现场人员应急处置

（1）×××月××日早上 9:00，演练工作面 85 架附近作业人员在发现

第二章 神东煤炭集团生产安全应急预案建设

突水后,立即向跟班队长进行汇报:工作面液压支架85架处发现切顶并有大量水涌入工作面,初始涌水量约300 m³/h。跟班队长在接到汇报后,立即停止生产,5分钟左右到达突水现场,发现工作面液压支架85架附近50 m范围已被水淹,水深约0.3 m,涌水量已增大至600 m³/h,还有继续增大迹象,立即通知开启工作面所有水泵。

(2) 带班队长×××向调度室汇报:报告调度室,我是综采一队带班队长×××,演练工作面液压支架84—89架压力显现剧烈造成切顶,导致采空区水涌入工作面,初始涌水量约300 m³/h,现已增大到600 m³/h,工作面液压支架85架附近50 m范围内都有积水,积水深度约0.3 m,大量积水仍在继续涌入工作面,目前积水量约80 m³,现工作面水泵全部开启。由于水势太猛还有继续增大迹象,工作面排水能力无法满足涌水量需求,请求撤离。

(3) 调度室电话指示:立即撤离,撤离同时切断工作面动力电源。

(4) 工作面人员撤离:

① 跟班队长通过扩音电话下达撤离指令"工作面发生水灾,所有人员立即沿避灾路线撤离至交接班联巷集合",待人员集合完毕后,现场清点人数,发现缺少1人,跟班队长向调度汇报后带领工作面其余人员沿避灾路线撤离至盘区辅运大巷1800 m自救器过渡站处,撤离过程中×××摔倒,脚踝扭伤,跟班队长立即组织进行现场急救(现场模拟在工作面人员向外撤离时,1人撤离过程中摔倒受伤被困在液压支架10架处)。

② 随后汇报调度室:我是综采一队跟班队长×××,现已撤离至盘区辅运大巷1800 m,撤离过程中一人脚踝扭伤,已进行了紧急救治,1人被困工作面,具体位置不清楚,现准备乘坐交接班车辆升井。

7.3 调度指挥中心应急处置

值班调度员接到事故汇报后:

(1) 要求带班队长组织人员立即按照避灾路线撤离。

(2) 立即通知矿长:我是调度员×××,综采一队带班队长汇报演练工作面液压支架84—89架压力显现剧烈,造成84—89架切顶,导致透水事故,涌水量已上升至600 m³/h,85架附近50 m已被水淹,积水深度约0.3 m,目前积水量约80 m³,大量积水继续涌入工作面,请指示。

(3) 矿长电话指示:立即启动应急响应,断开灾区动力电源,按程序召集应急指挥部成员到位,通知井口检身房除抢险救灾人员以外其他无关人员和车辆严禁入井。

(4) 矿长赶到调度室后1号调度员接到综采队第二次汇报,并向矿长汇报:

报告总指挥，综采队现已撤离至盘区辅运大巷 1800 m 自救器过渡站处，撤离过程中 1 人小腿扭伤，另有一名工作人员被困在工作面，具体位置不清，已对受伤人员进行紧急处理，其余人员准备乘坐交接班车辆升井。

（5）1 号调度员通知灾害可能影响区域的所有人员撤离。

（6）2 号调度员按照程序召集应急指挥部成员到位，首先要通知救护队和神东医院以及驻矿医务室，再通知应急救援指挥部其他成员。

（7）2 号调度员通知井口检身房禁止其他无关人员和车辆入井，抢险救灾人员入井必须持有入井救援通行证。

（8）3 号调度员查看中央水泵房、盘区水泵房水仓水位情况，水泵运行情况，若水位上升，开启备用水泵。

（9）3 号调度员在第一次应急会议结束后，向公司总调汇报事故情况：总调你好，我是×××煤矿 3 号调度员，我矿 9 时 00 分演练工作面液压支架 84—89 架压力显现剧烈，造成 84—89 架切顶，工作面与上覆采空区导通，造成工作面透水。涌水量约 600 m^3/h，根据资料分析，目前工作面积水深度约 0.5 m，积水量约 200 m^3，大量积水继续涌入工作面。撤离时有 1 人受伤，已经进行了紧急救治，1 人被困在工作面情况不明，除被困人员外其余人员正乘坐交接班车辆升井。我矿已成立应急救援指挥部并启动《×××煤矿生产安全事故应急预案》。

（10）总工程师接到事故通知后，要求生产办主任立即通知技术组所有成员准备好相关的资料图纸，到应急指挥部待命。

7.4 应急救援指挥部应急处置

矿长到达调度室，询问应急指令落实情况，了解突水情况、各水泵房运行情况，同时通过人员定位系统确定井下作业人数。

（1）应急救援指挥部成员到一楼会议室以后，总指挥主持召开应急会议。

总指挥首先询问各组是否到齐，10 个专业组负责人分别报告已到位。

由总指挥通报事故简要情况：演练工作面液压支架 84—89 架压力显现剧烈，造成 84—89 架切顶，工作面与上覆采空区导通，造成工作面透水。涌水量约 600 m^3/h，根据资料分析，目前工作面积水深度约 0.3 m，积水量约 80 m^3，大量积水继续涌入工作面。撤离时有 1 人受伤，已经进行了紧急救治，1 人被困工作面，具体位置不清楚，除被困人员外其余人员正在乘坐交接班车辆升井。井口检身房严禁与救灾无关的人员和车辆入井。

总指挥随后进行以下安排：

① 调度室立即向公司总调度室汇报，同时要时刻关注中央水泵房、盘区水

第二章　神东煤炭集团生产安全应急预案建设

泵房水泵运行情况及水仓水位情况。（信息上报要求：调度室要在事故发生30分钟内向公司总调汇报，事故处理期间，至少1小时汇报一次）

② 技术支持组立即将相关图纸拿到指挥部，与抢险救灾组、医疗救护组共同研究确定救援方案。

③ 抢险救灾组立即组织矿兼职救护队到井口集合待命，×××救护中队配合救护队做好入井救援工作。

④ 物资供应组立即将水灾救援相关设备准备到位，安排机电队和安装队分别安排若干名电工和若干名安装人员，联系车队准备物资运输车辆和抢险人员运输车辆，随时做好入井准备。

⑤ 安全监察组立即统计升入井人数，并指派专人在井口负责签发入井救援通行证。

⑥ 医疗救护组联系医务室指派救护人员到井口待命。

⑦ 资金保障组立即向公司申请救援资金。

⑧ 警戒保卫组立即在矿北门口、办公楼门口及井口工业广场设置警戒。

⑨ 信息发布组立即编制事故简报，15分钟更新一次，不能发布未经指挥部同意的任何信息。

⑩ 其他各组按照应急预案分工立即开展应急处置工作。

各小组是否清楚。（各小组组长齐声回答清楚）

随即10个专业组组长和成员按照应急预案分工开展工作，组长不在的由副组长牵头开展工作。具体分工见附表1。

（2）技术支持组经过研究，由组长向总指挥汇报：由于演练工作面在回采前已在两顺槽施工探放水工程，工作面中部上覆低洼处可能还存在积水，另一方面近期降雨频繁，导致采空区积水急剧增加，切顶后突水总量预计800 m³左右，为保障井下作业人员安全，建议所有井下作业人员全部撤离。

初步拟定救援方案为：由×××救护中队和×××矿兼职救护队×××（姓名）负责入井侦查救援，具体路线为：辅运平硐→暗斜井→辅运大巷→盘区辅运大巷→演练工作面辅运输顺槽→演练工作面。救援人员到达演练工作面交接班地点后，首先检查现场气体情况，无异常后进行人员搜救和排水工作。

（3）抢险救灾组通知×××救护中队和×××煤矿兼职救护队携带装备到达井口救护区域，救护中队队长到指挥部参与救援方案的制定并负责执行指挥井下救援任务。

（4）×××救护中队到矿在井口集合完毕，队长到指挥部后，由总指挥下达救援方案：沿辅运平硐→暗斜井→辅运大巷→盘区辅运大巷→演练工作面辅运输顺槽→演练工作面，救援人员到达演练工作面交接班地点后，首先检查现场气体情况，无异常后根据指挥部安排进行人员搜救和排水工作。

（5）安全监察组在核实完升入井人数后，向总指挥汇报：报告总指挥，经过井口检身房、区队和人员定位系统共同核实，除救援人员外，早班共入井×人，目前已升井×人，综采队×××（姓名）情况不明。总指挥随即安排善后处理组立即核实×××的身份和家庭信息。

（6）其他各组随时向总指挥汇报各自工作组工作进展情况。

7.5　井下应急救援

（1）接送演练工作面受伤人员及综采队其他作业人员升井后，由跟班队长向调度室汇报：我是综采队跟班队长×××，除1人被困外，其余人员已经全部升井。指挥部随即安排井口医疗救护人员对其进行救治。

（2）救护队队长在井口安排完任务，救援人员按照确定的路线入井搜救，兼职救护队员（司机）协同救援，乘坐车辆接近灾害影响区域。

现场救援要求：

① 救护队员进入灾害可能影响区域时要佩戴呼吸器，并密切观察巷道内风量、CH_4、CO、O_2、空气温度和积水情况。

② 沿途发现遇险者及时抢救，发现遇难者做好标记。

③ 每10分钟汇报救援进展情况，有异常情况随时汇报。

（3）救护队人员到达演练工作面交接班地点后，救援人员首先对现场气体进行检测，无异常后继续开展搜救工作，行进至工作面进风侧安全出口处，发现1名被困人员，小腿扭伤，工作面有积水，积水深度约1 m，由救护队现场负责人向中队长汇报："报告中队长，救援人员到达演练工作面，检查周围气体无异常，在安全出口处发现1名被困人员，小腿扭伤，工作面大量积水，水深约1 m，请指示。"

（4）中队长将情况汇报总指挥后，指挥部做出指示，由一小队将被困人员运送升井，另一小队现场待命，等待进一步指示命令。由中队长将命令传达给现场负责人。

（5）接到命令后，救护一小队将被困人员运送升井，二小队继续开展搜救工作。

（6）总指挥命令技术支持组、抢险救灾组、物资供应组根据现场实际情况共同制定排水方案。由副总指挥×××向总指挥汇报拟定排水方案：报告总指挥，根据工作面积水情况，拟定排水方案为：从演练工作面辅运××联巷200 A

接线盒取电,从该处敷设一趟 50 m 25 m² 电缆至××联巷,在××联巷设置 2 台 80 开关,在机头积水点处安设 2 台 45 kW 水泵,需铺设 2 趟 102 软管约 60 m,2 趟排水管路引至辅运顺槽强排点进行排水。

(7) 总指挥命令抢险救灾组和物资供应组按照既定排水方案进行排水。

中队长电话告知救护现场负责人待物资安设人员到达现场后按照方案进行排水。

物资供应组组长通知地面机电队、安装队抢险人员立即装运物资入井排水。(组长需要将入井救援人数和车辆告知安全监察组,以便于井口签发入井救援证)

(8) 机电队、安装队抢险人员在到达演练工作面,现场由×××负责指挥物资安设及调试工作(机电队、安装队抢险人员必须听从×××指挥安排,×××中队协助),待排水设备安设完毕后,由机电队现场负责人×××汇报物资供应组组长,组长向指挥部转述:工作面排水设备已安装完毕,现已具备排水条件。

总指挥向抢险救灾组下令:立即开始排水,并且每隔 1 小时汇报水位下降情况。

抢险救灾组由×××中队队长对救护人员下达上述命令。

(9) 30 分钟后(实际为 10 分钟后),救护队队长×××向指挥部汇报:演练工作面积水水位大幅下降,机头积水深度约为 0.3 m,现已具备搜救条件。指挥部命令:救援人员立即进入工作面进行进一步搜救。

(10) 30 分钟后(实际为 10 分钟后),救护队向指挥部汇报:工作面未发现其余人员,工作面积水已排完,请指示。

8 应急结束

指挥部接到救护队员汇报,确认排水正常被困人员成功营救,且调度员汇报各单位井下作业人员均已全部升井后,由总指挥下达应急结束指令,要求安全监察组做好事故调查工作,善后处置组做好善后工作,并由调度室通知解除地面警戒,向公司总调度室汇报应急结束,各作业队伍恢复正常。

9 演练总结

演练评估员汇总各种记录(附表2),应急演练指挥部全体成员召开演练总结会议,对演练过程进行总结,并由地质组编制演练报告及督办表,总结经验和不足,提出改进意见和办法,修订预案,并于2日内将演练报告上报公司应急办。

附表1 应急救援10个工作小组及职责分配表

序号	小组名称	成员	职责
1	技术支持组（组长：总工程师）	1. 副组长：通风副总、机电副总、生产副总 2. 成员：通风科主任、机电科主任、生产办主任、地质科主任、地测站站长	1. 根据事故情况准备应急处置所需资料 2. 组织专家分析、判断事故原因、性质和灾害程度，研究制定应急处置技术方案和措施 3. 根据现场事故情况变化随时修改应急处置技术方案
2	抢险救灾组（组长：生产副矿长）	1. 副组长：掘进副矿长 2. 成员：救护队队员、兼职救护队队员	1. 主要负责指挥现场应急处置 2. 实施应急救援指挥部制定的应急处置方案 3. 处理现场突发灾变
3	医疗救护组（组长：党委书记）	1. 副组长：党政办主任、神东总医院院长 2. 成员：神东总医院医护人员	1. 按指挥部命令第一时间赶往指定地点待命 2. 对伤员进行及时救治及安置
4	物资供应组（组长：机电副矿长）	1. 副组长：机电科主任 2. 成员：供应站站长、机电科全员、车队队长及各队材料员、供应站其他人员	1. 第一时间提报应急物资的储备情况 2. 负责保证应急处置中物资和设备的及时供应、调配，并及时运送到指定地点
5	资金保障（组长：经营副矿长）	1. 副组长：财务科科长 2. 成员：经营办及财务科成员	1. 为应急处置提供资金保障 2. 统计分析事故经济损失
6	安全监察组（组长：安全副矿长）	1. 副组长：安管办主任 2. 成员：安管办副主任、安管办安检员、井口检身员	1. 负责统计入井、升井人数并向指挥部汇报 2. 控制人员入井 3. 引导灾区人员撤离 4. 配合事故调查工作，提出整改措施并监督落实
7	警戒保卫组（组长：党委副书记）	1. 副组长：党政办主任、保卫组组长 2. 成员：党政办及保卫组所有人员	1. 负责在矿大门口、办公楼门口及井口设置警戒，疏散、戒严、维护秩序 2. 合理划分救援队伍待命、工作区域 3. 做好事故处理期间其他安保工作
8	后勤保障组（组长：经营副总）	1. 副组长：矿业服务部经理、党政办主任 2. 成员：驻矿服务部及党政办成员	1. 及时掌握救援人员情况 2. 为救援人员、遇险人员家属提供后勤服务
9	善后处理组〔组长：党委副书记（工会主席）〕	1. 副组长：党政办主任、经营办主任 2. 成员：党政办、经营办人员	1. 核实伤员和遇难者身份并通知家属，做好安抚工作 2. 安排受伤人员后续治疗及遇难人员丧葬事宜 3. 洽谈抚恤条件和安抚家属的其他事宜
10	信息发布组（组长：党委副书记）	1. 副组长：党政办主任 2. 成员：党政办、安管办人员	1. 做好媒体人员接待工作 2. 根据上级指令对外发布事故信息

附表2 水灾事故演练评估小组分工表

岗位	评估项目	评估内容	评估标准	评估人	观察地点	联系方式
1号、2号评估员	应急组织机构职责履行情况	1. 应急预案启动程序、人员参与情况、应急救援会议议程设置，指挥部技术决策、命令下达及任务分工 2. 救援方案、巡查路线、汇报方式等	1. 主要负责人对应急演练工作全面负责，组织开展并参与应急演练工作 2. 总指挥接到事故通知后，能明确下达应急预案启动指令 3. 应急救援指挥部专业组组长和成员能及时到位，紧张有序地开展应急演练工作 4. 总指挥能及时主持召开应急会议，应急会议应通报生产安全事故情况，明确救援方案和工作要求，确定所需调配的内、外部应急资源，确定信息上报的部门和时间 5. 应急救援指挥部能安排专人及时签发入井救援通行证 6. 各专业组按照应急预案分工要求开展工作 7. 经应急救援指挥部确认事故现场情况符合应急救援结束条件后，总指挥能明确下达应急结束指令			
	应急启动，调度室应急处置情况	调度室接警后应急处置、汇报程序、救灾过程的记录过程是否有遗漏、传达总指挥命令是否及时准确	1. 调度室接到事故信息后，能立即根据事故性质下达撤人等处置指令 2. 调度室能按照事故汇报程序首先通知救护队和医院，其后再通知应急救援指挥部成员 3. 调度室负责应急救援指挥部的工作联系，能及时传达应急救援指挥部的指令并跟踪落实 4. 调度室能按照应急救援指挥部指令，事故发生30分钟内向公司总调汇报，事故处理期间，至少1小时汇报一次 5. 调度室各项记录准确、填写规范			
3号、4号评估员	1. 现场应急处置情况 2. 负责发布水灾信息	1. 负责告知31304-2工作面作业人员突水事故 2. 事故发生后，观察现场人员应急处置情况	1. 事故发生，现场人员能立即采取有效措施安全避险，通知带班队长和班组长，并及时向调度室汇报灾情 2. 带班队长和班组长能立即查明事故原因、范围和人员遇险情况，启动本队现场处置方案，在确保安全的前提下，组织人员进行应急处置 3. 若有人员受伤，能首先抢救受伤人员，积极开展自救互救，及时将受伤人员脱离危险区域，经过急救处置后运送至地面或安全地点 4. 在应急处置过程中，能实时监测通风状况，带班队长和班组长要及时将救灾进展情况向调度室汇报 5. 若事故危害程度超出本队现场应急处置能力，带班队长和班组长能立即向矿调度室请求响应升级，根据情况组织人员按照避灾路线撤退，并判断是否配用自救器			

附表2（续）

岗位	评估项目	评估内容	评估标准	评估人	观察地点	联系方式
3号、4号评估员			6. 撤退前能断开与救灾无关的电源，告知矿调度室避灾行走路线与目的地 7. 若撤退线路遇阻或自救器有效作用时间不能安全撤离时，能充分利用避难硐室、压风自救、自救器接力站等场所和设施合理避灾，等待救援 8. 员工能熟练操作避灾设施和使用压缩氧自救器			
5号、6号评估员	井口检身人员执行演练命令及核查入井人员情况，救护队的反应情况	接到命令后，是否立即执行禁止与救灾无关人员入井的命令（核实救灾人员是否持有救灾指挥部签发的入井特别许可证），开始核实入井人数的时间、完成入井人员统计时间、向调度室汇报统计结果的时间、救护队队员到达井口时间、入井时间、准备何种器材和工具	1. 井口检身房接到指令后能够第一时间在井口设置警戒、暂停人员入井，及时统计入井、升井人数，并向指挥部汇报 2. 安全监察组能主动检查入井救援通行证，控制人员入井 3. 石圪台救护中队、兼职救护队接警后能够及时到达井口待命，能根据事故性质携带相应救援装备，保证完好 4. 救援车辆及时到位，能保证救护队入井救援和应急物资配送 5. 警戒保卫组能在矿大门口、办公楼门口及井筒设置警戒，疏散、戒严、维护秩序			

五、神东煤炭集团×××煤矿班组局部顶板事故应急演练方案范例

按照"严格演练，加强备战，主动预防，积极抢救"救援原则，为了提高处理采空区悬顶垮塌事故的能力，最大可能地减少因采空区悬顶垮塌造成的各种负面影响及由此带来的各种事故隐患，杜绝采空区悬顶垮塌事故的发生，也为了培养和锻炼矿井发生灾变后基层组织救灾能力及员工遇到灾变时的应变能力，验证应急救援预案的科学性、可靠性、适用性，检验应急救援机制的运行情况及救援队伍和救灾物资保障能力，做好基层单位应急管理与应急救援体系建设，提高

第二章　神东煤炭集团生产安全应急预案建设

防灾抗灾能力，拟在×××年×月×日举行采空区悬顶垮塌演练。

1　演练目的

（1）通过开展应急演练，查找应急预案中存在的问题，进而完善应急预案，提高应急预案的实用性和可操作性。

（2）检验井上下通信及汇报流程，检验应急救援指挥部及各专业小组的反应速度、应急处置、应急组织、指挥能力。

（3）检验现场人员应急处置能力，避灾、自救、互救能力。

（4）检验管理人员应急救援能力，在现场出现危及井下职工生命安全的紧急情况下，各管理人员能够迅速、高效、有序地组织井下员工全部安全撤离至地面。

（5）提高矿井抗灾能力，做好灾害预防工作，达到锻炼队伍、积累经验、提高事故处理能力的目的。

（6）检验"六大系统"在应急情况下的使用效果及存在问题。

2　演练时间

日期：×××年×月×日。

时间：演练预计历时2个小时。

3　演练组织机构

成立采空区悬顶垮塌演练领导小组：

组长：×××

副组长：×××

成员：×××

职责：领导小组主要负责采空区悬顶垮塌演练的组织协调工作，小组各成员做好各项工作的统筹安排，确保演练顺利实施。

4　演练前准备

4.1　培训

由演练领导小组人员组织对全员进行应急救援预案和应急救援知识培训。重点掌握灾害时期行动原则、应急处置方法、避灾路线、自救器使用、紧急避险设施使用、自救互救基础知识。

4.2　召开专题会议

演练领导小组召开专题会议，审核应急演练方案并详细安排演习的各项进程。假设现场事故发生情况，参演人员根据应急预案及有关规定，讨论应采取的行动，明确所有人员职责。

4.3　评估

演练过程中，演练领导小组技术员对事故全过程跟踪记录。

5 演练情景

5.1 演习地点

12514工作面机头发生采空区悬顶垮塌。

5.2 事故发生点概况

12514工作面位于12号煤层五盘区的2100 m处，距离井口的最近路线长12300 m，当班作业人数共14人，其中工作面10人，工作面设备控制台1人，带式输送机自移机司机1人，带式输送机机尾2人。

5.3 事故原因及事故类别

事故原因：12514机头段采空区悬顶垮塌形成飓风。

事故类别：采空区悬顶垮塌事故。

5.4 事故发生结果及波及范围

12514工作面机头发生采空区悬顶垮塌，跟班队长立即组织员工现场采取蹲下紧急防护措施，待顶板稳定后组织全体人员沿12514运输顺槽经12515回风顺槽撤离至安全地点。

6 演练方式

本次演习以实战方式进行。

7 演练过程

7.1 演练安排

17:30，应急演练领导小组组长下达演练指令。

17:35，跟班队长×××跟班巡查至机头，观察到机头段采空区悬顶面积较大，存在突然垮塌形成飓风的危险，跟班队长×××立即向值班室汇报现场情况，并用喊话器通知全体人员密切注意采空区顶板垮落情况，积极采取下蹲并抓牢固定物体的防护措施，待稳定后再就近安全撤离。

17:40，跟班队长×××：报告值班室，机头发生采空区悬顶垮塌事故，形成飓风危及人员安全，现场有一人被飓风所伤，伤及头部位置。请向指挥部汇报，我们组织抢救。

值班室×××接到汇报马上启动应急避险方案，并向指挥部汇报灾害情况。

值班室×××：报告指挥部，工作面机头发生采空区悬顶垮塌，已启动应急避险方案，现场跟班队长×××组织当班员工撤离并抢救受伤人员，队内派皮卡车入井接伤员。专兼职瓦检员立即按照避灾路线迅速组织人员撤离，在安全地点待命。

到达安全地点后跟班队长×××清点人数，并向值班室汇报：人员已全部安全撤离至安全区,一人受伤。

18:25,受伤人员安全到达地面,直接送往医院。

19:00,区队领导小组组长下达演习结束命令,恢复正常生产。

7.2 注意事项

顶板垮塌时,切勿惊慌,就地采取下蹲、抓牢固定物体的措施,将身体缩为一团,尽可能不要将身体暴露在空间内,安全帽带系牢。

等待顶板垮落稳定后,迅速按次序沿就近避灾路线撤离。

机尾作业人员沿12514回风顺槽撤离,不必要经过灾害区域。

7.3 评估总结

演习结束后,现场评估员必须对本次演习进行打分评估,编制评估报告。

8 避灾路线

上风侧人员:事故地点→12514胶运顺槽→12515回风顺槽→12号煤层五盘区辅运大巷→12号煤层四盘区辅运大巷→2号辅运平硐(辅运平硐)→地面。

下风侧人员:事故地点→12514回风顺槽→12号煤层五盘区辅运大巷→12号煤层四盘区辅运大巷→2号辅运平硐(辅运平硐)→地面。

9 应急处置

9.1 应急处置程序

事故应急处置程序,如图2-7所示。

9.2 现场应急处置措施

(1) 顶板冒顶时,附近作业人员必须迅速下蹲,双手紧抓能够抓住的固定物体,有条件的可迅速躲避于调车硐室内,防止飓风将人吹倒。

(2) 现场人员利用喊话器迅速将灾害情况汇报给带班队长,带班队长查看灾情后汇报调度室,并及时补报灾害变化情况,启动本队顶板冒落处置方案。

(3) 工作面立即停止作业,带式输送机司机将输送停电闭锁。

(4) 在保证安全的前提下,由带班队长组织人员抢救冒顶区域受伤或被埋人员。在抢救过程中应小心地把被困人员身上的煤矸搬开,如果矸石较大无法搬开,可用撬杠、千斤顶等工具将大块矸石抬起来,用木柱或木垛等撑牢再将人员救出。

(5) 当两顺槽超前压力区发生小范围冒顶时,人员撤离冒顶区域,带班队长组织人员从冒落区域外围向内逐渐打设单体支柱、架棚、木垛等进行支护,加固冒顶附近巷道支护,防止冒顶范围扩大。在顶板支护完毕后,带班队长组织人员对冒落下的煤矸进行清理。

(6) 当两顺槽超前压力区发生大面积冒顶时,工作面的通风系统已经遭到

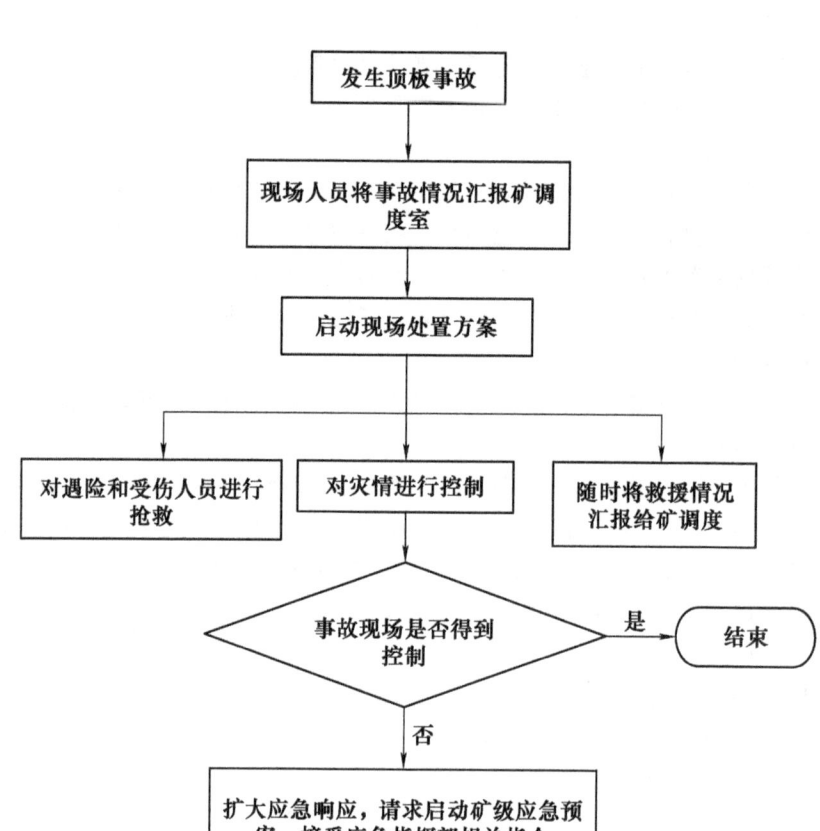

图 2-7 综采工作面顶板事故现场处置程序

破坏,电工切断工作面电源。冒顶区域上风侧人员佩戴好自救器沿 12514 运输顺槽经 12515 回风顺槽撤至五盘区辅运大巷;下风侧人员佩戴好自救器沿 12514 回风顺槽撤至五盘区辅运大巷,若在撤离过程中,自救器失效或已经使用完毕,可利用沿途的压风自救系统进行自救,等待救援。

9.3 事故报告的内容

当 12514 综采工作面发生顶板事故后,立即向矿调度室汇报,对于波及范围小、无人员伤亡、未造成较大损失、能自行消除的突发事故,启动区队现场处置方案;对波及范围大、造成人员伤亡、造成重大财产损失或灾情现场无法自行处理的,则请求启动矿井应急预案。

事故报告的主要内容有:
(1) 事故发生的时间、地点、影响范围。
(2) 事故发生的类型。
(3) 事故的简要经过、遇险人数。
(4) 事故原因、性质的初步判断。
(5) 事故现场已采取的措施。
(6) 需要有关部门、单位协助事故抢救和处理的有关事宜。
10 联络方式

序号	姓名	职务	办公电话	4G手机	手机

第三章　神东煤炭集团生产安全应急管理体制建设

突发事件应急管理是一个复杂的系统工程，如何及时有效地响应突发事件的发生是应急管理体制的核心。由于突发事件是一个复杂的有机体，各种因素的变化都会对企业乃至社会产生重要影响。因此，如何通过建立科学的突发事件应急管理体制预防灾害和减轻灾害损失，成为神东煤炭集团应急管理工作的重要内容。

根据《中华人民共和国突发事件应对法》，应急管理体制建设的原则是"统一领导、综合协调、分类管理、分级负责、属地管理为主"。即从国家层面讲，应急管理体制是为保障公共安全，有效预防和应对突发事件，避免、减少和减缓突发事件造成的危害，消除其对社会产生的负面影响，而建立起来的以政府为核心，其他社会组织和公众共同参与的有机体系。其构成要素包括：机构设置、法制建设、技术支撑、预案体系、评估体系、运行程序和资金保障。

第一节　神东煤炭集团应急管理组织结构

应急组织结构是指应急管理体系组成机构之间的职责划分和相互关系，健全的机构设置能使集团各部门发展均衡，增强个别应急职能机构的自身功能，减少机构建设条块分割，降低对集团的依赖性。典型的应急组织结构由指挥部门、实际操作部门、信息规划部门和后勤保障部门等组成，其中应急指挥部门居于核心位置，负责统一指挥、统一协调各个应急响应机构的行动。应急响应机构按照职责划分履行各自的职责，并相互配合、相互支持，共同应对突发事件。依据"统一领导、综合协调、分类管理、分级负责、属地管理为主"的应急管理体制建设原则，神东煤炭集团设置三级应急管理领导小组，分别为集团公司级、矿处级和科队级，各级应急管理领导小组下设应急办公室和应急值守办公室，如图3-1所示。

神东煤炭集团各级主要负责人是本单位应急管理工作第一责任人，各级应急

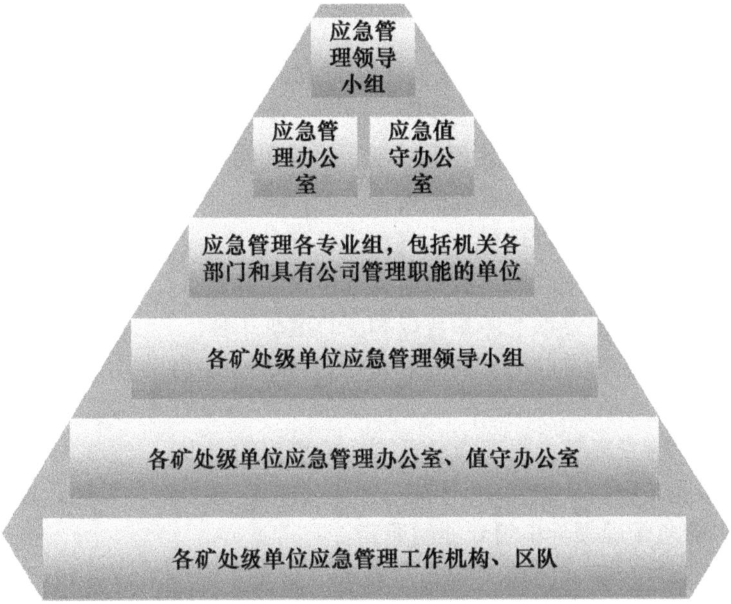

图 3-1 神东煤炭集团应急管理组织结构

管理领导小组是本单位应急管理领导机构,各级应急管理办公室是本单位应急管理办事机构。各级业务部门在各自职责范围内,做好有关突发事件的应对工作,是本单位应急管理工作机构的职责。神东煤炭集团对所属单位突发事件应对工作负责,统一领导、综合协调有关部门和单位开展突发事件应对工作。公司所属单位对本单位突发事件的应对工作负责。公司各部门及负有监管职能的单位对职责范围内的突发事件应对工作负有监督、指导职责。办公室负责日常工作,主要是对应急器材的查点,确保齐全有效,对应急队员应急处理技能、安全防护知识、器材操作技能等进行培训,组织应急队员进行应急演练等工作。

第二节　神东煤炭集团应急管理组织机构及职责

一、应急管理领导小组

神东煤炭集团公司应急管理领导小组以董事长为组长,总经理为常务副组长,其他领导班子成员为副组长,公司副总师、职能部门和相关单位主要负责人为成员的应急管理领导小组，全面负责公司应急管理工作。

（一）应急管理领导小组职责

（1）统一领导公司应急管理工作，研究、决策、部署应急管理重大事项，组织公司突发事件的预防和应急处置。

（2）优化和完善公司应急管理体制，规范和明确各单位、各部门职责关系。

（3）组织审定公司应急管理制度。

（4）保障公司应急管理投入，完善应急准备。

（5）组建应急救援队伍，配备应急救援物资和装备。

（6）负责公司应急预案体系建设和应急演练工作。

（7）根据突发事件的严重程度和事态发展，决定启动或终止公司突发事件应急响应。

（8）负责突发事件上报和应急救援实施情况的通报。

（9）接受政府指令和调动，指挥、调度公司应急力量参加社会救援。

（二）应急管理领导小组专业组职责

（1）安监局：负责公司消防安全管理，监督监察各单位做好地面火灾、危化品爆炸等事故的预防工作和指导事故的监测、预警和处置工作；参与各类事故应急救援方案的制定和实施；负责组织或参与事故调查处理工作。

（2）总调度室：履行公司应急值守职责，负责公司安全监测监控系统、人员定位系统、工业视屏系统等信息化系统的监督运行、数据统计分析及异常信息情况应急处置；负责编制公司冬、夏季"三防"事故专项应急预案；负责监督检查公司所属单位做好洪汛、冰雪、寒冻、煤仓高温等事故的预防工作和指导事故的监测、预警和应急处置工作；参与相关事故救援方案研究制定，负责事故应急救援的综合调度协调和相关应急指令的传达、跟踪和落实；参与相关事故调查处理工作。

（3）机电管理部：负责编制公司机电、运输事故专项应急预案；负责监督检查业务范围内相关单位做好大面积停电、机电运输、特种设备、雷电、无计划停风等事故的预防工作和指导事故的监测、预警和应急处置工作；负责公司应急物资和装备采购、大（项）修计划的签审及日常监督管理；参与公司组织的应急救援及演练，负责应急抢险时的物资保障和协调工作；参与相关事故的调查、分析及处理。

（4）生产管理部：负责编制公司顶板和井下水灾事故专项应急预案；负责组织公司各矿井灾害预防与处理计划的编制和审查，并监督实施；负责监督检查公司所属矿井单位做好水灾、顶板、冲击地压等事故的防治工作和指导事故的监测、预警和应急处置工作；参与相关事故应急救援方案的研究制定，并及时分析事故抢险救援过程中顶板和水害监测数据；参与相关事故的调查、分析及处理。

（5）通风管理部：负责编制公司井下火灾和瓦斯（煤尘）事故专项应急预案；负责监督检查公司所属矿井单位做好井下有害气体超限、火灾、瓦斯（煤尘）爆炸等事故的防治工作，指导事故的监测、预警和应急处置工作；负责公司及各矿井安全监测监控系统完善、升级和改造管理，对各矿井安全监测监控管理工作进行监督；负责公司所属矿井单位自救器配备和使用的监督管理；参与相关事故救援方案研究制定，及时分析事故抢险救援过程中各类气体监测数据；参与相关事故的调查、分析及处理。

（6）规划发展部：负责将应急管理列入公司中长期发展规划；负责公司应急资金年度计划及调整计划的组织编制、审核和下达，并对执行情况进行监督检查；负责应急投入及资源保障项目的审批、立项等工作。

（7）企业管理部：负责对公司应急管理体系、制度、标准的规范性、协调性进行指导和审核；负责对公司应急救援队伍定额、绩效和专业化服务进行监督管理。

（8）组织人事部（人力资源部）：负责对公司应急救援队伍建设有关定编定员、内部调配、人才建设、薪酬福利等进行指导和管理。

（9）财务部：负责公司应急专项资金的预算、核算管理；参与公司应急物资、装备、医疗等产品和服务价格谈判及协调工作。

（10）工程管理部：负责监督指导业务范围内项目施工单位应急预案的编制以及事故的预防与应急处置管理；参与相关事故的应急救援和事故调查、分析及处理。

（11）内控审计部：负责审计应急专项资金使用情况；对应急管理相关采购、工程造价、招投标等经济活动进行审计监督。

（12）党委办公室（党建工作部、宣传部）：负责公司舆情日常监测管理，并编制公司突发舆情事件应急处置方案；事故发生时，根据公司应急救援指挥部的指示和授权组织新闻发布工作，及时正确引导舆论导向。

（13）纪委办公室（党委巡查办）：参与相关事故的调查、分析及处理。

（14）工会工作部：负责编制公司疫情防控专项应急预案；负责公司应急抢险时的应急医疗保障协调工作；参与相关事故调查工作；参与事故赔偿、工伤保险等善后处理工作。

（15）董事长办公室：参与公司应急管理政策研究工作。

（16）人力资源共享服务中心：负责事故赔偿、工伤保险等善后处理工作。

（17）国家矿山应急救援神华神东煤炭集团队（以下简称矿山救援神华神东

煤炭集团队）：负责神东煤炭集团矿区以及与公司签订应急救援服务合同的地方煤矿井下水、火、瓦斯、煤尘和顶板等灾害事故的抢险救灾工作，兼顾神东煤炭集团矿区地面火灾、交通等事故的抢险救灾工作；参与突发事件救援方案研究制定；负责公司所属矿井单位兼职应急救援队伍建设的业务指导和监督检查工作。

（18）物资供应中心：负责公司应急物资采购、仓储和救援配送工作；负责管辖范围内危化品泄露、油库（加油站）火灾及爆炸、特种设备伤害等事故预防、监测、预警和应急处置管理。

（19）环保管理处：负责编制公司环境污染及森林草原火灾等事故专项应急预案；督促、指导各单位（厂区）编制属地内环境事件应急预案；负责监督检查公司所属单位做好环境污染、生态破坏、森林和草原火灾等事故的预防工作和指导事故的监测、预警和应急处置工作；负责公司公共区域内环境事件的预防、监测、预警和应急处置管理；负责公司突发事件应急救援过程的环境监测工作；组织或者参与环境事件的调查处理。

（20）信息管理中心：负责公司信息网络大面积中断、网络攻击、病毒异常等网信事件应急处置管理；负责公司事故监测与预警系统的运行和维护管理；负责应急救援过程的通信保障。

（21）供电中心：负责公司大面积停电和生产安全主要设备停电事故应急处置管理；负责保障应急救援过程的供电安全。

（22）车辆管理中心：负责所管辖车辆和司机队伍的安全管理；负责制定大风、大雾、暴雨、大雪等特殊气象条件下地面行车安全保障措施；负责公司应急救援过程中车辆调运保障工作。

（23）矿业服务公司：负责业务范围内地面供排水管路和供暖管路爆裂、锅炉爆炸、楼宇火灾、电梯、食物中毒、饮用水污染、橡胶坝及公涅尔盖水库洪灾等事故应急处置管理；负责公司事故抢险救灾期间后勤保障工作。

（24）信访办：负责编制公司集会罢工、群体上访等突发群体性事件应急预案。

（25）治安保卫管理处：负责编制公司治安类突发事件、防恐专项应急预案；负责应急救援期间保护现场、疏散人员、维持秩序和警戒等工作。

二、应急管理办公室

集团公司应急管理领导小组下设应急管理办公室，负责日常应急管理工作，是公司应急管理办事机构。

应急管理办公室职责如下：

（1）制定公司应急管理体系建设规划和年度工作计划并报公司应急管理领导小组批准后组织实施。

（2）负责公司应急管理机制建设，指导和督促各单位、各部门梳理和规范各类突发事件事前、事发、事中、事后各阶段工作内容和管理流程。

（3）建立健全公司应急管理制度、标准，并监督实施。

（4）组织编制公司生产安全事故应急预案，指导所属单位应急预案的编制、修订、评审、备案等工作。

（5）组织制定公司应急演练计划，指导、督促基层单位开展应急演练工作并实施考核。

（6）协调公司应急投入及资源保障事宜。

（7）规范公司专、兼职应急救援队伍、地面抢险突击队、应急救援专家库等建设，建立健全应急救援协调联动机制。

（8）组织制定公司应急物资储备和应急装备配备计划并监督实施。

（9）组织公司应急管理培训工作。

（10）对公司所属单位应急管理工作进行业务指导、检查和考核。

（11）负责公司应急管理信息化建设。

（12）组织公司应急管理科学技术研究工作。

（13）负责与地方政府应急管理部门的业务联系工作。

（14）完成公司应急管理领导小组交办的其他工作。

三、应急值守办公室

集团公司应急管理领导小组下设应急值守办公室，是公司应急值守机构，设在公司总调度室，主任由总调度室主任担任。

应急值守办公室负责公司24小时应急值守，接收、处置应急信息；统一调度、协调救援力量参加应急救援，跟踪、续报事故救援进展情况，做好各项记录，留存备案。

第三节 矿处级应急管理组织机构及职责

一、应急管理领导小组

（一）应急管理领导小组机构成员及职责

总指挥：矿长

副总指挥：总工程师

指挥部成员：党委副书记、生产副矿长、安全副矿长、掘进副矿长、机电副矿长、救护队队长、机电副总、生产副总、经营副总、通风副总、技术副总、安管办主任、生产办主任、通风组组长、地质组组长、机电信息中心主任、调度指挥中心主任、党政办主任、经营办主任、财务科长、地测站站长、供应站站长、后勤服务部经理、治安保卫负责人、基层队长，如图3-2所示。

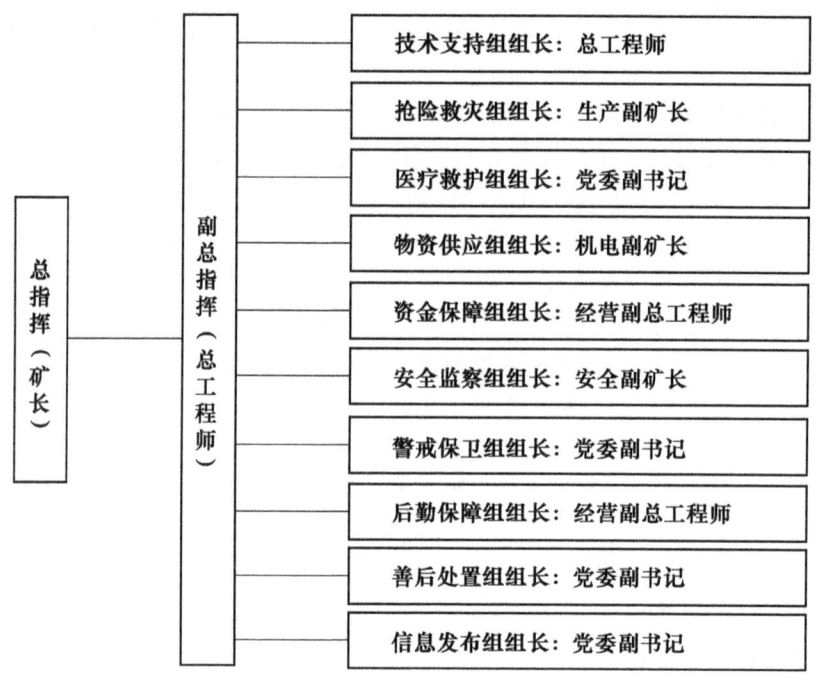

图3-2 矿处级单位生产安全事故应急指挥部组织机构图

主要职责：

（1）下达应急响应启动和终止指令。

（2）制定现场工作方案，组织实施应急处置工作。

（3）向上级汇报事故情况，并根据事态发展，确定是否响应升级。

（4）接受上级指令并实施。

（5）事态超出矿应急处置能力时，负责向公司应急指挥部求援，并做好配合工作。

(二) 应急管理领导小组各工作组成员及职责

1. 技术支持组

组长：总工程师

副组长：通风副总、机电副总、生产副总、技术副总

成员：生产办主任、机电信息中心主任、通风组组长、地质组组长、地测站站长

主要职责：

(1) 根据事故情况准备应急处置所需资料。

(2) 组织专家分析、判断事故原因、性质和灾害程度，研究制定应急处置技术方案和措施。

(3) 根据事故现场情况变化随时修改应急处置技术方案。

2. 抢险救灾组

组长：生产副矿长

副组长：掘进副矿长、救护队队长

成员：救护队队员、兼职救护队队员

主要职责：

(1) 指挥现场应急处置。

(2) 实施应急指挥部制定的应急处置方案。

(3) 处置现场突发情况。

3. 医疗救护组

组长：党委副书记

副组长：党政办主任、当地人民医院院长

成员：当地人民医院医护人员

主要职责：

(1) 按指挥部命令第一时间赶往指定地点待命。

(2) 对伤员进行及时救治及安置。

4. 物资供应组

组长：机电副矿长

副组长：机电副总

成员：供应站人员、机电信息中心人员、车队队长及各队材料员

主要职责：

(1) 第一时间提报应急物资的储备情况。

(2) 负责保证应急处置中物资和设备的及时供应、调配、运送及安装。

（3）负责人员运输车辆调配工作。

5. 资金保障组

组长：经营副总

副组长：财务科科长

成员：经营办及财务科成员

主要职责：

（1）为应急处置提供资金保障。

（2）统计分析事故经济损失。

6. 安全监察组

组长：安全副矿长

副组长：安管办主任

成员：安管办副主任、安管办安检员、井口检身员

主要职责：

（1）负责统计入井、升井人数并向指挥部汇报。

（2）控制人员及车辆入井。

（3）引导灾区人员撤离。

（4）配合做好事故调查工作，提出整改措施并监督落实。

7. 警戒保卫组

组长：党委副书记

副组长：党政办主任、治安保卫业务负责人

成员：党政办及保卫业务人员

主要职责：

（1）负责在矿大门口、办公楼门口及井筒设置警戒、疏散、戒严、维护秩序。

（2）合理划分救援队伍待命、工作区域。

（3）做好事故处理期间其他安保工作。

8. 后勤保障组

组长：经营副总

副组长：驻矿服务部经理、党政办主任

成员：驻矿服务部及党政办人员

主要职责：

（1）及时统计救援人员情况。

（2）为救援人员、遇险人员及家属提供后勤服务。

第三章　神东煤炭集团生产安全应急管理体制建设

9. 善后处理组

组长：党委副书记（工会主席）

副组长：经营办主任、党政办主任（工会副主席）

成员：经营办和党政办（工会）人员

主要职责：

（1）核实伤员和遇难者身份并通知家属，做好安抚工作。

（2）安排受伤人员后期治疗及遇难人员丧葬事宜。

（3）洽谈抚恤条件及其他事宜。

10. 信息发布组

组长：党委副书记

副组长：党政办主任

成员：党政办和安管办人员

主要职责：

（1）做好媒体人员接待工作。

（2）根据上级指令对外发布事故信息。

二、应急值守办公室/应急管理办公室

应急值守办公室/应急管理办公室设在调度指挥中心，是矿应急指挥部的执行机构及应急工作的日常管理机构。

主任：调度指挥中心主任

副主任：调度指挥中心副主任

主要职责：

（1）负责应急值守、信息汇总，掌握各类应急资源，发挥协调指挥枢纽作用。

（2）了解、掌握事故现场信息，依据事故性质下达初步指令，及时向矿应急指挥部汇报事故最新动态。

（3）负责应急指挥部的工作联系，传达公司指挥部的指令并跟踪落实。

（4）按照应急指挥部的指示向公司应急指挥部提供事故简报，定期更新。

（5）负责接收、上传、下达应急信息及紧急事项；督促落实公司应急救援管理方面有关决定事项和上级批示、指示精神。

（6）全面负责矿应急预案体系建设，组织编制、修订矿应急预案，组织应急预案备案工作。

（7）监督、指导各专业组和基层单位的日常应急管理工作。

（8）监督、指导各单位应急演练和应急宣传培训等工作。
（9）监督、检查各类应急物资的储备及管理。
（10）负责应急处置结束后应急预案的总结、评估、修订和完善工作。

第四节　科队级应急管理组织机构及职责

一、应急管理领导小组

总指挥：带班队长
副总指挥：班组长
指挥部成员：安检员、瓦检员、急救员、其他各岗位员工。
主要职责：负责现场应急处置指挥工作，组织现场人员自救互救，积极抢救遇险人员，查明事故原因，及时报告矿调度室，并积极组织现场应急救援处置，指挥疏通交通等；在指挥处理过程中，如人员受到伤害，根据情况组织本区域人员安全撤离。

二、应急值守办公室/应急管理办公室

主任：科队负责人
副主任：副队长
主要职责：
（1）负责应急值守、信息汇总，掌握各类应急资源，发挥协调指挥枢纽作用。
（2）了解、掌握事故现场信息，依据事故性质下达初步指令，及时向矿应急指挥部汇报事故最新动态。
（3）负责接收、上传、下达应急信息及紧急事项；督促落实公司应急救援管理方面有关决定事项和上级批示、指示精神。
（4）负责本科队各工种及特殊岗位现场处置方案编制、修订。
（5）监督、指导本科队各工种及特殊岗位的日常应急管理工作。
（6）监督、指导本科队各工种及特殊岗位应急演练和应急宣传培训等工作。
（7）监督、检查本科队各工种及特殊岗位各类应急物资的储备及管理。
（8）负责应急处置结束后本科队各工种及特殊岗位现场处置方案的总结、评估、修订和完善工作。

三、科队应急管理工作人员

带班队长：负责现场应急处置指挥工作，组织现场人员自救互救，积极抢救遇险人员，查明事故原因，及时报告矿调度室，并积极组织现场应急救援处置，指挥疏通交通等；在指挥处理过程中，如人员受到伤害，根据情况组织本区域人员安全撤离。

班组长：协助带班队长组织现场应急处置，并清点人数。

瓦检员：负责对事故现场气体浓度进行监测。

急救员：负责对遇险人员进行急救。

其他各岗位员工：听从安排，积极开展现场自救互救工作。

第四章　神东煤炭集团生产安全应急管理机制建设

《国务院关于全面加强应急管理工作的意见》明确提出，我国要构建"统一指挥、反应灵敏、协调有序、运转高效"的生产安全应急管理运行机制。

统一指挥——各级生产安全应急管理机构，要在国务院生产安全委员会办公室和地方政府的领导下，开展生产安全应急救援工作，下级服从上级，局部服从整体，相互协调配合，共同完成事故应急救援和处置工作。

反应灵敏——应急处置要根据事故的大小、分级标准，分别快速准确地启动相应等级的应急响应，国务院、地方各级政府、企业要根据各自的权限和职能范围，分级负责事故的应急救援工作。

协调有序——国家生产安全应急救援指挥中心负责生产安全事故应急救援协调工作，横向联合消防、海上搜救、铁路、民航、核工业、电力、旅游、特种设备和医疗救护等专业应急救援指挥机构，纵向联合地方省级生产安全应急救援指挥机构，直接管理矿山和危险化学品应急救援指挥机构，形成各专业与省级政府层面的协调指挥。省、市、县各级政府应急管理机构之间应协调有序，企业与地方各级政府应急管理机构之间应协调统一。

运转高效——应急处置符合实际，达到快速反应、措施得力，事态在最短的时间内得以控制，损失降到最小。

神东煤炭集团按照《国务院关于全面加强应急管理工作的意见》要求，构建了集团应急管理机制，根据生产事故发生前、发生时、发生中和发生后建立了相应的应急管理机制。

第一节　生产安全事故发生前应急管理机制

神东煤炭集团各生产单位在生产事故发生前制定了相应的应急管理机制，包括：隐患排查机制、灾害预防与处理机制、应急预案管理机制、应急宣传教育机制、应急演练机制，做到应急管理和应急救援相关人员熟悉生产单位可能发生生

第四章 神东煤炭集团生产安全应急管理机制建设

产事故类型、救援任务及职责。

一、隐患排查机制

(一) 隐患分级

生产安全事故隐患,是指单位违反生产安全法律、法规、规章、标准、规程以及生产安全管理制度,或因其他因素在生产经营活动中存在可能导致事故发生的物的危险状态、人的不安全行为、不良工作环境和管理方面的缺陷。

生产安全事故隐患,分为一般事故隐患和重大事故隐患。一般事故隐患是指危害和整改难度较小,发现后能够立即整改排除的隐患。重大事故隐患是指危害和整改难度较大,应当全部或者局部停产停业,并经过一定时间整改治理方能排除的隐患,或者因外部因素影响致使单位自身难以排除的隐患。生产安全事故隐患分类及处置范围详见表 4-1。

表 4-1 生产安全事故隐患分类及处置范围

隐患分类	隐患等级	处 置 范 围
一般事故隐患	A 级	需单位分管领导召开专题会议协调解决的隐患
	B 级	区队自身难以解决,需业务科室协调解决的隐患
	C 级	区队能够现场立即处理的隐患
重大事故隐患	Ⅰ类	单位自身难以解决,需要公司或上级单位研究决策、帮助或协调解决的隐患
	Ⅱ类	单位可以自行解决的隐患

(二) 隐患排查程序

1. 成立隐患排查领导小组

为有效督导并查明神东煤炭集团公司内部各生产单位存在的生产安全隐患,集团公司成立隐患预控、排查治理工作领导小组(以下称隐患排查领导小组)。集团公司董事长担任组长,总经理担任常务副组长,副总经理和总工程师担任副组长,成员由集团公司各业务保安部门和各单位负责人组成。

隐患排查领导小组下设办公室,办公室设在安全监察局,办公室主任由公司分管安全的副总经理兼任。主要职责:组织协调各业务保安部门和单位开展隐患预控排查工作,督促各专业组及各单位结合实际制定年度隐患排查计划;跟踪公司挂牌督办重大隐患的整改落实情况及各单位系统性隐患的排查治理情况,对公司挂牌督办的重大隐患整改责任部门,按《重大安全隐患整改责任书》要求进行考核；按月组织召开重大隐患整改专题会议，研究解决工作中遇到的问题。

隐患排查领导小组下设5个专业组，负责公司层面系统性隐患排查的组织、实施、检查、总结工作，督促指导各基层单位扎实开展系统性隐患排查治理工作，并配合地方政府、集团公司开展安全检查工作。各专业组组长全面负责本专业组各项工作，组织制定具体实施方案，并负责检查指导分管专业组系统性隐患排查情况，掌握重大隐患整改进度。各专业组副组长负责向领导小组办公室反馈月度系统性隐患排查情况、月度工作计划及负责的重大隐患整改进展情况及存在的问题。

2. 各专业组组织及工作实施

1）生产组

组长：分管生产的副总经理

副组长：生产管理部经理

成员：生产管理部、总调度室、规划发展部、地企协调中心、各矿井、开拓准备中心、地测公司相关人员。

工作实施：组织开展生产方面系统性隐患的整治工作，制定需公司层面解决的重大隐患整改计划，在生产方面重大隐患整改完毕后，组织进行验收销号；督察各生产单位生产方面的系统性隐患排查治理工作；负责基层单位提报的生产方面重大隐患责任追究处理意见的审核。

2）技术组

组长：总工程师

副组长：生产管理部经理、通风管理部经理

成员：生产管理部、通风管理部、总调度室、规划发展部、地企协调中心、各矿井、开拓准备中心、地测公司、神东设计公司相关人员。

工作实施：组织开展地测防治水、"一通三防"、顶板控制、采掘等技术方面的系统性隐患排查工作，制定需公司层面解决的重大隐患整改方案，在技术方面的重大隐患整改完毕后，组织进行验收销号；督察各生产单位技术方面的系统性隐患排查治理工作；负责基层单位提报的技术方面重大隐患责任追究处理意见的审核。

3）机电组

组长：分管机电的副总经理

副组长：机电管理部经理

成员：机电管理部、信息管理中心、设备管理中心、物资供应中心、设备维修中心、车辆管理中心、各矿井、生产服务中心、开拓准备中心、洗选中心、供

第四章 神东煤炭集团生产安全应急管理机制建设

电中心、皮带机公司相关人员。

工作实施：组织开展机电（运输）方面的系统性隐患排查工作，制定需公司层面解决的重大隐患整改方案，在机电（运输）方面的重大隐患整改完毕后，组织进行验收销号；督察各生产单位机电（运输）方面的系统性隐患排查治理工作；负责基层单位提报的机电（运输）方面重大隐患责任追究处理意见的审核。

4) 工程组

组长：分管工程的副总经理

副组长：工程管理部经理

成员：工程管理部、规划发展部、地企协调中心、各矿井、开拓准备中心、生产服务中心、信息管理中心、工程项目管理公司、神东设计公司、工程质量监督站、工程监理公司相关人员。

工作实施：组织开展工程方面的系统性隐患排查工作，完成公司挂牌督办的重大隐患中工程方面的组织安排工作，在工程方面的重大隐患整改完毕后，组织进行验收销号；督察各相关单位工程方面的系统性隐患排查治理工作；负责基层单位提报的工程方面重大隐患责任追究处理意见的审核。

5) 督导组

组长：分管安全的副总经理

副组长：安全监察局局长

成员：安全监察局、企业管理部、综合办公室相关人员。

工作实施：负责组织召开重大隐患整改月度专题会议；负责对已认定的重大隐患进行挂牌督办；负责对公司范围内所有重大隐患分类建立台账，并编制报表，按照集团公司相关制度要求上报信息；对纳入安全管理信息系统管理的一般隐患，实行整改监督；对公司各单位的隐患管理按月进行分析，督促、指导单位按确定的方案整改，并进行通报；负责基层单位提报的其他方面重大隐患责任追究处理意见的审核。

3. 矿处单位隐患排查实施程序

集团公司各单位须建立本单位隐患排查治理制度，成立隐患排查治理工作小组，明确本单位管理层、所属科室、生产区队（车间）、班组及岗位人员的职责，定期进行隐患排查。同时，要明确重大隐患的认定流程和隐患责任部门，建立本单位重大隐患台账。

集团公司各煤矿矿长每月至少组织分管领导及安全、生产、技术等业务科室、区队开展一次覆盖生产系统和各岗位的事故隐患排查，排查前制定工作方案，明确排查时间、方式、范围、内容和参加人员；矿分管领导每旬组织相关人员对分管区域进行一次全面的事故隐患排查；科室、区队生产安全管理人员每天对业务区域开展事故隐患排查；岗位作业人员作业过程中随时排查事故隐患。

承包商施工期间，作业活动及现场的隐患排查治理工作由项目建设单位负责管理，公司在与承包商签订的生产安全管理协议中，明确双方对隐患排查治理和防控的管理职责，严禁以包代管。

4. 事故隐患处置程序

集团公司每年与重大隐患整改责任部门签订《重大安全隐患整改责任书》，年底按责任书约定内容兑现奖罚。

事故隐患认定、报告、治理、验收销号及责任追究与奖惩按《神东煤炭集团生产安全事故隐患排查治理与重大隐患挂牌督办管理办法》执行。

二、灾害预防与处理机制

（一）灾害预防与处理指挥部工作程序

为了有效地预防矿井灾害发生及发生灾害时迅速抢救遇难人员、处理事故、防止事态扩大、减少人员伤亡，尽快恢复生产，神东煤炭集团公司下属煤矿成立矿井灾害预防与处理指挥部，指挥部成员如下：

总指挥：矿长

副总指挥：总工程师

成员：党委书记、生产副矿长、安全副矿长、掘进副矿长、经营副矿长、机电副矿长、技术副总、通风副总、机电副总、安管办主任、通风科科长、生产科科长、机电科科长、周转材料库主任、培训科科长、调度指挥中心主任、经营办主任、党政办主任、财务科科长、救护队队长、兼职救护队队长

指挥部工作程序：

（1）下达应急响应启动和终止指令；

（2）制定现场工作方案，组织指挥应急处置工作；

（3）向上级汇报事故情况，并根据事态发展，确定是否响应升级；

（4）接受上级指令并实施；

（5）配合公司应急指挥部做好应急处置工作；

（6）负责日常监督落实矿井灾害预防计划实施及灾防计划培训、演练工作。

（二）处理事故过程中各有关人员的工作程序

1. 主要领导工作程序

（1）矿长：是处理灾害事故的全权总指挥，在总工程师、分管副矿长和矿

山救护队队长的协助下制定营救遇险人员和处理事故的计划。

（2）矿总工程师：在矿长的直接领导下组织制定营救遇难人员和处理事故计划，是指挥长的第一助手。

（3）副矿长：根据计划，负责组织处理事故所必需的人员待命，及时调集救灾所必需的设备、材料，并根据总指挥命令担任现场指挥员，严格控制入井人员，签发抢救事故的入井或进入事故现场特别许可证。

（4）安管办主任：根据计划，按照《煤矿安全规程》规定对抢险救灾工作的安全和入井人员的控制实行有效的监督。

（5）生产科科长：负责准备必要的工程图纸和资料，参加事故抢险方案和措施的制定工作。

（6）通风科科长：负责灾害处理期间的通风管理和提供通风系统图纸，参加事故抢险方案和措施的制定工作。

（7）机电科科长、信息中心主任：负责矿井井下的停送电管理，及时组织抢救和安装机电设备，参加事故抢险方案和措施的制定工作。

（8）党政办主任：负责及时组织救灾需要的车辆，保证救灾车辆调配。

（9）财务科科长：应常备有救灾所需的资金，并负责组织救灾进一步需要的资金准备。

（10）保卫科科长：负责事故抢救和处理过程中矿区的治安工作，设置警戒，制止无关人员进入救灾控制区，保证正常的救灾秩序。

2. 调度指挥中心和调度员的工作程序

1）调度指挥中心

（1）及时记录指挥部命令及落实情况；

（2）组织协调应急救援相关工作；

（3）负责应急救援指挥部的工作联系，传达公司指挥部的指令并监督落实；

（4）履行应急值守、信息汇总、掌握各类应急资源协调工作的责任和义务，发挥协调、指导枢纽作用；

（5）负责接收和办理向上级报送的紧急重要事项；

（6）督促落实公司相关决定事项和领导批示、指示精神。

2）调度员

（1）详细询问并记录现场详细信息，及时向指挥部汇报；

（2）通知矿长、总工及救灾指挥部其他成员迅速赶到调度中心，矿辅助救护队成员井口集合、待命；

（3）通知井下跟班矿领导、安检员、瓦检员及带班队长，积极组织井下受威胁区域人员撤离；

（4）通知井口设警戒，禁止无关人员入井；

（5）准备事故应急相关图纸；

（6）及时记录指挥部命令及落实情况；

（7）及时准确传达指挥部的所有指令；

（8）负责填写《调度指挥中心安全事故记录》《事故汇报及处理记录》《煤矿安全事故简报表》。

3. 救护队、兼职救护队工作程序

（1）接到救灾指令后，立即佩带好救护装备赶往井口集合；

（2）接受救援任务时，必须了解事故的性质、地点和事故的简要经过等；

（3）做好救援前救护装备的检查和准备工作，实施救援任务时，必须说掌握灾情类型、任务要点、行走路线、联系方式、安全措施、注意事项等；

（4）根据救灾指挥部下达的救灾指令，合理分布井下救援力量，协助神东救护大队完成事故救援工作；

（5）进入灾区前，必须确定在灾区作业的时间和撤离时氧气呼吸器最低氧气压力；

（6）必须与救灾指挥部经常联系，将灾情及救援情况及时反馈；

（7）在井下工作时，经常检查氧气呼吸器的氧气消耗情况，若出现有人自我感觉不良或氧气呼吸器发生故障等突发情况后，应带领人员立即撤离灾区；

（8）撤离灾区后，经检查气体情况符合安全规定方可摘掉氧气呼吸器面罩（或口具）。

4. 现场人员工作程序

1）采掘工作面带班队长

（1）发现灾害后，在保证自身安全的前提下尽可能了解或判明事故情况，及时将灾情汇报给调度，并听从调度的安排；

（2）在保证现场作业人员安全的前提下，积极组织抢险救灾；

（3）组织现场作业人员对伤员采取急救措施，防止伤情进一步扩大；

（4）安排人员对工作面断电，清点并迅速集合工作面人员；

（5）清点完毕后，将人员撤至交接班地点（压风自救处），准备好车辆，汇报调度，按照规定的避灾路线撤离；

（6）撤离过程中，发现烟雾时立即组织正确佩戴自救器。如无法安全撤离，选择压风自救点或风门联巷构建临时避难硐室，使用电话或定位仪呼救，告知调度具体位置、受困人数、人员等情况，等待救援；

(7) 升井后,将本队人员撤离情况汇报给调度,等待调度命令。

2) 辅助队带班队长

(1) 接到通知,在保证自身安全的前提下尽可能了解或判明事故情况,及时将灾情汇报给调度,并听从调度的安排;

(2) 在保证现场作业人员安全的前提下,积极组织抢险救灾;

(3) 组织现场作业人员对伤员采取急救措施,防止伤情进一步扩大;

(4) 迅速联系本队其他地点作业人员,按避灾路线迅速升井;

(5) 撤离过程中,发现烟雾时立即组织佩戴自救器。如无法安全撤离,选择压风自救点或风门联巷构建临时避难硐室,使用电话或定位仪呼救,告知调度具体位置、受困人数、人员等情况,等待救援;

(6) 升井后,将本队人员撤离情况汇报给调度,等待调度命令。

3) 班组长

(1) 接到事故通知,立即集合本班组人员;

(2) 在保证现场作业人员安全的前提下,积极组织抢险救灾;

(3) 组织现场作业人员对本班伤员采取急救措施,防止伤情进一步扩大;

(4) 迅速联系本班所有作业人员,按避灾路线迅速升井;

(5) 撤离过程中,发现烟雾时立即组织佩戴自救器。如无法安全撤离,选择压风自救点或风门联巷构建临时避难硐室,使用电话或定位仪呼救,告知调度具体位置、受困人数、人员等情况,等待救援;

(6) 升井后,协助跟班队长将本班人员撤离情况汇报给队长,等待命令。

4) 现场作业人员

(1) 发现事故后,在保证自身安全的前提下尽可能查明灾情,并立即汇报给带班队长和矿调度指挥中心;

(2) 在保证自身安全的前提下听从带班队长指令对受伤人员和被困人员积极抢救;

(3) 在保证自身安全的前提下完成当班队长交给的任务;

(4) 在避灾撤离过程中,必须服从带班队长指令,发现异常情况及时通知带班队长;

(5) 升井后,在带班队长清点完人数后,在指定地点待命。

三、应急预案管理机制

神东煤炭集团公司应急管理办公室负责组织有关专家对所属矿井单位编制的应急预案进行审定,并形成书面评审纪要,附有专家评审意见。风险种类少、可能发生事故类型少的地面单位可以据自身需要，对本单位编制的应急预案进行论证。

应急预案评审的人员包括有关生产安全及应急管理方面的专家。应急预案的评审或者论证要注重基本要素的完整性、组织体系的合理性、应急处置程序和措施的针对性、应急保障措施的可行性、应急预案的衔接性等内容。

神东煤炭集团公司各单位的应急预案经评审或者论证后，由本单位主要负责人签署，向本单位从业人员公布，并及时发放到本单位有关部门、岗位和相关应急救援队伍。事故风险可能影响周边其他单位、人员的，风险存在单位需将有关事故风险的性质、影响范围和应急防范措施告知周边的其他单位和人员。

神东煤炭集团公司所属矿井单位的应急预案在应急预案公布之日起20个工作日内报所在地的省（自治区）人民政府负有生产安全监督管理职责的部门备案，并抄送同级人民政府应急管理部门和所在地的煤矿安全监察机构；其他单位的应急预案备案按照属地政府有关部门相关要求执行。申报应急预案备案，同时提交下列材料：

（1）应急预案备案申报表；
（2）应急预案评审意见；
（3）应急预案电子文档；
（4）风险评估结果和应急资源调查清单。

四、应急宣传教育机制

神东煤炭集团公司采用全方位的应急宣传教育。应急宣传教育在最大范围内使生产安全相关管理人员和参与人员了解和熟悉本单的应急管理机制、体制和应急预案等建设情况，使相关人员能更大程度地参与本单位的应急管理工作。应急宣传教育机制有计划、有目标、有步骤地深入开展。

1. 应急宣传教育的主要内容

（1）以应急预案为核心，做好预案的宣传和解读。

① 围绕应急预案进行深入宣传。各部门采取积极有效的措施，认真贯彻落实应急预案的做法，切实做好应急管理工作的情况。

② 进行典型案例的宣传。神东煤炭集团首先选择有代表性的典型案例，对全国煤矿成功应对突发事件以及在应急处置中涌现出的先进集体和先进个人进行宣传报道；此外，介绍应对突发公共事件的正反两方面案例，提高职工应对突发事件的综合素质；在此过程中总结分析案例中使用的处置手段、采用的应对措施

等，进一步提高应对和处置突发事件的能力和水平。

（2）以应急知识普及为重点，增强职工的预防、避险、自救、互救和减灾等能力，进一步宣传普及安全知识、灾害知识和自救互救知识。

（3）以专题宣传活动为载体，增强职工安全意识。

① 开展公共安全主题宣传活动；

② 宣传普及应急管理法律法规知识；

③ 结合神东煤炭集团及下属生产单位的应急能力建设进行宣传。

2. 应急宣传教育的工作要求

（1）开展应急管理宣传教育工作并落实责任。

① 制订宣传教育工作计划。在神东煤炭集团各生产单位树立起比较牢固的安全意识和责任意识，普及基本的预防、避险、自救、互救、减灾等安全防护知识和技能。

② 多形式宣传教育。利用班前会、报刊、影像视频等多种形式，尽可能使用通俗语言，简明扼要，多题材、多角度、有针对性地进行宣传教育。

③ 健全宣传教育长效机制。将日常宣传与重特大突发事件发生后的宣传教育工作结合起来，建立和健全应急管理宣传教育的长效机制，经常性地开展应急管理宣传教育。

④ 组织动员神东煤炭集团全部职工积极参与。

（2）加强组织指导和督促检查，确保宣传教育效果。每季度进行一次回顾和检查，对宣传教育阶段性任务基本完成情况作出评估，对存在的问题进行整改。

（3）提供充足的经费保障，确保宣传教育工作顺利进行。

五、应急演练机制

应急演练对评估应急准备状态、检验救援程序和救援能力、发现和修改预案中存在的问题和缺陷等方面都具有重要意义，是应急救援预案顺利实施的主要保障。

神东煤炭集团公司下属各生产单位制定本单位的相应应急预案演练机制。根据本单位的事故风险特点，每半年至少组织一次生产安全事故应急预案演练。应急预案演练类型选择、方案设计参考第二章第四节。

应急预案演练结束后，应急预案演练组织单位应当对应急预案演练效果进行评估，撰写应急预案演练评估报告，分析存在的问题，并对应急预案提出修订意见。

第二节　生产安全事故发生时应急管理机制

神东煤炭集团针对生产安全事故发生时的应急处置建立了相应的应急管理机制，包括：监测监控机制、人员定位机制、矿压监测机制、事故预警机制、信息报告机制，保证安全事故发生时及时掌握事故情况，确保后期的应急救援方案的制定及实施。

一、监测监控机制

神东煤炭集团公司各单位根据各生产安全事故类型建立健全事故监测系统，配备完善的监测设施和设备，加强监测系统的使用和维护管理，优化监测与预警机制，完善事故先期处置措施，不断提升发现事故和处置事故的能力。同时加强事故监测与预警科技创新，推进事故监测信息化和智能化建设，实现事故信息全面监测、精准监测。神东煤炭集团公司各单位各类型生产安全事故监测监控机制如下：

1. 瓦斯监测监控

（1）装备安全监测监控系统，按规定配备瓦斯传感器实现 24 小时连续检测。

（2）瓦斯检查员按规定检查瓦斯。

（3）有关人员按规定携带便携式甲烷检测报警仪或甲烷氧气两用检测报警仪随时检测。

（4）爆破地点严格实行"一炮三检"。

（5）瓦斯检测报警仪、瓦斯传感器等仪器仪表按规定周期校验和强检，确保检测数据的准确性。

（6）各监测、检测时间、地点做好相应的记录，存档期不少于 2 年，以备后查。

2. 煤尘监测监控

（1）按粉尘防治规范要求，配备专职测尘人员和仪器仪表，进行粉尘测定工作。

（2）对井下所有产尘点总粉尘浓度每月测定两次。

（3）呼吸性粉尘浓度每月测定 1 次，粉尘分散度、游离 SiO_2 含量每 6 个月测定一次。

（4）利用粉尘浓度传感器对采掘工作面回风巷的总粉尘浓度进行连续监测，并将监测的数据上传到矿井安全监测监控系统。

第四章 神东煤炭集团生产安全应急管理机制建设

3. 火灾监测监控

（1）外因火灾危险源监测监控：严格监督检查，加强可燃物管理，防止井下明火、爆破火焰、电气火花等火源。

（2）内因火灾危险源监测监控：建立束管自动监测系统，落实密闭定期检查制度。

（3）每季度对井上、下消防管路系统、防火门、消防材料库和消防器材的设置情况进行一次检查，发现问题，及时解决。

（4）每周检查一次采空区密闭墙，建立检查记录档案，发现问题立即汇报处理。

（5）每周一次对井下易发火地点观测数据进行分析，对发火情况预测预报。

（6）加强易发生火灾场所的巡逻检查，发现问题及时汇报处理。

4. 水灾监测监控

（1）根据生产计划，及时编制水文地质预报，及时开展隐患排查活动。

（2）井下现场加强水文地质观测，有出水征兆及时汇报。

（3）定期对地面河流水位、塌陷区积水情况等进行调查，掌握其变化情况。

（4）及时搜集相邻矿井采掘活动情况，并标绘在采掘工程平面图及井上下对照图等相关图纸上。

（5）利用水文观测系统实时监测地下水位变化情况。

5. 顶板监测监控

（1）在采掘工程过断层等地质构造期间，安排专人对顶板破碎、有淋水、顶板台阶下沉等征兆进行重点观测。

（2）成立矿压观测小组，利用回采工作面安设的矿压观测系统，对回采工作面顶板压力情况进行24小时不间断监测。

（3）回采工作面初采期间，成立初次来压小组，进行现场监测，预测来压步距，做好相关准备。

（4）在掘进施工的巷道，锚网索支护的巷道，设顶板离层仪，根据顶板下沉情况，及时采取有效措施，加强顶板管理。

6. 供电监测监控

供电监测监控方式、方法及采取的预防措施是恶劣天气变电所值班人员加强值班，并且调度值班人员及时通知大型设备停止运行，防止突然停电造成人员伤亡。

7. 提升运输监测监控

（1）主井提升监测监控：加强供电设施的维护及绝缘摇测。

（2）斜巷带式输送机输送带监测监控：严格带式输送机综保装置的班试验

制度，加强输送带接头检查，安装在线监测。

（3）加强入井车辆的检查、维护，司机要严格执行车辆运行期间的管理规定。

（4）综采安撤面设备运输监测监控：检查各安全设施是否齐全、灵敏可靠。

二、人员定位机制

神东煤炭集团下属各矿井均设置有矿井人员位置监测系统，并在综合分站接入人员定位模块。各矿井根据生产设定当班下井人员数量，配备足够数量的含定位器的多参数报警信息矿灯和含定位器的矿灯。神东煤炭集团下属各矿井建立了相应的人员定位岗位机制，具体如下：

（1）矿长：人员定位系统管理的第一责任人，在人、财、物等方面做好保障工作，确保人员定位系统的正常运行；经常浏览矿区信息系统，确认信息的真实可靠性，定期召开专题会议，分析系统故障及提出解决办法。

（2）值班矿长：人员定位系统当日管理的第一责任人，负责当日人员定位系统异常情况处理工作，对异常情况上传报表实施审阅、签字。

（3）监控主任：人员定位系统管理的具体负责人，确定日常信息传输情况，落实人员定位系统规章制度及相关工种人员操作规程，定期召开专题会议，明确系统存在问题、核实信息的真实可靠性，及时处理系统隐患。

（4）总工程师：负责制定各部门岗位责任制及相关工种人员操作规程，制定信息上传管理办法，定期召开专题会议，组织专业人员培训学习，分析日常人员定位系统信息传输情况，及时处理系统隐患。

（5）生产矿长：确定日常人员定位系统信息传输的真实可靠性，积极配合人员定位系统的检修维护工作。

（6）人员定位系统监控员：严格人员定位系统操作规程，负责当班人员定位系统的安全管理，对中心站下达指令时通知矿调度及相关负责人，及时反馈处理意见；每班对系统巡检不少于2次，发现异常及时处理汇报，严格记录报表机制，及时反馈当班人员出入井信息。

三、矿压监测机制

神东煤炭集团各矿井均安装有微震系统、尤洛卡应力在线监测系统等，对监测数据进行实时分析。结合综采工作面支架矿压监测系统，对矿压规律进行分析、总结，起到预测预报的作用。各矿井均按要求安设了顶板离层仪，按期进行观测，做到对顶板变形的预测预报。神东煤炭集团下属各矿井建立了相应的矿压监测领导小组，具体如下：

（1）总工程师任领导小组组长。

（2）生产技术部设矿压监测小组，配备相关作业人员，负责日常矿压监测资料收集、整理和分析，并做好相应记录；负责日常矿压监测设备日常维护，发现异常及时上报。

（3）采掘区队至少配备专职或兼职矿压监测专业人员1人，负责本区队矿压监测数据收集、整理和分析，发现监测设备异常及时上报。

四、事故预警机制

灾害事故预警，根据神东煤炭集团下属各煤矿的各类事故前期的征兆进行认真地分析判断，做出预警行动的响应，煤矿各类事故预警情况见表4-2。

表4-2 煤矿各类事故预警情况

事故类型	预警情况
瓦斯事故	安全监测系统自动报警或井下管理、个体巡回检测、检修等井下工作人员发现井下作业地点或途径巷道有瓦斯超限、自燃等预兆
煤尘事故	1. 井下巷道有厚度超过2mm、连续长度超过5m的煤尘堆积（用手捏成团，经振动不飞扬不在此限）； 2. 出现高温火源； 3. 安全监测监控系统出现粉尘浓度情况不明报警的
火灾事故	1. 束管监测系统或井下作业人员发现回采工作面下隅角、起停米线、空区密闭墙附近或隔离煤柱、巷道高冒区等地点CO浓度超过80×10^{-6}、温度异常增高、焦糊气味、烟雾等自燃征兆； 2. 井上、下工作人员发现作业地点或途经地点有外因火灾等预兆
水灾事故	1. 回采工作面涌水量大于$100 \, m^3/h$或排水系统不能正常排出该面涌水； 2. 探水钻孔、掘进工作面过断层涌水量大于$100 \, m^3/h$； 3. 矿井水文动态监测系统或井下作业人员发现其他突水征兆
顶板事故	1. 矿压监测系统发现回采工作面液压支架大面积工作阻力不够； 2. 离层记录仪发现一处以上巷道顶板离层数据超过规定或作业人员发现采掘工作面或巷道存在冒顶片帮隐患不能及时消除
供电事故	1. 出现35 kV供电系统突然停电，且无法立即恢复供电； 2. 全矿或采区等井下大面积停电0.5小时以上
提升运输事故	1. 发现提升运输等其他重大生产隐患不能及时消除； 2. 井下监控系统发出报警信息或接到事故现场人员汇报

灾害事故发生后各矿井应急救援指挥中心（调度室负责人）立即向矿井负责人和有关单位发布和传递预警信息。灾害事故预警程序如图4-1所示。

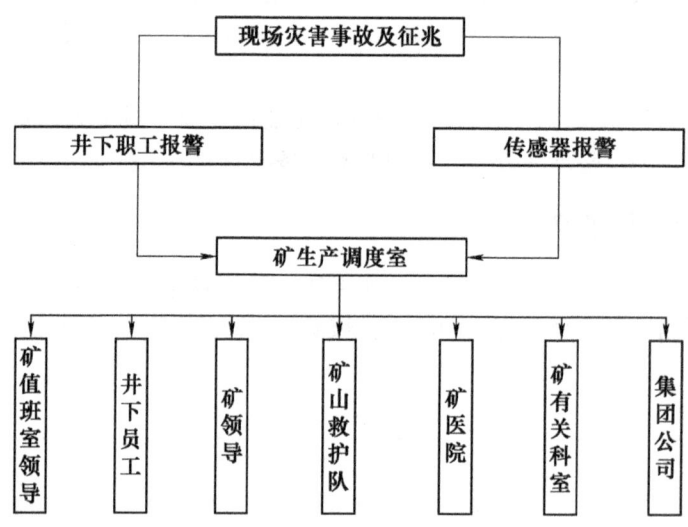

图4-1 灾害事故预警程序

（1）现场作业人员发现事故前期征兆（如有害气体的临界值、不安全环境条件的临界值或巨大能量释放的临界参数等），做出初步判断后，以最快的方式使用调度电话或其他通信设备（如小灵通、井下有线或无线通信设备等）向调度室报告可能出现或将发生事故征兆的具体内容，包括事故征兆发生的地点、预警区域的作业内容和人员分布等。

（2）调度室负责人接到现场人员或监测系统的报警后，立即与报警区作业人员确认报警的基本内容，包括以下几点：

① 事故征兆发生的时间、地点和可能发生事故的类别；
② 事故征兆发生的简要经过；
③ 可能发生事故的原因、影响和瓦斯浓度等情况；
④ 已采取的措施和应急处置等情况。

（3）调度室负责人（应急救援指挥中心）根据报警的基本内容和报警区域已采取的措施下达预警指令，启动预警行动方案，执行相应的预防性处置措施，并通知受威胁区域的作业人员撤离至安全地区或升井。特别重大事故的预警信息还要直接向企业的主要负责人和上级主管部门报告。

(4) 预警信息发布后，矿山救护队和企业的有关科室按照应急预案要求，做好救援人员、物资和器材的准备，并向调度室汇报，随时响应应急处置行动。

(5) 调度室应密切跟踪事故征兆态势的发展，随时获取最新预警信息，一旦达到事故标准，立即启动应急预案。

五、信息报告机制

神东煤炭集团公司及下属各生产单位结合自身灾害类型，建立了完备的安全事故发生时应急管理信息报告机制，具体如下：

(1) 发生重大灾害后，现场或附近人员听到事故情况后，跟班队长、班组长、安检员和知情的职工，立即用电话汇报到调度指挥中心，汇报时要将灾害事故的类型、时间、地点、波及范围、伤亡情况、通风、供电、有害气体等情况简要汇报清楚。

(2) 调度指挥中心接到灾害事故电话后，立即将灾情汇报给矿长、总工程师和现场带班矿领导。矿长根据灾情决定是否启动应急预案，若启动应急预案，则通知应急救援指挥部其他成员应急响应；若不启动应急预案，则按照基层区队事故现场处置方案进行处置。

发生事故后，矿调度指挥中心立即向公司总调度指挥中心汇报事故情况，向公司汇报最迟不得超过30分钟，向地方县级主管部门汇报最迟不得超过1小时，汇报内容由总指挥审批，并根据事态发展，及时补充上报事故最新情况。

① 事发单位名称，事故类型；
② 事故发生的时间、地点；
③ 事故发生的初步原因；
④ 事故经过和采取的处置措施；
⑤ 人员伤亡、失踪及撤离情况；
⑥ 事故对周边自然环境影响，是否波及社会人群或造成社会人员生命财产威胁和影响；
⑦ 现场应急物资储备及消耗情况；
⑧ 需公司、地方政府协调、支持的事项；
⑨ 报告人的单位、姓名、职务和联系电话。

应急信息报告以书面报告为主，必要时可采用影像视频等形式。情况特别紧急时，可用电话口头初报，随后再书面报告。

(3) 井上工业广场区发生火灾事故，调度指挥中心除按规定程序汇报外，立即拨打119进行消防求救。

（4）调度指挥中心接到井下电话后，立即按以下顺序依次通知矿领导及有关单位：神木市医院、大柳塔试验区人民医院、矿值班（跟班）领导、矿长、总工程师、救护队、事故所在区队、公司总调度指挥中心；矿井其他领导、调度主任、安管办主任、生产科科长、通风科科长、机电科科长；其他有关单位。

第三节　生产安全事故事中处置时应急管理机制

神东煤炭集团在生产安全事故发生后对事故的处理建立了相应的管理机制，包括现场处置权和紧急避险权机制、应急救援专业组织运作机制、决策指挥机制、快速评估机制、舆情管控机制等，以确保事故中应急救援和处置技术的高效安全实施。

一、现场处置权和紧急避险权

根据《国务院安委会关于进一步加强生产安全事故应急处置工作的通知》（安委〔2013〕8号），结合《煤矿生产安全标准化管理体系基本要求及评分办法（试行）》（煤安监行管〔2020〕16号）要求，神东煤炭集团公司及各矿井生产单位授权井下带班队长、安监员、瓦检员、班组长、地面调度员，在岗值班期间，存在下述险情之一的，不需要请示领导，有权下达某个生产区域或整个矿井立即停止生产、撤离作业人员的遇险处置和紧急避险指令，然后再按规定向值班领导和矿长以及上级部门汇报。

（1）汛期本地区气象预报为降雨橙色预警天气或24小时以内连续观测降雨量达到50 mm以上，或发现地面向井下溃水的；

（2）井下发生突水或井下涌水量出现突增、有异常情况，危及职工生命及矿井安全的；

（3）井下发生瓦斯、煤尘、火灾、顶板等事故的；

（4）供电系统发生故障，不能保证矿井安全供电的；

（5）一台主要通风机发生故障，另一台主要通风机不能按规定投入运行的；或通风系统遭到破坏，不能保证矿井正常通风的；

（6）安全监测监控系统出现报警，情况不明的；

（7）煤层自然发火有害气体指标超限或发现明火的；

（8）井下工作地点瓦斯浓度超过规定的；

（9）采掘工作面有冒顶征兆，采取措施不能有效控制的；

（10）有其他危及井下人员安全险情的。

井下跟班矿领导、带班队长、安监员、瓦检员、班组长、地面调度员,正确使用以上十项授权,无论现场是否发生灾害(难),事后任何领导不得对井下带班队长、安监员、瓦检员、班组长、地面调度员追究当班的责任。

二、应急救援专业组运作机制

1. 技术组

组长:总工程师

副组长:通风副总、机电副总、技术副总

成员:生产科科长、机电科科长、信息中心主任、通风科科长、地测站站长

主要职责:

(1) 根据事故情况准备应急处置所需资料;

(2) 组织专家分析、判断事故原因、性质和灾害程度,研究制定应急处置技术方案和措施;

(3) 根据现场事故情况变化随时修改应急处置技术方案。

2. 抢险救灾组

组长:生产副矿长

副组长:救护队队长

成员:救护队队员、兼职救护队队员

主要职责:

(1) 主要负责指挥现场应急处置;

(2) 实施应急指挥部制定的应急处置方案;

(3) 处置现场突发情况。

3. 医疗救护组

组长:党委书记

副组长:党政办主任、当地人民医院院长

成员:当地人民医院医护人员

主要职责:

(1) 按指挥部命令第一时间赶往指定地点待命;

(2) 对伤员进行及时救治及安置。

4. 物资供应组

组长:机电副矿长

副组长:机电副总

成员:供应站人员、机电科信息中心人员、各队材料员

主要职责：

（1）第一时间提报应急物资的储备情况；

（2）负责保证应急处置中物资和设备的及时供应、调配，并及时运送到指定地点。

5. 资金保障组

组长：经营副矿长

副组长：财务科科长

成员：经营办及财务科成员

主要职责：

（1）为应急处置提供资金保障；

（2）统计分析事故经济损失。

6. 安全监察组

组长：安全副矿长

副组长：安管办主任

成员：安管办副主任、安管办安检员、井口检身员

主要职责：

（1）负责统计入井、升井人数并向指挥部汇报；

（2）控制人员入井；

（3）引导灾区人员撤离；

（4）配合事故调查工作，提出整改措施并监督落实。

7. 警戒保卫组

组长：党委书记

副组长：保卫科科长、党政办主任

成员：保卫科及党政办人员

主要职责：

（1）负责在矿大门口、办公楼门口及井筒设置警戒，疏散、戒严、维护秩序；

（2）合理划分救援队伍待命、工作区域；

（3）做好事故处理期间的其他安保工作。

8. 后勤保障组

组长：经营副矿长

副组长：驻矿服务部经理、党政办主任

成员：驻矿服务部及党政办人员

主要职责：

（1）及时统计救援人员情况；

（2）为救援人员、遇险人员家属提供后勤服务。

9. 善后处理组

组长：党委书记

副组长：经营办主任、党政办主任、工会副主席

成员：经营办和党政办（工会）人员

主要职责：

（1）核实伤员和遇难者身份并通知家属，做好安抚工作；

（2）安排受伤人员后期治疗及遇难人员丧葬事宜；

（3）洽谈抚恤条件和安抚家属的其他事宜。

10. 信息发布组

组长：党委书记

副组长：党政办主任

成员：党政办和安管办人员

主要职责：

（1）按照应急指挥部的指示向公司应急指挥部提供事故简报，定期更新；

（2）做好媒体人员接待工作；

（3）对外发布事故信息。

三、决策指挥机制

正确的救援决策是顺利实施救援和取得圆满成功的保证。指挥中心接到灾害事故报警后，要利用一切可能的手段了解灾情，对灾情进行分析和论证，判断灾情的发展态势，制定救灾措施和救灾方案，下达准确、有效的救援命令，最大限度地控制事故的扩大，直至事故解除。

救援的关键技术和决策要点如下：

1. 逃生避灾路线

煤矿灾害事故发生后，灾区的作业人员应选择最安全的井巷路线，迅速撤离灾区，脱离危险。因此对避灾路线提出如下要求：

（1）神东煤炭集团各生产单位在编制煤矿灾害事故应急救援预案中，明确了各类灾害事故和事故所处地点的逃生避灾路线，在井巷网络中设置有明显的标志指引逃生撤离的行进方向，以保证灾区人员迅速安全地脱离灾区，到达安全区域。

（2）调度室工作人员掌握应急逃生和救灾知识，接到灾区的救助电话时能在第一时间内向遇险人员提供正确的逃生方向，并用声光信号或通信联络指引人员安全撤离。

（3）遇险人员向最近的安全区域（新鲜风流区域）撤离。如不知逃生避灾路线，发生火灾时一般应逆风流逃离灾区；突水事故应首先选择向连接主、副井筒的大巷撤离。

（4）组织井下作业人员学习和熟悉各类事故的逃生路线，并定期进行现场演练。

2. 自救、互救

自救、互救是保护灾区人员的人身安全、防止伤害最有效的救援措施。

（1）灾区遇险人员要沉着、冷静地应对灾害事故，采取有效措施进行自救，在有经验的人员带领下迅速撤离灾区。在火灾、爆炸、瓦斯突出和有毒气体环境中应迅速佩戴自救器，在无自救器时，用湿毛巾捂紧口鼻，背朝烟流贴地撤离。

（2）在无法撤离灾区时，灾区遇险人员应就近到避难硐室、救援舱、压风自救装置或独头巷道等地区临时避难，等候救援。

（3）当冒顶、爆炸和瓦斯突出等事故造成巷道顶板冒落堵塞逃生通道时，遇险人员应积极清理堵塞物，打开通道力争实施逃生、自救。

（4）救护队进入灾区要携带生命探测仪、苏生器和氧气呼吸器等设备，对灾区遇险人员进行地毯式搜寻，采取人工呼吸、苏心术等急救措施，优先将他们护送出灾区。

3. 灾区风流控制

灾害事故发生后，合理地控制风流对人员的救援和抑制灾情极为重要。灾区的风流控制应遵守如下要求：

（1）事故发生后，灾区的风流一般应保持不变，即已经停运的通风机或破坏的通风设施暂不开动，经过对灾区风流、瓦斯等情况的检测后，再作出风流调度的方案，尽量保持通风畅通，有利于灾区人员的撤离和救援工作的展开。

（2）矿井和采区的进风区域发生火灾或爆炸事故后，为了防止烟流侵入作业区，可采取矿井反风、局部区域反风或短路通风等救灾措施。

（3）在有斜巷网络中发生火灾或爆炸事故时，要密切注意火势和火风压的发展。在上行风流要防止相邻巷道风流的逆转，在下行风流要防止本巷道风流（烟流）的逆退，并采取增大风阻等控风措施，预防这些现象的出现。

（4）分析火势和高浓度瓦斯流与火源点区域的关系，正确调控风流，使含有高浓度瓦斯风流绕过火区，防止引发瓦斯煤尘爆炸。

第四章　神东煤炭集团生产安全应急管理机制建设

4. 灾区的封闭

对于火灾与爆炸等事故，一时无法完全扑灭时，考虑采取灾区封闭的措施，封闭工作遵守如下的原则：

（1）在安全条件下，尽量缩小封闭范围，有利于下一步的灾情处置和启封工作。

（2）进风密闭墙的位置尽量靠近火源点，有利于灾区内氧气浓度加速下降和降低瓦斯浓度上升速率，达到减少爆炸的可能性。

（3）灾区多条巷道封闭时，先封闭旁侧次要风流巷道（支巷），最后封闭主风流巷道（主巷）。

（4）主要进、回风巷道的密闭墙，要同时建造，密闭墙应留有门孔，保持密闭墙建造期间灾区的通风和防止瓦斯的积聚。门孔的封堵，必须在统一指挥下按预定时间保证同时封闭。

（5）在封闭过程中，要有专人检查灾区内气体和瓦斯浓度的变化情况，如有爆炸危险时立即撤出所有的救援作业人员。

（6）在处理有火源或爆炸危险区域时，应创造惰化条件，向灾区灌注燃油惰气、二氧化碳等惰化灾区，改善救援工作的安全条件。

5. 围困封堵区域的救援

在发生突水、爆炸、瓦斯突出、冲击地压和大冒顶事故时，可能会有部分作业人员被封堵在某些区域范围内无法脱离灾区，其救援决策应掌握如下要点：

（1）被围困人员尽量到上山或独头巷躲避，在班长或有经验工人的指引下，沉着平静应对，保存体力、灯光电源和饮水等条件，持续地发出求救信号，等待救援。

（2）尽一切条件，利用各种管道（压风管、消防水管和排水管等）或采取快速钻孔技术，迅速建立和恢复被困区域的供风、供水、供应食品和联络通信条件，增强被围困人员等待救援的信心。

（3）采取大直径钻孔或小断面巷道快速掘进作业等措施，尽快地建立被围困人员的逃生通道，使被围困人员尽早脱离灾区。

6. 建立灾害事故应急救援辅助决策系统（专家系统）

事故应急决策的结果直接关系到救援行动能否有效展开。目前我国事故应急救援决策仍然延续以经验为主的救援模式，对各种应急信息的管理和调用仍以手工作业为主，缺乏对事故处理的针对性和及时性，以致造成救援的效果不理想。神东煤炭集团利用计算机和网络技术建立了灾害事故应急救援辅助决策系统，为应急救援决策提供有力的支持，后期将进一步建立和推广灾害事故的应急救援辅助决策系统（专家系统）在神东煤炭集团下属各个生产单位，将事故灾害的信息和救援技术的经验形成信息资料库、知识库和推理机等，编制成软件，为集团及下属各生产单位救灾指挥中心选择救灾决策提供科学依据，以期达到提高救援水平和效果的目的。

神东煤炭集团煤矿灾害事故应急救援辅助决策系统的工作流程如图4-2所示。

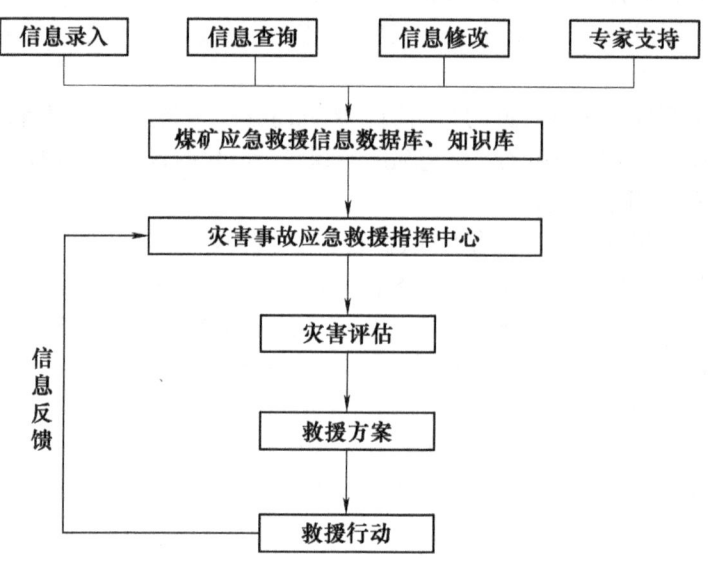

图4-2　神东煤矿灾害事故应急救援辅助决策系统工作流程

四、快速评估机制

事故发生后对事故进行评估，最重要的是判断事故的性质，以确定事故类型，开展相应的事故应急预案。

1. 瓦斯爆炸事故的确定

（1）查看监控系统的原始数据，发现在爆炸发生前井下瓦斯浓度严重超标，达到爆炸界限，则初步认为发生瓦斯爆炸事故。

（2）若现场勘察过程中，发现瓦斯大量积聚且存在点火源，具备了瓦斯爆炸的条件，则初步认为发生瓦斯爆炸事故。

（3）若煤尘不具备爆炸性，则认为煤尘没有参与爆炸，发生的是瓦斯爆炸事故。

（4）若煤尘本身具有爆炸性，则勘察井下爆炸现场是否有沉积煤尘，以及是否有结焦物出现，若矿井防尘措施较好，没有沉积煤尘且爆炸现场又没有发现结焦物，则认为煤尘没有参与爆炸，发生的是瓦斯爆炸事故。

（5）不同类型的爆炸事故造成的人员伤亡及设备设施损坏情况及影响范围不同。相对而言，瓦斯爆炸波及范围及造成的设备设施损坏等较煤尘爆炸及瓦斯煤尘混合爆炸要小。若井下爆炸事故波及范围较小，则可判断没有煤尘参与爆炸，发生的是瓦斯爆炸事故。

2. 火灾事故的确定

（1）通风系统破坏程度。判断高温烟气产生的火风压是否使主要通风机风压降低。

（2）火灾发展趋势。若火灾地点附近有其他可燃物堆积，如积煤、坑木、木支护、非阻燃输送带、油料等，则可能引发重大火灾。

（3）能否引发瓦斯、煤尘爆炸。若发火地点附近有瓦斯积聚或煤尘堆积，在高温热源存在时则可能引发瓦斯、煤尘爆炸。

（4）事故可能的波及范围。

3. 水灾事故的确定

（1）地下水位动态变化观测。突水后，地测科应立即组织力量对地面各含水层观测孔水位进行观测和分析。

（2）突水水源确定。主要根据含水层水位变化和突水水质监测资料确定。

（3）突水通道的确定。通过构造分析和现场情况调查，以及物探、化探和钻探等成果进行推测，逐步推断准确的突水通道和空间位置。

（4）尽最大努力保证排水设备不被水淹没，如果涌水量超过排水能力，必须预先撤离受威胁人员。

（5）由于水位上升将导致矿区巷道采空区瓦斯随水面上升，在抢险救援过程中必须加强瓦斯监测和"一通三防"的管理工作，杜绝瓦斯事故的发生。

（6）在透水区域恢复及抢救遇险遇难人员时，一般要由上往下探水。疏通或开凿临时排水巷道时，应先探清水位，防止二次透水。

4. 煤尘爆炸事故的确定

从爆炸性质来看，煤尘爆炸与其他爆炸事故的区别主要在于有无瓦斯参与爆炸。

（1）若发生煤尘爆炸，其煤尘本身必须具有爆炸性，这是发生煤尘爆炸的关键条件。

（2）若可确定爆源点附近无瓦斯源（可通过监测监控系统查看）或无瓦斯积聚条件，则可确定爆炸为煤尘爆炸。

（3）若在煤矿井下发现结焦物（结焦物是煤尘不完全燃烧，局部焦化黏结在一起形成的产物），则可判定煤尘参与爆炸。

（4）煤矿在有限的闭塞区间发生煤尘爆炸，受害者大多数是一氧化碳中毒。对爆炸后气体的分析发现，瓦斯爆炸的 C：H 为 2.3～2.8，而煤尘爆炸为 3.16。煤尘爆炸传播过程中，由于煤尘粒子的热变质和干馏作用，除产生一氧化碳、二氧化碳、甲烷和氢以外，还产生干馏气体，并含有氢氰酸（HCN）等剧毒气体。若出现大量人员中毒死亡现象，则可认为煤尘参与爆炸。

五、协调保障机制

（1）现场初步评估。通过对现场情况的初步评估，根据相关应急预案调动和组织相应的、足够的人力资源参加应急处置，并按照明确的任务和职责开展工作。

（2）人员集结。在人员集结参加应急救援过程中，遵循一定的原则。首先，人员集结要方便应急救援工作，核心救援力量和现场急需的专业救援力量要接近现场；其次，人员集结要有序可循，不能造成混乱，人员集结的位置和规模不能对现场内外的交通造成堵塞。

（3）专业设备与工具调用。应急救援需要大量的专业设备和工具。专业装备、设备和工具由专业救援队伍携带和提供，对于一些特殊或所需数量较多而现场数量不足的装备、设备和工具，可向有关方面请求支援，也可向社会征募。同时，神东煤炭集团及下属煤矿生产单位根据自身应急救援业务的需求，采取平战结合的原则，配备或储存现场救援和工程抢险的装备和器材，建立相应的维护保养和调用制度，以保障事故的抢险救援。大型现场救援和工程抢险装备由政府及职能部门根据已建立的应急救援物资监测网、信息库以及与有关企业签订的应急保障服务协议等，直接联系调用。

（4）应急救援物资停放专业装备、设备和工具到达现场后，按照救援工作的优先次序安排停放位置。随时需投入使用的装备、设备，停放于中心现场。其他辅助支援装备、设备，停放于离现场稍远的指定位置，以免影响现场装备、设备调度。同时，根据灾情和抢险救援需要，开设应急器材和设备维修、加工点。

（5）匹配调集应急资源时注意现场情况与应急资源是否匹配，应急资源不足，可能造成对现场的控制与处置不力，导致损失扩大；但动用过多的应急资源，也可能造成不必要的浪费或现场组织的混乱。无论最终需要组织多少应急资源，神东煤炭集团强调第一出动力量的重要性。有力的第一出动力量在处置之初可有效地控制事态的进一步恶化。

六、舆情管控机制

事故发生后，社会关注度高，面对蜂拥而至的新闻采访人员，既不能听任其在救援现场进行无限制的采访，也不能简单地对其进行封堵。前者会导致对正常救援工作的干扰，后者易与媒体形成对立局面，甚至导致谣言的传播。在现场救援中，神东煤炭集团负责新闻和信息管理的人员对信息和新闻媒介进行管理和引导，及时建立与现场应急指挥者的联系，从其他应急小组处获得有关事故的正确的信息，认真准备新闻发布会的相关事宜，设立新闻联络点，处理要求采访、摄像及索求信息的事宜，安排专门的新闻发言人，适时召开新闻发布会等，处理好与媒介的公共关系，利用和引导媒介实现与社会公众、政府有关部门以及相关专家之间的良好沟通，使其发布准确、权威的信息，降低事故造成的社会影响。

第四节 生产安全事故处理完毕后应急管理机制

神东煤炭集团就生产事故现场处置完毕后建立了相应的应急管理机制，包括：灾后恢复机制、心理辅导机制、事故追查处理机制、应急预案修订机制，总结经验教训，查漏补缺，逐步完善应急管理各个环节，确保应急管理工作的高效性。

一、灾后恢复机制

生产安全事故处理完毕后，神东煤炭集团制定了相应的生产恢复机制，具体如下：

（一）灾害恢复工作领导小组

组长：矿长

副组长：总工程师

小组成员：党委副书记、生产副矿长、安全副矿长、掘进副矿长、机电副矿长、救护队队长、机电副总、生产副总、经营副总、通风副总、技术副总、安管办主任、生产办主任、通风组组长、地质组组长、机电信息中心主任、调度指挥中心主任、党政办主任、经营办主任、财务科长、地测站站长、供应站站长、后勤服务部经理、治安保卫负责人、基层队长。

主要职责：

(1) 下达灾后恢复生产启动指令；

(2) 制定现场工作方案，组织实施灾后恢复生产工作；

(3) 根据生产恢复状况，定时向上级汇报；

(4) 接受上级指令并实施。

(二) 灾害恢复领导小组成员及职责

1. 技术组

组长：总工程师

副组长：通风副总、机电副总、生产副总、技术副总

成员：生产办主任、机电信息中心主任、通风组组长、地质组组长、地测站站长

主要职责：

(1) 根据灾害情况准备恢复生产所需资料；

(2) 组织专家分析灾害后各生产系统损坏程度，研究制定恢复生产的技术方案和措施；

(3) 根据灾后现场情况变化适时修改恢复生产技术方案。

2. 进行恢复生产组

组长：生产副矿长

副组长：掘进副矿长

成员：综采队队员、综掘队队员、联采队队员、生产技术部成员、通防部成员

主要职责：

(1) 指挥现场恢复生产技术措施处置；

(2) 实施技术组制定的恢复生产技术方案；

(3) 处置现场突发情况。

3. 物资供应组

组长：机电副矿长

副组长：机电副总

成员：供应站人员、机电信息中心人员、车队队长及各队材料员

主要职责：

(1) 第一时间提报恢复生产的准备情况；

(2) 负责保证恢复生产中物资和设备的及时供应、调配、运送及安装；

(3) 负责人员运输、车辆调配工作。

4. 资金保障组

组长：经营副总

副组长：财务科科长

成员：经营办及财务科成员

主要职责：

(1) 为生产恢复提供资金保障；

(2) 统计分析恢复生产资金支出情况。

5. 安全监察组

组长：安全副矿长

副组长：安管办主任

成员：安管办副主任、安管办安检员、井口检身员

主要职责：

(1) 负责统计恢复生产时期入井、升井人数并向领导小组汇报；

(2) 控制人员及车辆入井；

(3) 配合做好恢复生产工作，提出整改措施并监督落实。

（三）恢复生产办公室

恢复生产办公室设在调度指挥中心，是矿恢复生产的执行机构及日常管理机构。

主任：调度指挥中心主任

副主任：调度指挥中心副主任

主要职责：

(1) 负责应急值守、信息汇总，掌握各类应急资源，发挥协调指挥枢纽作用；

(2) 了解、掌握恢复生产现场信息，及时向矿灾害恢复领导小组汇报事故最新动态；

(3) 负责灾害恢复领导小组的工作联系，传达领导小组的指令并跟踪落实；

(4) 负责接收、上传、下达应急信息及紧急事项，督促落实恢复生产管理方面的有关决定事项和上级批示、指示精神；

(5) 监督、指导各专业组和基层单位的日常应急管理工作，监督、检查各类物资的储备及管理；

(6) 负责灾后生产恢复结束后技术措施的总结工作。

二、心理辅导机制

国务院制定的《中国精神卫生工作规划（2002—2010）》指出，"发生重大灾难后，当地应进行精神卫生干预，并展开受灾人群心理应急救援工作，使重大灾难受灾人群中的50%获得心理救助服务。"神东煤炭集团就各生产单位可能发生的重大灾害制定了处置后的心理辅导机制，包括两个方面，具体如下：

1. 应急救援人员心理干预

应急救援人员对各种灾害现场和救灾过程中的危险程度，会引起其相应的心理应激反应。心理应激反应具有突然性、易感性、多元性、时间性、局部性等特征，救援人员的心理反应常经历悲伤、愤恨、恐惧、挫折感、逃避心理等若干阶段。为保证神东煤炭集团应急队伍的长期健全完善，对救援人员进行心理干预。具体内容包括：

（1）完善救援队伍的组织结构、人员配备、设备设施；

（2）合理分配任务；

（3）及时报告紧急事件，帮助救援人员顺利开展工作；

（4）聘请心理专家从全局的角度审视面临的灾害场景可能，适当进行心理干预；

（5）实行轮班倒制度，以便救援人员保持充沛体力；

（6）日常工作中增强技能、演练培训，重视实战模拟辅导，编制工作手册，如《应急救援人员常见心理问答》等心理健康方面的手册；

（7）对应急救援人员的家庭、朋友、工作团队给予关注，使其得到集团乃至社会的支持和重视。

2. 受灾人员心理辅导

在事故或灾害发生之后，现场人员也许会经历亲朋好友的伤亡，或是自己身体受到伤害。在这种情况下，受难者会因灾难而产生一些身心反应。神东煤炭集团针对生产企业可能遭遇的灾害，会对相应的受灾经历人员进行心理辅导。

在事故发生的最初阶段，把救援的重点放在提供情感支持方面，以缓解紧张情绪。认真倾听受害者的哭诉，使悲伤的情绪得以宣泄，这样对防止他们的心理病理化是很重要的。然后指导个体根据自己的实际情况寻求可能的援助，使受害者感到周围有人在帮助他们，与他们共渡难关。另外，对于受伤人员的积极救治、心理抚慰和及时细致的冷暖关怀，也是对家属心理抚慰的重要方面。在最初阶段之后，遇难者家属会在心理上接受已经发生的现实，这时重点指导他们学习新的认识方法和应付方法，劝导他们承担起将来生活的责任，提高适应能力。最后，以生活救助为重点，使他们在物质和精神两方面都能重新适应新的生活，达到最终战胜困难、重建社会生活的目标。

三、事故追查处理机制

事故发生后，在地方政府及行业监管部门调查的同时，神东煤炭集团公司和矿处单位根据事故级别、事故调查处理权限成立事故调查组进行内部调查。

一般伤亡事故、较大以上非伤亡事故由神东煤炭集团公司安全环保监察部组织调查。安全环保监察部可根据事故具体情况，委托子分公司组织调查。

其他事故由子分公司组织调查，调查结果报集团公司相关职能部门审核。必要时，集团公司可以直接调查由子分公司负责调查的事故。

事故调查工作应由负责调查的部门组织成立事故调查组开展。事故调查组视事故具体情况由集团公司安全环保监察部、相关产业运营管理中心、纪检监察部、工会工作部等派人组成。事故调查组成员具有事故调查所需要的知识和专长，并与所调查的事故没有直接利害关系，事故调查组配有外聘专家参与调查。

四、应急预案修订机制

应急预案编制单位建立应急预案定期评估制度，对预案内容的针对性和实用性进行分析，并对应急预案是否需要修订作出结论。公司所属单位应急预案每三年进行一次应急预案评估。应急预案评估邀请相关专业机构或者有关专家、有实际应急救援工作经验的人员参加，必要时委托生产安全技术服务机构实施。

有下列情形之一的，应急预案应当及时修订并归档：

（1）依据的法律、法规、规章、标准及上位预案中的有关规定发生重大变化的；

（2）应急指挥机构及其职责发生调整的；

（3）生产安全面临的风险发生重大变化的；

（4）重要应急资源发生重大变化的；

（5）在应急演练和事故应急救援中发现需要修订预案的重大问题的；

（6）编制单位认为应当修订的其他情况。

第五章　神东煤炭集团生产安全应急管理制度建设

安全生产管理制度是为了保障安全生产而制定的一系列条文。它建立的目的主要是为了控制风险，将危害降到最小，安全生产管理制度也可以依据风险制定。通常，安全生产管理制度包括：安全生产会议制度；安全生产资金投入及安全生产费用提取、管理和使用制度；安全生产教育培训制度；安全生产检查制度和安全生产情况报告制度；建设项目安全设施、职业病防护设施，必须与主体工程同时设计、同时施工、同时投入生产和使用（以下简称"三同时"）管理制度；安全生产考核和奖惩制度；岗位标准化操作制度；危险作业管理和职业卫生制度；生产安全事故隐患排查治理制度；重大危险源检测、监控、管理制度；劳动防护用品配备、管理和使用制度；安全设施、设备管理和检修、维护制度；特种作业人员管理制度；生产安全事故报告和调查处理制度等。

神东煤炭集团为加强公司生产工作的劳动保护、改善劳动条件，保护劳动者在生产过程中的安全和健康，确保广大员工的人身安全和公司财产安全，防止和杜绝事故的发生，促进公司事业健康发展，根据国家、地方的相关法律法规及国家能源集团的有关规定，结合神东煤炭集团实际情况，开展了相应的生产安全应急管理制度建设。

第一节　各级应急管理制度概述

一、国家及部委法律法规

目前，我国已制定的《中华人民共和国突发事件应对法》是指导生产安全事故应急管理的根本法律。其他涉及生产安全应急管理的有关规定和要求，分散在现行的多个相关法律、行政法规中，如《中华人民共和国安全生产法》《职业病防治法》《中华人民共和国消防法》《危险化学品安全管理条例》《使用有毒物品作业场所劳动保护条例》《特种设备安全监察条例》等，分别从不同方面对生产

第五章 神东煤炭集团生产安全应急管理制度建设

安全应急管理做了相关规定和要求。

《中华人民共和国安全生产法》第十八条规定："生产经营单位的主要负责人对本单位安全生产工作员有下列职责：（五）组织制定并实施本单位的生产安全事故应急救援预案。"第三十七条规定："生产经营单位对重大危险源应当登记建档，进行定期检测、评估、监控，并制定应急预案，告知从业人员和相关人员在紧急情况下应当采取的应急措施。"第七十七条规定："县级以上地方各级人民政府应当组织有关部门制定本行政区域内特大生产安全事故应急救援预案，建立应急救援体系。"第七十九条规定："危险物品的生产、经营、储存单位以及矿山、金属冶炼、城市轨道交通运营、建筑施工单位应当建立应急救援组织；生产经营规模较小的，可以不建立应急救援组织，应当指定兼职的应急救援人员。"

《职业病防治法》第二十条规定："用人单位应当采取下列职业病防治管理措施：（六）建立、健全职业病危害事故应急救援预案。"第二十四条规定："产生职业病危害的用人单位，应当在醒目位置设置公告栏，公布有关职业病防治的规章制度、操作规程、职业病危害事故应急救援措施和工作场所职业病危害因素检测结果。对产生严重职业病危害的作业岗位，应当在其醒目位置，设置警示标识和中文警示说明。警示说明应当载明产生职业病危害的种类、后果、预防及应急救治措施等内容。"第三十七条规定："发生或者可能发生急性职业病危害事故时，用人单位应当立即采取应急救援和控制措施并及时报告所在地卫生行政部门和有关部门。"

《中华人民共和国消防法》规定，机关、团体、企业、事业等单位应当制定灭火和应急疏散预案，并定期组织消防演练。

《危险化学品安全管理条例》第六十九条规定："县级以上地方人民政府安监部门应当会同工信、环保、公安、卫生、交通、铁路、质检等部门，制定危险化学品事故应急救援预案，报本级人民政府批准。"第七十条规定："危险化学品单位应当制定本单位危险化学品事故应急预案，配备应急救援人员和必要的应急救援器材、设备，并定期组织应急救援演练。"第七十一条规定："发生危险化学品事故，事故单位主要负责人应当立即按照本单位危险化学品应急预案组织救援，并向当地安监部门和环保、公安、卫生部门报告。"第七十二条规定："发生危险化学品事故，有关地方人民政府应当立即组织安全生产监督管理、环保、公安、卫生、交通等有关部门，按照本地区危险化学品事故应急预案组织实施救援，不得拖延、推诿。"

《使用有毒物品作业场所劳动保护条例》第十六条规定："从事使用高毒物

品作业的用人单位，应当配备应急救援人员和必要的应急救援器材、设备，制定事故应急救援预案，并根据实际情况变化对应急救援预案适时进行修订，定期组织演练。事故应急救援预案和演练记录应当报当地卫生行政部门、安全生产监督管理部门和公安部门备案。"

《特种设备安全监察条例》规定，特种设备使用单位应当制定特种设备的事故应急措施和救援预案。

国务院办公厅发布了《关于进一步加强安全生产工作的决定》，决定建立生产安全应急救援体系，加快全国生产安全应急救援体系建设，尽快建立国家生产安全应急救援指挥中心，充分利用现有的应急救援资源，建设具有快速反应能力的专业化救援队伍，提高救援装备水平，增强生产安全事故的抢险救援能力。加强区域性生产安全应急救援基地建设，并加强国家、省（区、市）、市（地）、县（市）四级重大危险源监控工作，建立应急救援预案和生产安全预警机制。国务院办公厅《关于加快应急产业发展的意见》《关于加强基层应急队伍建设的意见》《关于加强基层应急管理工作的意见》《关于进一步加强煤矿安全生产工作的意见》《关于认真贯彻实施突发事件应对法的通知》《全面加强应急管理工作的意见》等文件均对应急管理工作提出了相关要求。

此外，原国家安全生产监督管理总局发布了《安全生产事故隐患排查治理暂行规定》《矿山救护队资质认定管理规定》《安全生产违法行为行政处罚办法》《生产安全事故应急处置评估暂行办法》《生产安全事故应急预案管理办法》《生产经营单位安全培训规定》《矿山救护培训办法》《生产安全应急救援联络员工作办法》等规章制度和《关于加强生产安全事故应急预案监督管理的通知》《关于报告生产安全事故救援工作情况总结有关事项的通知》等及国务院国有资产监督管理委员会发布了《中央企业应急管理暂行办法》等文件，对生产安全应急管理工作的相关事宜做出了明确规定。

这些法律、法规、标准对加强生产安全应急管理工作，提高防范、应对生产安全重特大事故的能力，保护人民群众生命财产安全发挥了重要作用。

二、地方法律法规

神东煤炭集团下属各矿井分别在内蒙古自治区、陕西省、山西省境内，各省均对生产安全、应急管理工作做了相关规定。内蒙古自治区发布了《内蒙古自治区安全生产条例》《内蒙古自治区突发事件预警信息发布管理办法》等，制定了《内蒙古自治区突发公共事件总体应急预案》《内蒙古自治区安全生产事故应急预案（2017年修订版）》等。陕西省发布了《陕西省安全生产条例》《陕西省突发事件应急预案管理办法》《陕西煤矿救护培训管理暂行办法》《陕西省关于加强企业应急管理工作的实施意见》《陕西省煤矿生产安全事故应急预案管理工作实施意见》等。山西省发布了《山西省安全生产条例》《山西省突发事件应对条例》《山西省突发事件应急预案管理办法》等。这些地方法律法规对生产安全应急管理具有强制性作用。

三、国家能源集团规章制度

《国家能源投资集团有限责任公司生产安全事故综合应急预案》明确规定集团公司应急工作遵循"生命至上、安全第一""统一领导、分级负责""预防为主、平战结合""整合资源、协同应对""依靠科技，专业处置"的原则。集团公司生产安全事故应急预案包括综合应急预案、专项预案和现场处置方案。应急预案应分类管理、分级负责，各层级应急预案应相互衔接；重点岗位要建立生产安全事故应急处置卡，作为简化预案程序的有效手段，增强预案的适用性和可操作性。

其他规章制度，如：《关于加强极端天气条件下安全生产应急工作的通知》对冬季极端天气条件下应急管理工作做出了规定；《关于切实做好当前生产安全事故防范工作的通知》要求切实做好当前生产安全事故防范工作；《关于规范生产安全事故和突发环境事件报告工作的通知》对生产安全事故和突发环境事件报告进行了规范；《国家能源集团生产安全事故调查处理规定（试行）》规范了集团公司内生产安全事故调查处理工作。

第二节　神东煤炭集团规章制度建设的总体要求

一、规章制度体系

神东煤炭集团规章制度是指公司为规范公司治理、企业发展、生产经营等管理活动，制定实施的各类议事规则、章程、规定、办法、制度、细则等，不包含各类技术标准、定额标准、分类标准、工作标准、规划、计划。

神东煤炭集团规章制度管理和体系建设遵照"坚定立场，提高站位"和"服务战略，争创一流"的总原则；贯彻落实习近平新时代中国特色社会主义思想，坚持和加强党的全面领导，树牢"四个意识"、坚定"四个自信"，践行"两个维护"，深入贯彻两个"一以贯之"；坚持服务两级公司战略目标，从规范管理、提升效益、防控风险的角度出发，统筹考虑、全方位管控。此外，在规章制度体系建设中还应遵循以下原则：

（1）合法性原则：规章制度应当符合国家政策、法律法规和规章以及上级公司的规定。

（2）体系化原则：各项规章制度层级、边界清晰，相互协调，有机统一。

（3）规范化原则：严格遵循规章制度管理流程和相关权限，履行规章制度管理职责，注重协调和统一。

（4）标准化原则：统一应用规章制度管理框架、制度编写规范。

二、责任体系

神东煤炭集团规章制度管理组织体系包括公司的规章制度管理决策者、规章制度管理归口部门、规章制度主办部门。

神东煤炭集团规章制度管理决策者包括公司的党委会、总经理办公会、专业会议、职工代表大会以及公司领导。规章制度管理决策者负责规章制度的审批及制度管理工作的决策。

企业管理部是公司规章制度归口管理部门，主要职责包括：

（1）会同各部门、各单位推进公司规章制度管理体系的规划、建设与优化。

（2）负责汇总、编制公司规章制度年度制定、修订计划。

（3）牵头规范公司规章制度的制定、修订、解释、废止等程序。

（4）对公司层面规章制度的规范性进行审核把关。

（5）会同各部门、各单位对公司规章制度定期进行清理。

（6）负责公司规章制度的整理汇编工作。

（7）负责公司规章制度管理信息化有关工作。

（8）对公司各单位的规章制度管理工作进行指导监督。

（9）其他规章制度管理工作。

法律事务部负责制度的合法性审核。内控审计部负责制度建设的风险性审核。公司各部门、各具有管理职能的二级单位是本业务领域公司规章制度主办部门（以下简称主办部门），主要职责包括：

（1）负责本业务领域规章制度体系的规划、建设与优化。

（2）负责本业务领域规章制度制定、修订计划的编制、实施与分析。

（3）负责本业务领域规章制度的制定、修订、解释、清理、废止以及规章制度培训、贯彻执行等工作。

（4）负责本业务领域规章制度的专业审核和专项合规审查。

（5）负责对各单位本业务领域规章制度建设和执行情况进行指导、监督和检查。

（6）负责本业务领域其他规章制度管理工作。

公司各单位必须认真贯彻执行公司规章制度，着力做好本单位的规章制度管理工作外，主要职责包括：

（1）负责本单位规章制度体系的规划、建设与优化。

（2）负责本单位规章制度制定、修订计划的编制、实施与分析。

（3）对本单位规章制度与两级公司相关规章制度衔接一致负责。

（4）负责本单位规章制度管理信息化有关工作。

（5）对本单位规章制度管理年度工作情况进行总结，并报告公司企业管理部。

（6）负责本单位其他规章制度管理工作。

三、管理体系

1. 规章制度的计划与制度程序

神东煤炭集团公司对规章制度实施计划管理，包括规章制度管理年度制定、修订计划的编制、发布、执行和分析。公司各部门、具有管理职能的各单位应于每年初提出本年度规章制度制定、修订计划建议；公司企业管理部在汇总各部门、各单位提出的制定、修订计划建议基础上，编制公司年度工作计划，报总经理批准后执行。

公司规章制度分为三级，分别为：

一级规章：指公司在公司治理、战略管理方面和各业务领域的根本性、全面性、基础性管理规章制度，名称一般为"规则""规定""办法"。

二级规章：指根据公司一级规章和管理需要，对某一业务领域的管理规则、程序进行规范而制定的重要规章制度，名称一般为"办法""制度"。

三级规章：指根据公司一级、二级规章，配套制定的细化程序、方法、步骤和措施，或对执行中有关问题的解释，名称一般为"办法""实施细则""实施办法"。

规章制度的制定程序包括起草文稿、征求意见、提请会签、报送审批、印发与执行、解释与修订、培训与宣贯等。主办部门应对其业务领域内规章制度制定的全过程负责，并对所起草规章制度的科学性、规范性、操作性，以及与上位和相关规章制度的协调一致性负责。

规章制度应明确版本、制定依据与宗旨、适用范围、具体制度规范、监督与问责、印发与执行、解释与修订等事项。制定新的规章制度需要废止现行规章制度的，应具体写明。

规章制度草案中引用的法律、法规和公司已下发制度等条文必须明确，禁止使用相关法律法规、相关制度规定等模糊性用语。如需要废除以前的旧版制度，需要在制度的附则中明确指出，不得在规章制度中出现"凡与本制度冲突的都以本制度为准"等字样。

在制定规章制度时涉及的审批程序明确了各层级的责权，禁止规章制度中出现公司审批、有关部门审批等模糊性用语。公司层面规章制度如需基层相关单位制定相应细化制度时，必须在规章制度附则中明确"基层单位应根据本办法要求，制定本单位相关管理制度"的条款。

规章制度的版本分为试行、正式两种，在存续期内具有同等效力。

"试行"是规章制度首次印发，并将根据施行情况进一步修订完善的规章制度，试行期限原则上为一至三年，具体期限由主办部门根据实际业务需要确定，印发时需注明为"试行"版本。"正式"是正式施行的版本，印发时不单独注明。规章制度试行期满后，主办部门应及时修订，转为"正式"版本或予以废止。

规章制度的征求意见与审核会签，具体要求如下：

（1）主办部门先提出规章制度的征求意见稿，充分征求各相关部门、各单位及管理对象的意见。

（2）主办部门认真研究征集的意见，修改完善后形成规章制度的会签稿，正式会签各相关部门、各单位和公司企业管理部、法律事务部、内控审计部，各审核、会签部门及时提出会签意见。

（3）会签完毕后，主办部门根据会签意见对规章制度文稿再次完善，形成规章制度的报审稿，按程序报送审批、签发。

（4）报送审批、签发时，主办部门向有关会议和审签领导如实报告该规章制度文稿征求意见和会签的情况。对会签后仍存在较大争议的规章制度文稿，暂缓报送审批、签发。

（5）规章制度的征求意见与审核会签程序，在制度管理信息系统中完成。

规章制度未经规范性、合法合规性与内控风险审核，不得提交审批。

（1）规范性审核是指从规章制度是否符合制度管理体系要求，与已有规章制度的关系、与规章制度编写规范的符合情况等角度进行审核，确保制度符合标准规范。

（2）合法性审核主要从国家法律法规及政府规范性文件等角度进行审核，确保规章制度内容与现行的国家及地方的法律法规等规范性文件不发生冲突，并满足制度合法合规的要求。

第五章　神东煤炭集团生产安全应急管理制度建设

（3）风险审核主要从规章制度内容能否覆盖所规范业务的主要控制点、是否能有效控制风险等角度进行审核，确保规章制度能够满足内部控制及全面风险管理的要求。

出台公司规章制度必须履行审批程序，具体要求如下：

（1）出台一级、二级规章必须提交公司有关决策会议审议、批准，由主办部门根据规章制度规范的内容和对规范事项的权限配置情况提出上会建议，经分管领导审核，报董事长或总经理确定上会，审议批准后由主持该会议的公司领导签发。

（2）出台三级规章，经分管领导专业委员会议决并签发。

（3）报请党委会、总经理办公会等决策会议审批规章制度的有关事宜，由主办部门提报党委办公室、综合办公室等会议管理部门办理，并同时提交以下材料：

① 起草说明。简要说明规章制度的起草背景、征求意见和会签情况、拟建立的管理制度要点、操作流程、权限划分、是否涉及相关规章制度间的协调衔接问题等。

② 规章制度的报审稿。

③ 提供必要的其他材料。

涉及职工切身利益的规章制度时，还应按照《中华人民共和国公司法》《中华人民共和国工会法》《中华人民共和国劳动合同法》等规定履行职工民主参与、审议程序。

规章制度的印发，具体要求发如下：

（1）规章制度以公司发文形式印发，一般自印发之日起施行。

（2）规章制度印发时，经决策会议审议批准后，注明审议、批准该规章制度的会议名称与次数，如"《××办法》已经××年××月公司第××次××会议审议、第××次××会议批准"。

规章制度印发后，主办部门及时将规章制度发文电子文档（含正文及附件）录入制度管理信息系统。

2. 规章制度的监控与检查

规章制度一经印发施行必须严格执行。主办部门加强规章制度的宣传教育和培训，培训在制度下发两个月内完成。同时，采取切实有效的措施，增强规章制度的严肃性和执行力，加强对规章制度执行情况的监督检查。

规章制度由主办部门负责解释。印发解释文书事先征求相关部门、各单位的意见，并报分管领导审批、签发。

主办部门应根据客观情况变化和施行中发现的问题，适时对有关规章制度进行修订完善。修订规章制度时，按照与其制定程序一致的原则办理。

企业管理部会同主办部门定期对规章制度进行清理，明确其效力状况，需废止的及时废止。有下列情形之一的，予以废止：

（1）因规章制度依据的国家法律法规政策、公司章程的相关规定发生重大变化，而失去合法性的。

（2）规章制度所规范业务已完成，或公司的体制、机制、机构或相关业务的管控模式等发生重大变更，不必继续施行的。

（3）同一事项已由新规章制度作出规范，原规章制度失去存在必要的。

（4）其他应予以废止的情形。

企业管理部每年组织制度管理评优工作，根据本年度各单位制度工作的质量、公司年度工作重点等内容对公司制度管理工作先进的单位、部门和个人进行奖励。

第三节 神东煤炭集团应急管理制度建设情况

应急管理制度建设可以有效保障公司应急管理体制、机制有序运行，规范公司及所属单位应急管理，落实和强化应急准备，指导基层应急管理制度体系建设。

一、管理办法

应急管理制度的建立可进一步推动应急管理法律法规与制度在神东煤炭集团下属部门、煤矿贯彻执行，增强全员应急意识，完善应急准备，落实应急管理责任，提升公司应对突发事件的处置能力，筑牢生产安全最后一道防线。

为保障神东煤炭集团应急管理体系的顺利实施，2020年2月23日，神东煤炭集团制定并通过《神东煤炭集团应急管理办法及实施细则》（以下简称《应急管理办法》）。《应急管理办法》共十六章95条内容，明确了公司及所属单位应急管理体制机制建设要求，以及公司应急管理领导小组、应急管理办公室、应急值守办公室及相关部门和单位职责关系，概述了应急组织管理保障体系和应急技术装备保障体系中事故监测与预警、应急值守、应急信息报告与传递、安全避险设施、应急预案、应急演练与评估、应急响应、应急救援队伍、应急物资和装备、应急投入及资源保障、应急宣传教育与培训、应急档案管理等12个子体系内容和管理要求。

第五章　神东煤炭集团生产安全应急管理制度建设

为使集团内部应急管理工作由被动行为变为主动行为，支撑应急管理体系的顺利实施，针对《应急管理办法》中的12个子体系，集团公司制定并通过了相应的实施细则。

二、支撑性文件

《神东煤炭集团应急值守管理实施细则（试行）》共五章27条内容，要求应急值守应遵循"坚守岗位、要情必报、反应迅速"的工作原则，以"信息报告及时准确、联络协调高效通畅"为管理目标；明确应急值守人员，包括公司值班领导、各单位和各部门值班领导、各级值班调度员等；并从应急值守机构设置、人员配置、应急值守职责、应急处置流程、应急值守纪律、应急值守记录、应急值守交接班、监督保障等方面作出规范和要求；要求各级应急值守办公室是本单位应急值守机构，负责24小时应急值守，实时监测生产安全动态，接收、处置应急信息，执行相关应急指令的传达、跟踪和落实工作。

《神东煤炭集团应急信息报告与传递管理实施细则（试行）》共五章27条内容，明确应急信息包括事故隐患信息、预报信息、预警信息和已经发生的生产安全事故和较大涉险事故的信息等；生产安全事故汇报与传递方面，从事故汇报内容、各层级事故汇报与传递流程、补报续报、结果汇报等方面进行规范；其他应急信息汇报与传递方面，针对公司范围内存在的影响较大的险情和事故作出针对性的规范和要求；要求各单位辨识本单位存在的事故风险，并针对不同的应急信息明确相应的汇报与传递流程及应急处置措施。

《神东煤炭集团应急预案管理实施细则（试行）》共六章50条内容，明确公司应急预案管理实行"属地为主、分级负责、分类指导、综合协调、动态管理"的原则，并从应急预案体系、事故风险辨识评估、应急资源调查、编制工作小组、预案衔接、预案结构内容、预案评审、公布、备案、发布实施、预案培训、预案修订、预案演练等方面作出规范和要求。

《神东煤炭集团应急演练管理实施细则（试行）》共七章39条内容，明确应急演练是针对可能发生的事故情景，依据应急预案模拟开展的应急活动；要求应急演练遵循科学筹划、切合实际、贴近实战、注重实效的工作原则；并从演练计划、演练情景设计、演练方案、实施步骤、现场处置、信息接报与传递、应急救援指挥、指令传达与跟踪落实、资源协调与保障、演练评估、总结报告、完善应急预案和应急准备等方面进行规范和要求。

《神东煤炭集团应急专家库管理实施细则（试行）》共16条内容，要求公司及所属矿井单位应根据可能发生的突发事件特点，建立应急救援专家库，为应管理重大决策、重要工作、事故处理及应急救援等方面提供技术支撑与咨询服务，并从专家专业结构、入库标准、聘任程序、专家职责、工作程序、解聘退出程序等进行指导和规范。

《神东煤炭集团应急资料档案管理实施细则（试行）》共七章48条内容，明确公司应急资料档案管理实行"统一领导、分级负责、分类管理"的原则。公司各级应急管理部门对本部门、单位应急资料档案的完整性和系统性负责，并从档案的归档、管理方法、密级划分、安全管理、档案的查阅（借阅）程序、档案的销毁等方面进行指导和规范。

《神东煤炭集团事故监测与预警管理实施细则（试行）》共六章39条内容，在事故信息监测方面，围绕事故信息的获取途径，从创新事故监测手段和方法、事故监测系统运行、信息接报、隐患信息排查与监测、自然灾害信息预报等方面提出管理要求；在事故预警方面，从信息预测研判、预警方式、预警发布流程、不同级别的预警措施、预警升级、预警解除等方面作出规范和要求。同时，《神东煤炭集团事故监测与预警管理实施细则（试行）》规定各单位是本单位事故监测与预警管理责任主体，负责针对自身存在的事故风险，丰富监测手段和方法，完善监测设施和设备，加强监测系统的使用和维护管理，优化监测与预警机制，制定并完善事故先期处置措施。各相关单位、部门应针对可能发生的事故种类和特点，创新事故监测手段、方法和机制，推进事故监测信息化和智能化建设，实现事故信息全面监测、精准监测。各级应急指挥部负责对应急信息的危害程度、紧急程度和发展势态做出预测，对于暂时达不到响应条件，而可能导致事故发生的事件，应立即发布预警信息。

《神东煤炭集团应急投入及资源保障管理实施细则（试行）》共六章45条内容，明确应急投入属于安全投入范畴；明确各部门在应急投入方面的职责；明确应急投入用于应急体系建设、应急基地和队伍建设、应急装备和物资储备、安全避险设施、应急预案管理、应急培训演练、应急抢险救灾等；在应急资源保障方面，从应急队伍、物资、装备、医疗、技术、交通、通信、治安、后勤等资源保障措施进行明确和规范；规定各级主要负责人对本单位应急投入予以保证，并对由于应急救援所必需的资金投入不足导致的后果承担责任；规定公司应加大应急投入力度，切实保障应急管理体系建设、应急基地和队伍建设、应急装备和物资储备、安全避险设施、应急预案管理、应急培训演练、应急抢险救灾等的资金需求。公司及所属单位每年必须对应急投入、应急资源、组织机构、应急制度、应急预案等情况进行评估，形成应急能力评估报告。

《神东煤炭集团应急演练管理实施细则（试行）》共七章39条内容，明确应急演练是针对可能发生的事故情景,依据应急预案模拟开展的应急活动;要求应急演练遵循科学筹划、切合实际、贴近实战、注重实效的工作原则,并从演练计划、演练情景设计、演练方案、实施步骤、现场处置、信息接报与传递、应急救援指挥、指令传达与跟踪落实、资源协调与保障、演练评估、总结报告、完善应急预案和应急准备等方面进行规范和要求。

《神东煤炭集团应急救援队伍管理实施细则(试行)》共九章76条内容,明确公司建立"统一领导、专兼并存、优势互补、保障有力"的应急救援队伍体系,明确公司应急救援队伍包括专职应急救援队伍、兼职应急救援队伍、地面抢险突击队、应急救援专家队伍、应急医疗救援队伍,并就各应急救援队伍分别作了相关规定:

(1) 专职应急救援队伍建设方面,从队伍编制体制、基础设施、制度建设、专业特色、装备建设、作风建设、训练演练、预案流程、信息化、案例总结等方面进行规范和指导。

(2) 兼职应急救援队伍和地面抢险突击队建设方面,从队伍结构、管理制度、培训演练、装备管理、待遇津贴等方面进行规范和指导。

(3) 应急救援专家队伍建设方面,从专家结构、入库标准、选拔流程、专家职责、考核待遇、运行维护、退出机制等方面进行规范和指导。

(4) 应急医疗救援队伍管理方面,要求各矿井根据实际情况,按照就近原则选择合适的医院签订医疗服务协议,同时加快内部兼职急救员培养。

《神东煤炭集团应急物资管理实施细则(试行)》共六章37条内容,明确公司应急物资分为公司集中储备的应急物资和基层单位储备的应急物资两部分;明确公司应急物资管理的原则——定额储备、专业管理、保障急需、定期更新、专物专用;并从应急物资的规划配备、责任落实、物资采购、到货验收、物资配套及完好检查、安全仓储、台账管理、检查维护、大修项修、报废补充、物资调拨流程、物资配送、物资恢复等环节进行规范和要求。

《神东煤炭集团应急装备管理实施细则(试行)》共九章62条内容,明确公司应急装备建设围绕提升救援效率、增强安全可靠性、降低特殊环境下劳动强度的要求开展工作;以系统化、成套化建设为基础,以科技化、智能化建设为目标;从装备配备计划、验收入库、配套及完好、安全库存、台账管理、技术档案、维护保养、安全操作、出库领用、报废补充、新装备研究推广应用等方面进行规范和要求。

《神东煤炭集团安全避险设施管理实施细则(试行)》共七章52条内容,明确煤矿安全避险设施主要包括紧急避险设施(永久避难硐室、临时避难硐室、自救器过渡站)、压风自救设施、供水施救设施、入井人员随身携带的自救器和避灾路线指示标识等;要求各矿井单位应按照相关规定要求建设完善煤矿井下安全避险设施,并符合"系统可靠、设施完善、管理到位、运转有效"的要求;并从安全避险设施设计、建设、使用、维护、评估、运行保障等方面进行规范和要求。

第六章　神东煤炭集团生产安全应急处置能力建设

生产安全应急管理是一项"生命工程",应急处置是生产安全的最后一道防线。应急处置能力与应急救援队伍建设密切相关,应急救援队伍建设包括:应急专家队伍建设、应急专业队伍建设、基层应急队伍建设、应急志愿队建设、应急信息队伍建设、应急研究队伍建设。

神东煤炭集团为提高生产安全应急处置能力,积极开展了应急队伍建设;为保证队伍的稳定性和提高应急处置能力,制定了相应的活动方式和制度。

第一节　应急救援队伍建设

应急救援队伍是应急救援的重要保障。根据"平战结合、因地制宜,分类建设、分级负责,统指挥、协调运转"的原则,神东煤炭集团建立了包含专业救护队、兼职救护队、抢险突击队、应急医疗救援队和技术专家队的应急救援队伍。

一、神华神东救护队

国家矿山应急救援神华神东救护队成立于1997年,是"十一五"期间规划建设的国家矿山救援基地,2018年5月,被国家安全生产应急救援指挥中心列为国家级矿山应急救援队伍,是国家38支矿山救援队伍之一,除承担神东煤炭集团矿山救护和地面消防任务外,还承担国家矿山救援职责,为陕西省北部、内蒙古中部、山西省北部煤矿提供紧急救援服务。

1. 组织机构

2019年3月1日,应急救援神华神东救护队被纳入神东公司,直属二级单位进行管理。救护大队共有指战员261人,其中:大队领导9人(含调研员1人),4个机关科室29人,指战员223人。下设4个机关科室,分别为综合科、战训科、装备科、调度室;设8支救护消防中队分别为:

（1）内蒙古区域3支中队：上湾中队、布尔台中队、塔然高勒中队。

（2）陕西范围内4支救护中队：锦界中队、三道沟中队、青龙寺中队、郭家湾中队。

（3）山西范围内1支救护中队：保德中队。

救护中队分布满足接警30 min内达到服务矿区的要求，每个中队不少于3个救护小队，每个救护小队不少于9名救护队员。

大队共服务神东煤炭集团公司内部矿井14座、其他协议单位8家。负责神东矿区以及与公司签订应急救援服务合同的地方煤矿井下水、火、瓦斯、煤尘和顶板等灾害事故的抢险救灾工作，兼顾神东矿区地面火灾、交通等事故的抢险救灾工作。

大队指挥员年龄不超过55岁，救护中队指挥员不超过50岁，救护队员不超过45岁，其中40岁以下队员保持在2/3以上。指战员每年进行1次身体检查，对身体检查不合格或者超龄人员及时进行调整。

新招收的专职应急救援队员，具有高中及以上文化程度，年龄在30周岁以下，从事井下工作1年以上。须通过3个月的基础培训和3个月的编队实习，并经综合考评合格后，才能成为正式队员。

2. 装备设施

（1）基础设施方面：大队除保德中队与保德洗煤厂共用办公楼，其他各中队有各自独立办公楼及业务用房。大队机关办公楼与上湾中队共用，包含办公室、调度室、会议室、宿舍、多媒体教室、室内训练馆等。

（2）训练设施包括：塑胶训练场地、综合训练馆、高温浓烟训练馆、心理行为训练场地、消防训练塔、模拟救灾训练场地以及井下演习巷道、3D仿真模拟训练馆等训练设施。

（3）救援车辆：大队目前共有救援车辆49辆。其中：消防车18辆；救护车24辆；DZ53米登高消防平台作业车1辆；发电车（电压380 V、功率560 kW）1辆；照明车1辆；多功能救援（破拆）装备保障车1辆；气体化验车1辆；皮卡车1辆；叉车1辆。

（4）特种装备：按照《矿山救护规程》的要求，队员个人装备基本配齐。特种救援装备主要有：井下无线通信系统、透地通信系统、雷达生命探测仪、电动破拆工具等。

二、兼职救护队

依照《安全生产法》《突发事件应对法》《煤矿安全规程》《矿山救护规程》《矿

第六章　神东煤炭集团生产安全应急处置能力建设

山救护队质量标准化考核规范》等法律、法规规定，结合神东煤炭集团下属生产矿井安全生产及应急救援工作实际，在专业救护队基础上，在矿级组建了兼职救护队。兼职救护队由能够佩用氧气呼吸器的矿山采掘、通风、机电、运输、安全等部门的骨干工人、工程技术人员和干部兼职组成。各矿井兼职应急救援队伍直属矿长领导，业务上受矿总工程师（或技术负责人）和应急救援神华神东救护队指导。各矿井根据兼职应急救援队员专业、年龄结构等变化及时调整补充人员，保持队伍稳定，确保应急救援能力。

1. 组织机构

兼职救护队下设：兼职救护队队长1名，副队长1名，兼职救护小队2队，每队小队长1名，兼职救护队技术员4名，兼职救护队员6名。

2. 目标任务

按照"建立队伍、培训合格、装备到位、稳步推进"的要求，加强安全生产应急管理工作，全面促进神东煤炭集团矿兼职救护队的专业化、正规化、标准化建设，提高救护队管理水平、技术水平、装备水平和整体素质，加强与神华神东救护大队的合作、联动，形成统一指挥、反应灵敏、高效运转的应急救援指挥机制，通过培（复）训、实战演习，要求救护队员熟悉矿井反风演习的操作，各类隐患管理和事故预防，熟练操作氧气呼吸器、自救器、瓦检仪、灭火器等矿山救护设备，不断提高业务技能和实战能力，在关键时刻发挥关键作用，从而把神东煤炭集团矿兼职救护队打造成为一支装备优良、技术一流、特别能吃苦、特别能战斗的救护队伍。

3. 工作职责

1）兼职救护队的工作职责

兼职应急救援队伍充分发挥了就近和熟悉本单位情况的优势，在本单位应急救援指挥机构的组织下，开展先期处置、组织遇险人员自救互救、参与抢险救灾、进行信息搜集、引导专职应急救援队伍开展应急救援等工作。具体包括：

（1）做好矿山事故的预防工作，控制和处理初期事故。

（2）引导和救助遇险人员脱离灾区，积极抢救遇险遇难人员。

（3）参加需要佩戴氧气呼吸器的安全技术工作，如震动性爆破、启封火区、反风演习等。

（4）参加审查矿山应急预案或灾害预防处理计划，做好矿山安全生产预防性检查，参与矿山安全检查和消除事故隐患的工作。

（5）协助矿山救护队完成矿井事故处理工作。

（6）做好矿井职工自救与互救知识的宣传教育工作。

（7）具备一定的应急医疗救援知识，配合应急医疗专职医生进行医疗救援。

兼职救护队建立了兼职应急救援队伍管理制度，健全了应急值守、接警处置、预防性检查、培训训练、装备管理等管理制度，明确了兼职救援队员权利和义务。

2）兼职救护队队长职责

（1）对救护队的战斗准备与行动、技术教育与训练、日常管理等工作全面负责。

（2）组织制定救护队长远、年度、季度和月度计划，并定期布置、检查、总结、评比等各项工作。每月至少开展1次单项训练（仪器操作、救援准备、医疗急救），每季度至少开展1次佩用氧气呼吸器的单项或多项训练，每次训练不得低于2小时。每半年应对所有项目开展训练，并进行考核。

（3）负责组织全队的矿山救护业务活动。

（4）处理事故时的具体职责包括：

① 及时随队出发到事故地点，负责指挥各分队的矿山救护工作；

② 在事故地点，负责矿山救护队具体工作，必要时亲自带领救护队下井进行矿山救护工作；

③ 参与制定事故处理方案，并组织制定矿山救护队的行动计划和安全技术措施；

④ 掌握矿山救护工作进度，合理组织和调动战斗力量，保证救护任务的完成；

⑤ 与指挥部总指挥研究变更事故处理方案。

3）兼职救护队副队长职责

（1）协助救护队队长工作；

（2）当救护队队长不在时，作为临时救护队队长，履行救护队队长职责。

4）兼职救护队技术员职责

（1）在队长领导下，对救护队的技术工作全面负责。

（2）组织编制救护队训练计划，负责指战员的技术教育。

（3）参与审查各单位的矿井灾害预防和处理计划。

（4）组织科研、技术革新、技术咨询及新技术、新装备的推广应用等工作。

（5）负责处理事故和其他技术工作总结的审定工作。

5）兼职救护队小队长工作职责

（1）负责小队的全面工作，带领小队完成上级交给的任务。

（2）领导并组织小队的学习和训练，搞好日常管理和战斗准备工作。

(3) 处理事故时的具体职责是：

① 小队长是小队的直接领导，负责指挥本小队的一切战斗行动，带领全队完成作战任务；

② 了解并向队员讲解本救护队和本小队的救护任务；

③ 告知队员井上、下基地抢救指挥部的位置；

④ 利用各种方式与布置任务的指挥员或抢救指挥部保持经常联系；

⑤ 领导队员做好战前检查和下井准备工作；

⑥ 进入灾区前，确定在灾区作业时间和撤离时呼吸器最低压力；

⑦ 在井下工作时，必须注意队员的疲劳程度，指导正确使用救护装备，检查队员呼吸器的消耗；

⑧ 如果小队队员中有人自我感觉不良、呼吸器发生故障或受到伤害，应组织全小队人员立即撤出灾区；

⑨ 带领小队退出灾区后，确定摘掉呼吸器面罩（或口具）的地点；

⑩ 从灾区撤出后，应立即向指挥员报告小队任务完成情况和灾区情况。

6）兼职救护队员工作职责

(1) 热爱矿山救护工作，全心全意为矿山安全生产服务。

(2) 发扬英勇顽强、吃苦耐劳、舍己为公、不怕牺牲的精神。

(3) 积极参加科学文化、技术业务学习，加强体质锻炼，苦练基本功。

(4) 自觉遵守《矿山安全法》《矿山救护规程》（AQ 1008）等安全、救护法规和各项规章制度，制止任何人的违章作业，拒绝任何人的违章指挥。

(5) 爱护公共财产，厉行节约，爱护救护仪器装备，认真做好仪器装备的维修保养工作，使其保持在完好的战斗准备状态。

(6) 按规定参加战备值班工作，坚守岗位，随时做好出动的准备。

(7) 服从命令，听从指挥，勇敢果断，积极参战，完成抢救和其他各项战斗任务。

4. 主要工作

1）规章制度建设

参照专业矿山救护队管理制度，建立和完善兼职救护队值班工作制度、技术装备维修保养制度、学习和训练制度、预防性安全检查制度、材料装备库存管理制度等规章制度，明确兼职队长、技术员、小队长、队员的岗位工作职责。

2）装备与设施建设

配齐配足个人防护装备、各种气体检测仪器、专用装备与器材等基本装备，完善电话接警值班室、办公室、装备室等必要的设施建设。

三、抢险突击队

为了进一步加强神东煤炭集团应急救援队伍建设，提高对各类突发事件的应对能力，降低突发事件造成的伤亡和损失，根据《国务院办公厅关于加强基层应急队伍建设的意见》（国办发〔2009〕59号）等文件规定，神东煤炭集团各矿井单位和地面单位结合本单位实际，建立了应急抢险突击队，负责本单位地面消防、防洪抢险等各类安全生产突发事件应急抢险工作。

1. 组织机构

地面抢险突击队在本单位（厂区）主要负责人的领导下，开展地面突发事件先期处置、抢险救灾、组织人员有序疏散、搜集事故信息、引导专职应急救援队伍开展应急救援、日常隐患排查以及重大活动、关键时期的安全巡查等工作。各单位（厂区）地面抢险突击队人数不少于20人，队员年龄不超过50岁，建立抢险突击队队员信息档案及联系方式。地面抢险突击队人员由熟悉矿区（厂区）情况，了解风险管控重点，具备防火、防洪、防汛、防雷电、防寒冻、防污染、现场急救等安全知识，思想作风过硬，身体素质好的人员组成。

抢险突击队人员构成：抢险突击队队长1名、副队长1名，抢险突击队小队长2名，抢险突击队技术人员4人，下设2个抢险突击小队，每小队队员6名。

2. 抢险突击队职责

（1）对突击队成员进行有关市政工程、消防安全等知识的宣贯培训，每年不少于一次。

（2）建立健全抢险突击队管理制度，明确了抢险突击队权利、义务以及相关管理要求。

（3）参与地面事故应急演练，不断提升应急响应能力和救援实战能力。

（4）随着抢险突击队队员身体素质、年龄结构等变化及时调整补充人员，保持队伍稳定，确保应急救援处置能力。

四、应急医疗救援队

为保障职工的生命安全和身体健康及企业财产安全，最大限度地减少安全生产事故灾难造成的人员伤亡和财产损失，神东煤炭集团公司各矿井单位根据实际情况，按照就近原则选择合适的医院签订了医疗服务协议，建立了应急医疗救援队。

1. 组织结构

神东煤炭集团各矿井应急医疗救援队由就近医院专职医生组成，必要时可由

第六章 神东煤炭集团生产安全应急处置能力建设

兼职救援队员临时参与应急医疗救援。应急医疗救援队下设：应急医疗救援队队长 1 名、副队长 1 名（由就近医院主任医师兼职），2 个医疗救援小组及小组长，应急医疗救援队主治队员 6 名（由就近医院专职大夫兼职），应急医疗救援队辅助队员 10 名（由就近医院护理人员兼职）。

2. 应急医疗救援队职责

（1）为矿井提供应急医疗救援服务，并承担生产安全事故急救培训、事故应急演练等任务。

（2）加大班组兼职急救员培养力度，使之掌握心肺复苏、止血、包扎固定等急救知识和技能。

（3）负责应急医疗救援应具备相应资质和储备工作，配备必要的医疗救护装备、器材、药品，满足医资力量要求。

（4）负责井下急救药品管理工作，制定切实可行的急救药品管理制度，落实药品管理责任人。有药品台账清单，按要求配齐所需药品并保证药品的时效性。明确药品取用、检查、补充、更新要求，做好相关登记记录。

五、技术专家队

公司内部建立了应急救援保障专家信息库，成立了应急救援保障专家委员会，并报上级主管部门备案，专家库的专家由相关领域的专家、学者、高级工程技术人员，也包括应急管理部门的管理人员，以及危险品、药品等特种物资的储运、装卸与处置，应急救援员的现场防护等相关专业人员。

应急救援领导机构依据突发公共事件的类别及技术特征，从专家库中选择构建技术专家队伍，负责处置执行应急救援保障任务过程中的各种人员与物资的调配、防护及应急方案的科学选择等事宜；完善专家信息共享机制，形成分级管理、分类设置、覆盖全面的应急专家资源信息网络；完善专家参与应急工作的机制，开展专家会商、研判、培训和演练等活动。

应急保障专家库成员不少于 5 人，并建立人数为专家库成员两倍左右的后备库，利于培养和保持应急保障专家的连续性，利于提高全系统应急保障能力的提高；根据实际情况进行调整补充，大调整周期为四年，小变动则每年进行。

应急救援专家队伍由采煤、地质测量与勘探、水害防治、矿井通风、火灾防治、瓦斯防治、粉尘防治、矿压与顶板安全、机电运输、应急救援等专业的专家组成。

公司应急管理办公室积极推进公司层面应急救援专家库建设，制定了科学合理的应急救援专家库管理办法，明确了专家入库标准、选拔流程、考核待遇、运行维护、退出等机制。加强内外部沟通交流，与相关专家建立协作关系，为神东矿区事故应急救援提供智力支撑。

同时，各矿井也建立了专业全面且专业性强的应急救援专家库，为矿井灾害预防处理、事故救援提供决策咨询和专业技术指导；明确了专家责任和义务，保持专家通讯联络畅通，做好服务记录。

第二节　应急处置能力提升建设

为提升神东煤炭集团生产事故应急救援水平，提升应急救援队伍（兼职）及生产单位管理、技术人员应急处置能力，保证突发情况时能快速响应、有效应对、科学处置，神东煤炭集团开展了以下几个方面的应急处置能力提升建设工作。

一、应急管理知识题库建设

1. 题库建设标准

应急知识题库建设是培训、考核应急管理工作规范化、标准化、科学化的基本要求，是提高应急管理质量的必要手段，是应急管理人才培训、培养方案具体实施的检验和总结。

应急知识题库内容包括应急基础理论知识、"一案三制"相关知识、煤矿"五大"灾害事故和机电运输事故基础知识、应急救援技术等。

应急知识题库包括单选题、多选题、判断题、简答题和案例分析五种题型。

应急知识题库试题体现应急培训、教育教学目的和要求，与应急管理实操相对接。试题应体现全面检测的原则，检测应急管理人员运用所学知识、理论、技能解决实际问题的能力。试题必须语意清晰、描述准确、层次分明，文字准确无误，插图工整。避免试题过难、过易或太偏等不适宜现象，以保证应急培训、教育信息反馈的客观性和测评的有效性。

应急知识题库中选择题、判断题的标准答案应唯一，简答题、案例分析题型，只需拟出组成答案的知识要点。

2. 题库组织管理

应急知识题库由集团应急管理领导小组组织，由集团应急办公室负责总体建设、评审验收、维护管理、保密、考试应用等工作。

应急知识题库命题人员从矿处级应急组织机构抽调，并对命题内容保密。命题结束后集团应急办公室对试题进行审核和验收，合格后报集团应急管理领导小

第六章 神东煤炭集团生产安全应急处置能力建设

组验收。验收合格后,由集团应急办公室按有关规定进行试题库系统录入及传输。

集团应急办公室结合试题量及考试使用情况,评定试题质量。

应急知识题库实行动态建设管理,于每年年初进行试题库内容的调整与更新,确保试题库的实用性和先进性。

二、应急救援案例库建设

为了增强神东煤炭集团全体人员的安全意识,强化神东煤炭集团各矿井生产单位安全生产应急救援体系建设成效,神东煤炭集团应急管理办公室收集、整理国内外应急救援典型案例,分析案例类型及救援成败经验,建立相应的应急管理案例库。案例库建设包括以下方面:

1. 应急救援案例收集整理

根据神东煤炭集团各矿井灾害主要类型(瓦斯、火灾、水灾、顶板、机电、运输等),收集国内外相关事故案例。案例来源途径包括:本公司下属生产单位安全生产应急救援事故、网络搜索、兄弟单位推荐。结合神东矿井实际情况进行案例归类整理,发现存疑或遗漏及时与案例来源方联系,进行核实补充。

2. 应急救援案例分析归类

对收集好的案例素材进行深入分析,去伪存真、去粗取精,使之满足神东煤炭集团案例库编写和培训教学要求。按照神东煤炭集团主要灾害类型及应急救援成功范例、失败范例进行分类,总结应急救援成败经验,利用应急救援相关法律、法规分析案例得失,形成分析报告,为案例库建设提供素材。

3. 应急救援案例库建设

应急救援案例库建设包括以下步骤:

(1)筛选案例素材:筛选适合神东煤炭集团矿井应急救援灾害类型相关的、需要拓展的素材,为案例库编制作准备。

(2)编制案例库初稿:对前期案例库进行撰写固化编制。

(3)修改完善案例库:进行案例库初稿修改,聘请一线专家和管理实践人员进行评阅,听取专家意见和建议,对案例库进行修改完善。

(4)案例库试用检验:将案例库用于正式的应急管理培训教学和考核,接受实践检验;由神东煤炭集团应急管理办公室负责记录总结试用结果,对案例库进行进一步的修改、完善,确保案例库适合神东煤炭集团应急管理体系建设需要。

(5)案例库维护更新:根据国家、行业、集团公司对安全生产事故应急管理体系的新要求、新规定、新情况，适时进行案例库的更新；同时对案例库的软硬件系统进行定期维护。

三、应急活动建设

1. 应急知识竞赛

集团公司及各单位应定期组织应急知识竞赛，应急知识竞赛分可分三个阶段进行。

（1）宣传发动阶段。充分利用班前、班后会、部宣传栏、每周生产安全例会及运销部培训公众平台等多种形式进行普法宣传，要求所有在岗员工了解活动要求。

（2）集中学习阶段。充分利用每周生产安全例会时间进行集中学习《中华人民共和国安全生产法》《中华人民共和国消防法》《生产安全事故应急条例》等相关法律法规内容，加大依法治教基本理论和基本法律知识的普及教育，在全体员工中形成学法、知法、尊法、守法、用法的良好法制氛围。

（3）组织实施阶段。由领导示范带头，全员参与，按照相关要求每天进行网上答题。班组由班组长对本班答题情况进行监督统计。

2. 应急技能大比武

应急技能大比武可分集团公司层面和矿处层面两个范围举行。

1）集团公司层面

（1）两年举行1次。

（2）参赛人员为各矿处单位专职、兼职应急管理人员。

（3）成立竞赛领导小组，由集团公司董事长为组长，总经理为副组长，各矿处负责人为组员。下设大赛技术组织机构，各自职责分别为：

① 裁判组：负责组织比赛、成绩登记和名次的判定、公布工作；现场工作组。

② 现场工作组：

a. 负责维护赛场秩序，协调各专业小组，处理现场出现的突发事件。

b. 负责比赛过程的现场巡查、督导工作。

c. 负责将参赛人员引领至指定参赛地点，清点人数进行检录，配合裁判协调各参赛代表队。

d. 负责当日比赛后清理场地。

e. 竞赛场地、器材、线道的设置与标识等工作。

f. 负责开闭幕式舞台布置及颁奖礼仪。

③ 后勤保障组：

a. 负责召集办公区人员进行观摩，现场拍照、摄影等工作。

b. 负责比赛宣传报道资料的收集、整理和汇总。

c. 负责全程做好参赛期间医疗保障工作。

d. 负责比赛期间用车、用餐、矿泉水等。

（4）比赛内容为应急救援设备操作、应急救援体能测验、各生产事故应急救援技术等。

2）矿处层面

（1）每年举行1次。

（2）参赛人员为各自生产科室、区队专职（兼职）应急管理人员。

（3）竞赛组织机构参考集团公司层面。

（4）竞赛设置参考集团公司层面。

四、应急参观考察

为学习借鉴国内外安全生产单位应急管理机构改革、体制机制建设、处置能力和保障能力建设等方面好的经验、好做法，全面提升神东煤炭集团应急管理工作能力，集团制定了相应的参观、考察学习机制，具体如下：

1. 应急管理建设考察

集团公司及下属矿处单位定期组织本单位应急管理人员和单位技术人员，参观考察同行业、相关行业的应急管理体系建设情况，相互交流学习心得，借鉴其他单位的先进经验，不断提高自身应急管理知识和技术水平。

2. 应急演练参观

集团公司及下属矿处单位定期组织本单位应急管理人员和单位技术人员，参观同行业、相关行业的应急演练，学习其他单位应急演练的先进经验，审视查找自身短板，不断提高神东煤炭集团应急管理水平，完善应急演练制度及应急演练的各个环节，使应急演练更加逼真、接近实际，从而提高生产安全事故应急救援能力。

第七章　神东煤炭集团生产安全应急保障能力建设

神东煤炭集团下属生产单位主要存在着水灾、火灾、瓦斯（煤尘）事故和顶板事故等重大风险，为应对重大危险引发突发事件，有效降低事件造成的损失，必须加强生产安全应急保障能力建设。神东煤炭集团基于制定的应急预案，开展了相应的生产安全应急保障能力建设。

第一节　应急物资保障

神东煤炭集团应急物资储备注重针对性、实用性和快速配套性。下属各单位按照《神东煤炭集团应急物资储备计划》要求，结合本单位事故风险进行应急物资储备。

神东煤炭集团应急物资实行专人管理、专库分类存放，并挂牌管理，建立台账，做到"账、卡、物"统一。

应急物资台账信息全面、具体、翔实，其内容包括物资名称、种类、型号、数量、技术参数、存放地点、入库日期、替换更新周期等。

应急物资仓储在充分考虑紧急情况的同时，应方便吊装使用，大型的应急物资储备保证具有足够的吊装空间，相邻物资吊装不相互影响。应急物资仓储单位提前配备合适的吊装器材和工具。1 t 以上应急物资制定安全可行的吊装流程，并现场公示。

应急物资仓储单位在做好应急物资库安全管理的同时，对应急物资采取了防火、防盗、防水淹、防倾倒、防掉落、防碰撞等措施。

公司应急物资储备发生变化时，物资供应中心及时上报公司应急管理办公室和设备管理中心，并及时更新台账；周期检查信息，同时对应急物资定期检查、维修和保养；发现应急物资失效、损坏以及功能达不到要求时，及时进行维修、更换，确保性能完好。

在仓储过程中应急物资如发生挪用、损坏、丢失等情况，公司储备物资由设

第七章 神东煤炭集团生产安全应急保障能力建设

备管理中心负责追查，基层单位储备物资由本单位负责追查。应急物资库要实行24小时值班制度，一旦出现险情能够及时调用物资。应急物资库入口处设置醒目标识牌板并明确物资管理员姓名和联系方式。应急物资管理联系人及电话在本单位应急值守办公室备案。

应急物资属专项储备物资，必须专物专用，任何单位和个人未经请示不得随意挪用。如有特殊情况（非应急救援），公司应急物资需经公司总经理审批后方可调用，基层单位应急物资需经主要负责人审批后方可调用，但必须及时归还或补充到位。

当为预防灾害调用公司应急物资时，使用单位提出申请，经机电管理部和总调度室审核，公司分管副总经理批准，并告知公司应急管理办公室，方可调用；如遇突发性灾害事故需要调用应急物资时，经总调度室或机电管理部同意，告知公司应急管理办公室，即可调用，七日内补办相关手续。

物资供应中心及各应急物资仓储单位接到批准后的应急物资调拨申请或公司应急物资调拨令后，立即组织将所需物资运抵指定地点，确保抢险救灾使用，并与使用单位办理交接手续。

启动公司应急预案后，公司应急指挥部物资供应组要根据事故性质和范围组织起草拟定应急物资保障方案。相关单位、部门接到签发的应急物资保障方案后，要求快速反应，积极落实各项工作。调出单位按照方案要求，做好应急物资准备和调运工作，及时将应急物资运输到事故现场；事故单位迅速落实应急物资接收相关工作，确保应急物资在到达现场后，第一时间投入使用。公司现有应急物资不能满足防灾救灾需求时，通过应急物资紧急采购渠道及时保障物资供应。

应急物资供应组负责持续协调事故现场应急物资发放及需求、调拨相关工作，确保应急物资不间断供应，直至应急救援结束。应急物资供应超出公司当前救援保障能力时，应急物资供应组尽快组织协调，联系集团公司或地方政府提供相关应急物资支援。

抢险救灾结束后，使用单位及时回收并归还所调用的应急物资。由于特殊原因不能及时返还公司应急物资的，须经公司分管副总经理批准。使用后返还的公司应急物资，设备管理中心负责组织物资供应中心对完好状况进行验收，确认完好后方可入库，不完好的根据损坏情况定损后进行维修。

应急物资调出单位和使用单位共同进行公司应急物资消耗、损坏、失效等统计工作，将应急物资实际调用消耗和需补充更新情况报送公司应急管理办公室。公司应急管理办公室负责组织设备管理中心及时调整应急物资储备计划，并尽快进行补充更新，恢复应急物资保障能力。

各单位被公司调用的应急消耗物资、损坏和失效物资及时进行补充更新，影响生产成本列支的，经机电管理部、总调度室审核签字后，相关部门予以据实核减。

第二节　应急救援基地建设

一、目的

为贯彻落实党中央国务院安全生产应急救援知识、批示精神，坚持"统一领导、属地为主、合理布局、依托企业、多方投入、整合资源"的总体思路，神东煤炭集团加强基础设施、人员素质、联动机制等建设，经过不断投入、建设，打造了一支素质过硬、装备配套、协同作战、一专多能的安全生产专业化应急救援队伍，进而建立了应急救援保障基地，以提升事故防范和应急救援能力。

二、基本原则

坚持统筹规划、合理布局，以专为主、专兼结合，立足自身，多种形式，因地制宜、稳步推进，装备精良，技术先进的原则，以企业、社会和政府现有的应急资源为基础，对各专职应急救援队伍补充装备、完善基础设施，建立应急响应协调联动机制，以加强和完善神东煤炭集团安全生产应急救援队伍建设，最终建立神东煤炭集团功能完备的安全生产应急救援基地。

三、应急救援基地功能

神东煤炭集团应急救援基地集指挥调度、培训演练、抢险处置、应急保障为一体，以矿山生产安全事故救援为主，兼顾其他相关行业和公共突发事件高效救援基地的职责、任务，其功能包括：

（1）指挥协调功能。承担重特大事故应急救援工作，负责应急救援指导调度和专业应急救援队伍训练和战备值守工作，重大危险源预警、监控管理和安全生产应急平台建设工作等。

（2）教育培训功能。在基础设施方面，建有集教学培训、餐饮住宿于一体的教学培训区，教学培训楼设培训教室、考试及教学电教室、矿井灾害仿真电教室，教室中配备多媒体教学、多教室同步授课、应急救援仿真等多种系统设备。

（3）抢险救援功能。基于神华神东救援大队进一步完善救援队伍建设，承担应急救援装备维护、培训训练和救援执勤工作，完成矿山生产安全应急救援及突发事件抢险工作。

（4）比武演练功能。基地设有矿山灾害演练区、综合训练馆。其中矿山灾害演练区能模拟矿山灾害环境，设置专项训练科目，开展针对性专业训练；综合训练馆建有游泳馆、模拟巷道、室内体能训练场，主要用于地下矿山事故科目训练；承担一定规模人数的应急比武，承接国家级、省级应急管理比武竞赛活动。

（5）仿真模拟功能。仿真馆采用虚拟现实和人工智能技术，设有自然灾害、矿山事故灾害、公众卫生、公众安全四个区域，虚拟体验地质、气象、消防、交通、矿山等灾害环境。安全剧场和互动影院以实际案例为蓝本，采取全息投影技术，通过影视互动，展示典型事故发生的全过程。通过环境体验，提高抢险队员的专业技能和心理素质。

四、应急救援基地设施

1. 地面部分

规划新建办公楼、业务用房、辅助用房、培训演练场所、直升机停机坪等。各类用房和场所面积满足救援队开展业务活动及相关辅助活动的需要。

（1）救援综合楼：应急救援基地各部门科室的办公室、会议室、应急指挥大厅、档案资料室、多媒体会议室、阅览室、神东党员教育基地（含展览室、荣誉室）、党员活动室、医务室、基地换热间及高低压配电室、附属用房等功能用房。

（2）教学实训楼：各类灾害救援VR体验馆、7D体感影院、矿井生产系统模型馆（露天、井工）、模拟仿真实战训练馆、多媒体阶梯教室、各类培训教室。

（3）学员公寓楼：组织国家级、省部级、集团及公司各类培训，学员住宿、小型会议室、餐厅、活动室等其他配套设施，预计可同时容纳300人左右。

（4）综合驻勤楼：餐厅及操作间、执勤宿舍及标准间、救援车库、小队装备库房、中队装备库房、洗衣房、休闲活动室及相应附属用房。

（5）救护检测楼：各类检测室、化验室、实验室、精密仪器库房、电子仪器充电维保室、两室一站（氧气呼吸器成套检测设备）、更衣室及相应附属用房。

（6）气体充填室：氧气充填室、空气充填室及压力容器存放室。

(7) 救援车辆库：各类专业救援车辆车库、检修库房及检修间、洗车房及配套办公值班室等功能用房。

(8) 救援装备库：救援装备、配件及配套办公值班室等功能用房。

(9) 救援物资库：大跨度钢结构配行吊（20 t）、智能仓储系统及配套办公值班室等功能用房。

(10) 消防实战训练楼：在不同类型、不同场景下真火模拟训练、高温浓烟训练室，包含消防训练所有训练科目。

(11) 综合训练馆：篮球馆、羽毛球馆、乒乓室、网球馆、水上救援及水中体能训练馆、健身房、体征检测室、心理素质检测室、办公值班室以及相应附属管理用房。

(12) 标准运动场：标准足球场、标准400 m跑道。看台内设置普通观众席及主席台，其上方均设置造型雨棚以遮阳挡雨，其中看台下方设置公共洗手间、器材库、更衣室、淋浴室、值班室、地下演习巷道出入口及相关设备用房等功能房间。

(13) 地面专业救护训练场：各类拓展训练设施、心理行为实战训练场地、消防训练设施、救护技能训练设施、破拆训练场地及其他训练场地。

(14) 救援直升机停机坪：在室外场地的合理位置按照国际标准设计两处停机坪，以备日后增设救援直升机应对突发性远距离紧急事故救援之需求。

(15) 智能立体车库：所有办公楼下设置地下两层停车场，结合总体停车需求，设置1~2座智能立体车库。

(16) 大门及值班室：作为基地主入口，利用独特的创意构思设计一座符合现代化救援基地的大门造型，主要功能为场地内车辆及人员进出，同时配备值班门卫室及岗亭。因建设规模较大，设置一主一次两处大门及门卫室。

(17) 场地交通及室外景观绿化：布置原则为合理、快捷、美观、前卫，可持续发展。

(18) 基地建设项目所有消防系统、安防系统进行智能化设计，集中控制，统一管理。

2. 地下部分

(1) 地下演习巷道。地下演习巷道出入口设置于体育场看台内，巷道设置采取国家标准，并结合神东矿区的真实井下环境设置各个不同的演习区段及相应模拟设施，如水灾事故救援、火灾事故救援、爆炸事故救援、冒顶事故救援等。

(2) 地下停车场。所有办公楼下设置地下两层停车场。

第三节 应急装备保障

神东煤炭集团公司应急装备配备遵循综合性、针对性、实用性和配套性的原则，引进高效快速救援钻机，大型排水设备，大型清障支护设备，快速灭火、气体分析、堵漏、侦查、搜救、通信、个体防护等装备，全面提高安全保障和应急救援能力。

公司相关单位、部门结合实际救援需求，注重应急装备科技创新，不断提升应急装备的信息化、自动化和智能化水平。矿山救援神华神东队抓好装备配套设施建设的同时，根据不同装备功能特点、机动方式和维护需求，配齐配全附属设施和维护保养工器具，有针对性储备关键备配件，满足装备的维修、维护、检验、装卸等需要。公司应急救援相关部门时刻牢记并不断提升应急装备综合集成水平，确保可随时成套调用装备，执行救援任务。

公司专、兼职救援队伍在日常训练和救灾处置过程中，认真分析总结现有应急装备存在的问题和不足，并将整改提升意见及时反馈公司应急管理办公室。

公司所采购救援装备、器材、物资、防护用品和安全检测仪器、仪表，符合国家标准或行业标准，相关应急装备实行专人管理，装备管理员熟悉应急装备的用途、性能、基本技术参数、维护保养要求等情况。应急装备专库分类存放，库房管理分类清楚、规范有序、清洁整齐，按照装备用途、规格、体积、重量等特征决定堆码方式及区位。

矿山救援神华神东队应设置装备维护操作间，其内设有操作台，并配备装备维护保养的器材及工具等。

装备管理单位加强应急装备技术资料管理，并将装备技术资料纳入档案管理。

应急装备实行建卡立账管理，做到"账、卡、物"相统一，卡牌编号规范、标识清晰、位置正确，并记录备案。

应急装备台账中明确了装备名称、型号、数量、主要技术参数、存放地点等。每年底矿山救援神华神东队要将盘点后的应急装备台账报公司应急管理办公室备案，当装备发生大的变化时及时报备、更新信息。

矿山救援神华神东队近年来加强了新入库应急装备的验收管理并对验收结果负责。新入库的应急装备，按照采购合同规定进行验收，并对有关技术资料进行建档保存。应急装备在仓储过程中，仓储单位根据装备的不同特性，制定保养维修周期，保证装备性能可靠。对于危险物品实行隔离管制。应急装备仓储充分考虑吊装、取用方便，提前配备吊装工器具。

应急装备库实行 24 小时值班制度，保证随时能调用。应急装备仓储单位对装备库的安全管理进行保障，积极采取防火、防潮、防虫、防盗、防倾倒、防碰撞等措施，并定期实施安全检查。

应急装备属专项储备，必须专物专用，任何部门和个人不得随意挪作他用或外借。在仓储过程中应急装备如发生挪用、损坏、丢失等情况，严肃追究相关人员责任。

应急装备使用单位定期组织开展应急装备危险源辨识和风险评估工作。

大型应急装备使用单位根据危险源辨识和风险评估结果，组织编制应急装备操作规程，明确注意事项和防范措施，并宣贯培训到位。

应急装备使用单位加大对救援队员的装备培训力度，通过集中培训、实物演练、传帮带等方式，确保所有救援队员达到"四懂三会"要求。

神东煤炭公司要求所有装备使用人员要爱护装备，轻拿轻放，杜绝野蛮操作和人为损坏现象。训练或救灾使用后的装备入库时，要及时进行清洁、检查校正。

应急装备按装备说明书的有关要求定期检查、调校和维护保养，并做好记录，确保救援装备完好可靠、可随时调用。发现应急装备损坏以及达不到功能要求的，做好标记，并及时进行维修、更换。

神东煤炭公司大型、复杂、精密等应急装备的维护保养由矿山救援神华神东队委托或配合相关单位进行，具体按照有关合同要求执行。

装备管理人员必须经过培训，并熟练掌握装备操作使用方法、维护保养常识和简单的故障处理方法。装备管理单位要严格做好装备、仪表盘及支架的清洁卫生，确保干净整洁、仪表铭牌显示清楚。对环境有特殊要求的装备（恒温、恒湿、防震、防尘）应采取相应措施，确保装备精度性能符合要求。

大型救援装备、器材每周进行检查运转一次，发现异常及时组织处理，消除"跑、冒、滴、漏"现象。个人防护仪器、装备做到随时可用，各项技术指标符合标准要求，保持完好状态。各种数字式检测仪器每年要到检测实验室校准一次，确保仪表、计器、信号连锁和各种安全装置、自动调节装置齐全完整、灵敏、准确。

需要充放电的矿山救护仪器装备，按时进行充放电，每次使用后或每周充放电一次，充放电时间严格按说明书要求执行。

应急救援队伍负责根据应急装备的使用情况，作出装备的报废、更新、备品备件的补充计划，并及时补充。应急装备需报废时，装备管理人员需提供报废原因，经技术鉴定后，转入资产报废并上报公司应急管理办公室。对于仓储、吊装、搬运、野蛮操作使用造成装备损坏的，追究当事人责任。

第四节 应急信息化建设

应急救援具有不确定性、多样性和时效性特征，这些特征决定了应急救援的规划、预案、基础数据支撑以及救援保障技术等对于提高应急救援效率具有十分重要的作用。在突发公共事件应急管理过程中，及时地发布信息和整合各种应急资源需要强大的信息技术作保障，先进、高效的信息技术是应急救援保障的重要支撑和神经中枢。

一、应急信息通信平台建设

集团建立应急信息通信平台，包括有线通信、无线通信、网络通信、移动卫星通信、井下音视频传输及人员定位在内的信息通信系统，并具备以下功能：

（1）有线、无线、卫星等音、视频通信功能。

（2）上传和更新国家救援队应急资源信息功能。

（3）信息报送、指令接收、辅助决策、总结评估等功能。

二、应急救援综合信息数据库建设

为了满足日常和应急管理的实际需要，在内部信息平台建立应急救援信息数据库，具体内容包括：各类应急救援预案数据库，应急救援相关的法规、规章、政策和相关知识数据库，各类以往灾害信息数据库，相关应急预案救援人员信息数据库，应急救援保障队伍及其装备信息数据库，应急物资储备资源信息数据库，与应急救援有关的机构和部门的职责及其通讯录信息数据库，咨询专家信息数据库，应急救援统计与决策信息数据库，基于全球卫星定位和 GIS 的应急救援监控和调度信息数据库等。

三、井下监控、通信及调度系统

1. 安全监控系统

矿井必须配备安全监控系统，在井下相应位置设置监控分站，工作地点按《煤矿安全规程》等规定设置甲烷、一氧化碳、氧气等传感器，实现对矿井安全设备运行情况、空气环境等实时监控，控制有效、可靠，三网联动功能正常。

2. 通信联络系统

1) 固定电话系统

各矿井在地面安装了电话交换机，并配后备电源。井下通信电缆铺设到各生产作业点，要求电话信号覆盖矿井全部生产作业地点和主要巷道（各工作面、各带式输送机头、各变电所、各水泵房、各井下休息点、各皮带搭接点、停车场等），方便、快捷，实现井下与地面通信。

2) 无线通信系统

对一些重点、有条件的矿井，井下配备 4G/5G 无线通信系统，相关人员配备防爆手机，实现即时通信。

3. 矿井应急广播系统

各矿井设置应急广播系统，与程控调度、安全监测监控、人员定位系统联动，多系统统一平台管控，实现有线、无线、扩播一体化指挥调度联动功能。该系统实现了井上、井下全矿井覆盖，并在需要时做双向通信用，实现安全调度指挥互通功能，具有组呼、全呼、强拆、强插、监听、打点等功能。

4. 调度标准化管理系统

数字矿山生产执行系统的调度模块新增应急处置功能。通过对各类事故调度应急处置方案进行梳理，形成结构化、标准化的应急处置方案。应急处置时，系统辅助应急处置人员完成接警、汇报等工作，直至形成应急处置档案，从而解决了接警信息全面性问题、应急事件处置程序标准化、处置指令的标准、处置汇报一致性、调度台同台协作和遗漏、重复汇报等问题。

第五节　应急救援技术保障

一、瓦斯（煤尘）爆炸事故应急救援技术

（一）发生爆炸事故后的应急处置程序

1. 迅速掌握灾情

神东煤炭集团要求通过各种渠道和手段尽可能全面、准确地了解灾情，然后判断灾情的发展趋势，并及时果断地作出决定，下达救灾命令。其中要求了解的主要信息内容有：

（1）爆炸地点。

（2）人员分布及其伤亡情况。

（3）通风情况（风量大小、风流方向、风门等通风构筑物的损坏情况）。

第七章 神东煤炭集团生产安全应急保障能力建设

（4）灾区瓦斯情况（瓦斯浓度、烟雾大小、一氧化碳浓度及它们的流向）。

（5）是否发生了火灾。

（6）主要通风机工作情况（是否正常运转、防爆门是否被吹开；风机房水柱计读数是否有变化）。

2. 作出分析判断

根据所掌握的灾情与工作地点的地质条件、开采条件、作业规程等分析判断下列内容：

（1）通风系统破坏程度。可据灾区通风情况和风机房水柱计读值 h_s 变化情况作出判断。若 h_s 比正常通风时数值增大，则说明灾区内巷道冒顶垮落，通风系统被堵塞。若 h_s 比正常通风时数值减少，则说明灾区风流短路。其产生原因可能是风门被摧毁、人员撤退时未关闭风门、回风井口防爆门（盖）被冲击波冲开等，也可能是爆炸后引起明火火灾，高温烟气在上行风流中产生火风压，使主要通风机风压降低。

（2）是否会产生连续爆炸。若爆炸后产生冒顶，风道被堵塞，风量减少，继续有瓦斯涌出，并存在高温热源，则可能产生连续爆炸。

（3）能否诱发火灾。

（4）可能的影响范围。

3. 进行宏观控制

对矿井的生产、通风、运输、供电等实施统一有效的宏观控制，主要包括：

（1）切断灾区电源。

（2）撤出灾区和可能影响区域的人员。

（3）向集团公司汇报并召请救护队。

（4）成立抢救指挥部，制定救灾方案。

（5）保证主要通风机和空气压缩机正常运转。

（6）保证升降人员的井筒正常提升。

（7）命令有关单位准备救灾物资，医院准备抢救伤员。

4. 实施救援灾区

在尽快进行上述工作的同时组织救援队伍进入灾区，对灾区人员实施救援。

（二）发生爆炸事故后的应急救援方法与步骤

矿井发生爆炸事故后，灾区里充满了爆炸烟雾和有毒有害气体，这时，只有佩戴氧气呼吸器的救护队员才能进入灾区工作。为了有利于救人和保证救护队员自身安全，避免瓦斯连续爆炸，及时恢复通风系统、查明引起爆炸的真实火源是救灾工作中的技术关键。要做到安全、迅速完成抢救遇险人员的工作，除了明确救护队员的任务，发挥每个指战员的智慧和勇敢精神外，还制定了一套比较完整的方法和措施。神东煤炭集团近年来通过不断总结经验教训，建立了完善的应急救援方法与步骤，具体如下：

（1）迅速恢复灾区通风。采取一切可能采取的措施，迅速恢复灾区的通风，排除爆炸产生的烟雾和有毒气体，让新鲜空气不断供给灾区，是抢救遇险人员最有效的方法。但在恢复通风前，必须查明有无火源存在，否则会再次引起爆炸。恢复通风设施时，首先恢复主要的最容易恢复的通风设施。损坏严重、一时难以恢复的通风设施可用临时设施代替。恢复独头通风时，除将局部通风机安设在新鲜空气处外，还应按排放瓦斯的要求进行。

（2）选择最短的路线，以最快的速度到达遇险人员较多的地点进行侦察。抢救是沿回风方向进入灾区还是沿入风方向进入灾区，选择哪条路线进入灾区，要根据实际情况判断确定。一般来说，救护力量少时，要沿入风方向进入灾区。因为在空气新鲜的巷道中行进，对保持救护队的战斗力，减少队员体力消耗有利。如果爆炸后，入风巷道垮塌、冒顶和堵塞，一时难以清理、维修，也可沿回风方向进入灾区。但在回风中行进，有烟雾和有毒气体的威胁，救护队员的行进速度较慢。这一带往往也是遇险人员较集中的地点。救护力量多时，可以进、回风侧同时派人进入。

（3）清除灾区巷道的堵塞物。瓦斯爆炸后产生冒顶，造成巷道堵塞，影响救护队员进行侦察抢救时，应考虑清理堵塞物需要的时间。若巷道堵塞严重，救护队员在短时间内不能清除时，应考虑其他能尽快恢复通风救人的可行办法，同时要恢复堵塞区外的通风，让不佩戴氧气呼吸器的人员能够参加此项工作。在此情况下，救护队员应在旁进行监护并要做好准备，一旦通路打开，立即进入灾区抢救遇险人员。

（4）扑灭爆炸引起的火灾。为了抢救遇险人员，防止事故蔓延和扩大，在灾区内发现火灾或残留火源应立即扑灭。火势很大，一时难以扑灭时，应制止火焰向遇险人员所在地点蔓延，特别是在火源地点附近有瓦斯聚积的盲硐时，尤其应防止火焰蔓延到盲硐附近引起瓦斯爆炸。待遇险人员全部救出后，再进行灭火工作。火区内有遇险人员时，应全力灭火。火势特大，并有引起瓦斯爆炸危险，用直接灭火法不能扑灭，并确认火区内遇险人员均已牺牲无法救出活人时，可考虑先对火区进行封闭，控制火势，用综合灭火法灭火。待大火熄灭后再找寻遇难人员的尸体。

（5）最先到达事故矿井的小队，担负抢救遇险人员和灾区的侦察任务。在煤尘大、烟雾浓的情况下进行侦察时，救护队员应沿巷道排成斜线分段式前进。

发现还有可能救活的遇险人员，应迅速救出灾区。发现确已牺牲的遇难人员，应标明位置，继续向前侦察。侦察时，除抢救遇险人员外，还应特别侦察火源、瓦斯以及爆炸点的情况，顶板冒落范围，支架、水管、风管、电气设备、局部通风机、通风构筑物的位置、倒向，爆炸生成物的流动方向及其蔓延情况，灾区风量、风流方向、灾区气体成分等，并做好记录，供救灾指挥部研究全面抢救方案。

（6）第二个到达事故矿井的小队应配合第一小队完成抢救人员和侦察灾区的任务，或是根据指挥部的命令担负待机任务。待机地点应选在距灾区最近、有新鲜空气的地点，待机任务主要是做好紧急救人的准备工作。

（7）发生连续爆炸时，为了抢救遇险人员或封闭灾区，救护队指战员在紧急情况下，也可利用两次爆炸的间隔时间进行。但应严密监视通风和瓦斯情况并认真掌握连续爆炸中时间间隔的规律，考虑在灾区内的停留时间。当间隔时间不允许时，不能进入灾区；否则，难以保证救护人员的自身安全。在抢救事故中，要防止扩大事故，增加伤亡。

（三）发生瓦斯爆炸事故后的具体处置技术

1. 局部瓦斯爆炸的处置技术

瓦斯有一个积聚的过程。当发生第一次瓦斯爆炸后，需间隔一定时间积聚，并且在所处区域有火源存在的情况下才可能发生第二次爆炸。其间隔时间的长短取决于绝对瓦斯涌出量和风量。大量瓦斯连续爆炸的案例表明，间隔时间不一，分布也无规律，有时间隔几分钟，有时间隔1~2小时，甚至几小时。

针对此类事故，为避免连续爆炸，应尽快恢复灾区通风，利用风流带走涌出的瓦斯，不让其积聚到爆炸界限。若通风系统破坏严重（如多处风门被摧毁、冒顶堵塞严重），一时无法恢复时，应千方百计查明灾区内是否存在火源。无火源存在时，应集中力量抢救人员。然后，在严密监视瓦斯情况下，逐段恢复通风。若有火源存在，则应根据火源位置、火势大小、灾区通风情况和瓦斯情况，慎重决定灭火方案。对瓦斯爆炸引起的采煤工作面火源，如果行动迅速、灭火器材充足、火势不大时，可利用灭火器材或水进行直接灭火。当火源为工作面上隅角的瓦斯燃烧，灭火时一定要注意严防把火头赶到采空区内，以免发生瓦斯爆炸。上隅角瓦斯燃烧的扑灭，危险性较大，因为瓦斯燃烧时的火源可能在巷道的上部到处乱窜，甚至进入采空区内，引起采空区瓦斯燃烧或爆炸。在灭火器材（干粉灭火器）和水量不很充足、瓦斯涌出量较大的情况下，要在短时间内扑灭上隅角的瓦斯燃烧是相当不易和危险的，最安全有效的方法是果断封闭采面。如果火源在采煤工作面回风巷，灭火时要防止工作面和采空区大量瓦斯涌出和流向火源，引起二次爆炸。对于供氧充足的火源（如采煤工作面进风巷或采煤工作面下口附近的火源）又是低浓度的瓦斯爆炸，唯一有效的措施就是果断封闭灾区，断绝供氧，避免引起再次爆炸，扩大灾情。

掘进巷道发生爆炸后，除造成人员伤亡外，还会造成灾区影响范围内巷道垮塌，通风设施和通风设备被破坏，引燃全风压通风巷道内的不阻燃输送带、电缆等。在掘进供风停止的情况下，一般而言（正常涌出瓦斯），瓦斯爆炸只会发生一次，即使爆炸后掘进巷道内有火源出现（爆炸后高温引燃遇难者衣服、不阻燃风筒或其他易燃物），其存在的时间也是短暂的，这是因为供风停止，巷道中氧浓度很低的缘故。即使巷道中瓦斯再次积聚，也不具备爆炸的条件。如果掘进巷道与老巷或采空区之间存在漏风通道，或局部通风机仍在供风，同时存在引燃火源或者爆炸火源为巷道中高冒处的火点，就存在二次爆炸的可能。处理掘进巷道的瓦斯爆炸时，在专人严密监测瓦斯的情况下，全力以赴抢救遇险遇难人员，扑灭或杜绝火源，防止再次爆炸，清理堵塞物，处理冒顶区。在确定灾区无火源时，应及时恢复灾区通风；如不能确认灾区内有无火源，应慎重考虑是否启动局部通风机，以免再次爆炸。掘进巷道瓦斯爆炸后，若出现火源，如果易于直接灭火，可利用灭火器材和灭火设备及时扑灭之，但要时刻注视瓦斯情况，并防止水煤气爆炸伤人。

灭火后，还需认真清查有无引燃火点。若火势很大，或火源在高冒处，尤其是该巷道与老巷、采空区沟通，短时间内不能扑灭火源，或灭火存在二次爆炸危险时，应指派救护队集中力量迅速救出人员，再按独头巷道火灾事故处理方法采取相应措施（如封闭爆炸巷道）。对爆炸后产生的外围明火（全风压通风巷道中输送带、电缆等的燃烧），应首先防止火势蔓延，然后扑灭。

2. 大型瓦斯爆炸的处理

第一次瓦斯爆炸后，灾区内仍存在大量高浓度瓦斯，这些瓦斯被风流冲淡后遇火源可能再次爆炸。处理这类的瓦斯爆炸，应该首先查明灾区内有无火源。若有火源存在，严禁启动局部通风机供风；否则，风流既冲淡了高浓度的瓦斯，又提供了瓦斯爆炸所需的氧气。此时应在不供风的条件下集中力量救人和灭火，无法灭火或灭火无效时，应及时予以封闭。若无火源，则在集中力量救人后，按排放瓦斯的要求处理积存的瓦斯。

二、火灾事故应急救援技术

（一）发生火灾事故后应急处理程序

井下发生火灾事故后，现场人员迅速佩戴自救器撤离灾区，利用最便捷的通信方式向矿调度室报告。若火势较小，容易控制，且无爆炸危险（如火灾未发生在巷道高冒区、采空区），则现场人员应利用供水管路、灭火器或其他可能利用的工具直接灭火。电气设备及油类着火时，必须首先切断电源，油类着火时禁止用水灭火；若火势规模较大不能直接灭火时，调度室要命令立即撤出灾区人员和停止灾区供电，并立即启动矿井火灾应急预案，按规定的顺序通知矿长、总工程师等救灾指挥部成员到达调度室，按应急预案规定开展救援工作。

1. 必须了解的内容

（1）发火时间、火源位置、火势大小、波及范围、人员撤离情况。

（2）人员分布及其伤亡情况。

（3）灾区瓦斯情况、一氧化碳浓度、烟雾大小、通风系统状态、风流方向。

（4）通风消防管路、防尘管路是否建立。

（5）巷道围岩状况、支护情况。

（6）灾区电源是否切断、主要通风机是否正常运转、通风机房水柱计读数是否有变化。

2. 必须判断的内容

（1）通风系统破坏程度。判断高温烟气产生的火风压是否使主要通风机风压降低。

（2）火灾发展趋势。若火灾地点附近有其他可燃物堆积，如积煤、坑木、木支护、非阻燃输送带、油料等，则可能引发重大火灾。

（3）能否引发瓦斯、煤尘爆炸。若发火地点附近有瓦斯积聚或煤尘堆积，在高温热源存在时则可能引发瓦斯、煤尘爆炸。

（4）事故可能的影响波及范围。

3. 必须做出的决定并下达的命令

（1）切断灾区电源。

（2）撤出灾区或井下所有人员。

（3）向救援指挥部及当地政府有关部门汇报并召请救援队。

（4）成立现场抢救指挥部，制定救援方案。

（二）发生火灾事故后通风管理

1. 维持正常通风

在以下情况可以维持正常通风以稳定风流：

（1）火源位于采区内部，烟流已弥漫较大范围，井下人员分布范围广。

（2）通风网路复杂的高瓦斯矿井，采用其他通风方式有发生瓦斯和煤尘爆炸危险，或使灾情扩大。

（3）火源位于独头掘进巷道内，不能停止局部通风机。

（4）火源位于采区或矿井主要回风巷，维持原风向有利于火烟迅速排出。

（5）减少向火源供风抑制火势发展。但应注意的是，减小风量不要引起瓦斯爆炸；若火源下风侧有人员未撤出，则不能减风。

2. 停风机

在以下情况下可考虑停止通风机运行：

（1）火源位于进风井口或进风井筒，不能进行反风。

（2）独头掘进工作面发火已有较长的时间，瓦斯浓度已超过爆炸上限，这时不能再送风。

（3）主要通风机已成为通风阻力。停止主要通风机时应同时打开回风井的防爆门或防爆井盖。采用这种通风方式应慎重。

3. 反风

当井下发火时，利用反风设备和设施改变火灾烟流的方向，以使火源下风侧的人员处于火源"上风侧"的新鲜风流中。按范围分，有全矿反风、区域反风和局部反风3种。

全矿反风是通过主要通风机及其附属设施实现。如果矿井进风井筒、井底车场、全矿主要进风大巷发生火灾时，一般要实施全矿反风。

区域反风是在多进、多回的矿井中某一通风系统的进风大巷中发火时，调节一个或几个主要通风机的反风设施，实现矿井部分地区风流反向。

局部反风是当采区内发生火灾时，主要通风机保持正常运行，调整采区内预设的风门开关状态，实现采区内局部风流反向。当采区、采掘工作面等某一局部区域的进风巷道发生火灾时，如果区域内布置了局部反风系统，在火灾发生时可以采用局部反风进行救灾。火灾时期局部反风的实现主要借助于风门的开启和关闭。

4. 风流短路

火源位于矿井的主要进风系统，若不能及时进行反风或因条件限制不能进行反风时，可将进、回风井之间联络巷中的风门或密闭打开，使大部分烟流短路，直接流入总回风，减少流入采区的烟流，以利人员避难和救护队进行救护。

（三）发生火灾事故后灭火方法的选择

灭火是破坏燃烧3个条件同时存在和消除燃烧3个条件的过程。灭火的实质就是把正在燃烧体系内的物质冷却，将其温度降低到燃点之下，停止燃烧。

1. 直接灭火法

直接灭火法是用水、砂子、干粉、化学灭火器、灌浆以及直接挖除火源等方

第七章　神东煤炭集团生产安全应急保障能力建设

法在火源附近直接扑灭火灾，是一种积极的灭火方法，如图7-1所示。

2. 隔离灭火法

隔离灭火法是指在通往火区的所有巷道中构筑防火墙，阻止空气进入火区，从而使火逐渐熄灭。

根据火区内瓦斯积聚的情况，可将封闭火区的方法分成锁风封闭火区、通风封闭火区、注惰封闭火区3种形式。

（1）锁风封闭火区是从火区进、回风两侧同时构筑防火墙封闭火区，封闭火区时保持不通风。这种方法适用于火区气体贫氧、氧气浓度低于瓦斯失爆（<12%）和失燃（<8%）界限。这种情况虽然极为少见，但是如果发生火灾时采取调风措施，阻断火区

图7-1　直接灭火示意图

通风，空气中的氧气因火源及瓦斯燃烧而大量消耗，也是可能出现的。

（2）通风封闭火区是在保持火区通风的条件下，同时构筑进、回风两侧的防火墙以封闭火区，这时火区的氧气浓度高于失爆界限（>12%），封闭区内瓦斯浓度存在着发生爆炸的危险。爆炸的原因可能是由于火区瓦斯浓度的增大，也可能是由于瓦斯或火灾气体的循环再次流向火源。这两种情况在构筑防火墙后风量逐渐减少时，或者当构筑防火墙开始脱离全矿井风压的影响时都可能发生，尤其当火区封闭后内部风流方向完全由热力分布影响风压，发生瓦斯或火灾气体的再循环是完全可能的。封闭火区时保持通风的目的就在于最大限度地稀释和排除火区瓦斯，并使火区的风流方向保持不变。

（3）注惰封闭火区是在封闭火区的同时注入大量的惰性气体，使火区中的氧气浓度达到失爆界限所经过的时间比爆炸气体积聚到爆炸下限所经过的时间要短。此法即是联合灭火法的一种，也是最安全、最有效的灭火方法。

3. 综合灭火法

综合灭火法是隔绝窒熄灭火与其他灭火方法的综合运用。首先用防火墙将火区封闭，然后向火区内注入泥浆、惰性气体以及采用调节风压等方法，使火尽快熄灭。

（四）不同地点火灾的扑灭与控制方法

1. 井口和井筒火灾

（1）进风井口建筑物发生火灾时，应迅速扑灭火源，立即反转风流或关闭

井口防火门，必要时停止主要通风机。

（2）进风井筒中发生火灾时，为防止火灾气体侵入井下巷道，必须采取反风或停止主要通风机运转的措施。

（3）回风井筒发生火灾时，风流方向不应改变，为了防止火势增大，应减少风量。其方法是控制入风防火门，打开通风机风道的闸门，停止通风机或执行抢救指挥部决定的其他方法（以不能引起可燃气体浓度达到爆炸界限为原则）。必要时，撤出井下受威胁的人员。当停止主要通风机时，应注意火风压可能造成的危害。多风井通风时，发火区所在的回风井的主要通风机不得停止。

（4）竖井井筒发生火灾时，不管风流方向如何，应用喷水器自上而下地喷洒。只有确保救护队员生命安全时，才允许派遣救护队进入井筒从上部灭火。

2. 井底火灾

（1）进风井井底发生火灾时，必须进行反风或风流短路，不让火灾气体侵入工作区。

（2）回风井井底发生火灾时，应保持正常风向，在可燃性气体不会积聚到爆炸界限的前提下，可减少流入火区的风量。

（3）为防止混凝土支架和砌碹巷道上的木垛燃烧，可在碹上打眼或破碹，设水幕。

3. 井下硐室火灾

（1）着火硐室位于矿井总进风巷时，应反风或风流短路。

（2）着火硐室位于矿井一侧或采区进、回风所在的两巷道的连接处时，应采取短路通风，条件具备时也可采用局部反风。

（3）火药库着火时，应首先将雷管运出，然后将其他爆炸材料运出。如因高温运不出，则关闭防火门，退往安全地点。

（4）绞车房着火时，应将火源下方的矿车固定，防止烧断钢丝绳，造成跑车伤人。

（5）蓄电池机车库着火时，为防止氢气爆炸，应切断电源停止充电。加强通风并及时把蓄电池运出硐室。

（6）无防火门的硐室发生火灾时，应挂风障控制进风，积极灭火。

4. 通风巷道火灾

（1）倾斜进风巷道发生火灾时，必须采取措施防止火灾气体侵入有人作业的场所，特别是采煤工作面。为此可采取风流短路或局部反风、区域反风等措施。

（2）火灾发生在倾斜上行回风风流巷道时，则应保持正常风流方向，在不

第七章 神东煤炭集团生产安全应急保障能力建设

引起瓦斯积聚的前提下减少供风。

(3) 扑灭倾斜巷道下行风流火灾时,必须采取措施,增加入风量,减小回风风阻,防止风流逆转,但决不允许停止通风机运转。

(4) 在倾斜巷道中,需要从下向上灭火时,应采取措施防止冒落岩石和燃烧物伤人,如设置保护吊盘、保护隔板等护身设施。

(5) 在倾斜巷道中灭火时,应利用中间联络巷和行人巷接近火源。不能接近火源时,则可利用矿车、箕斗将喷水器下到巷道中灭火,或发射高倍数泡沫、惰气进行远距离灭火。

(6) 位于矿井或一翼总进风巷中的平巷、石门和其他水平巷道发生火灾时,要选择最有效的通风方式(反风、风流短路、多风井的区域反风和正常通风等)以便救人和灭火。在防止火灾扩大采取短路通风时,要确保火灾有害气体不致逆转。

(7) 在采区水平巷道中灭火时,一般应保持正常通风,根据瓦斯情况增大或减少火区供风量。

5. 采煤工作面火灾

一般要在正常通风的情况下进行采煤工作面灭火,且必须做到以下几点:

(1) 从进风侧进行灭火,要有效地利用灭火器和防尘水管。

(2) 急倾斜煤层采煤工作面着火时,不准在火源上方灭火,防止水蒸气伤人;也不准在火源下方灭火,防止火区塌落物伤人;要从侧面(即工作面或采空区方向)利用保护台板和保护盖接近火源灭火。

(3) 采煤工作面瓦斯燃烧时,要增大工作面风量,并利用干粉灭火器、砂子、岩粉等喷射灭火。

(4) 在进风侧灭火难以取得效果时,可采取局部反风,从回风侧灭火,但进风侧要设置水幕,并将人员撤出。

(5) 采煤工作面回风巷着火时,必须采取有效方法,防止采空区瓦斯涌出和积聚。

(6) 用上述方法无效时,应采取隔绝方法和综合方法灭火。

6. 独头巷道火灾

(1) 要保持独头巷道的通风原状,即风机停止运转的不要随便开启,风机开启的不要盲目停止。

(2) 如发火巷道有爆炸危险,则不得入内灭火。

(3) 扑灭独头巷道火灾时,必须遵守下列规定:

① 火灾发生在煤巷迎头、瓦斯浓度不超过2%时,可在通风的情况下采用干

粉灭火器、水等直接灭火；灭火后，必须仔细清查阴燃火点，防止复燃；如瓦斯浓度超过2%且仍在继续上升，要立即把人员撤到安全地点，远距离进行封闭。

② 火灾发生在煤巷的中段时，灭火过程中必须检测流向火源的瓦斯浓度，防止瓦斯经过火源点，如果情况不清应远距离封闭。若火灾发生在上山中段时，不得直接灭火，要在安全地点进行封闭。

③ 上山煤巷发生火灾时，不管火源在什么地点，如果局部通风机已经停止运转，在无须救人时，严禁进入灭火或侦查，而要立即撤出附近人员，远距离进行封闭。

④ 火源在下山煤巷迎头时，若火源情况不清，一般不要进入直接灭火，而应进行封闭。

三、水灾事故应急救援技术

（一）水灾事故处置程序

井下发生透水征兆或透水事故后，必须立即停止作业，撤出灾区人员，通知矿长和政府有关部门，成立现场指挥部，召请矿山救援大队救治人员，评估灾情，制定救援方案，进行抢险救灾，采取堵水、排水、抽水等措施消除灾情，恢复正常生产。

（二）水灾事故处置措施

1. 灾区人员撤离

矿调度室应采用电话通知和人工通知的方法，通知所有可能受威胁区域人员，根据已规定的避灾路线或本着就近原则，根据自己所在的位置，按照最短路线，就近沿通往上水平的风眼、上山、斜井及暗井等地点迅速向上撤退。

2. 灾区人员自救与互救

1) 自身安全防卫

在透水迅猛、水流急速的情况下，现场人员应立即避开出水口和渲泄水流，按避灾路线撤退至安全地点。如情况紧急来不及转移躲避时，可抓住棚梁、棚腿或其他固定物体，防止被涌水打倒和冲走。一旦突水后，决不允许任何人冒险进入灾区；否则，不仅达不到抢险救援的目的，反而会造成自身伤亡，扩大事故。

2) 灾区避难

来不及撤退的人员应迅速进入附近硐室避难。必要时，可设置挡墙或防护板，阻止涌水、煤矸和有害气体的侵入。同时，要稳定情绪，做好自救，等待救援。

3. 抢险救灾

当现场有被困人员时，应积极进行抢险救援。

第七章 神东煤炭集团生产安全应急保障能力建设

1) 确定抢险救援方案

矿井突水后，采取打闸封水、强排水和注浆堵水以及地面施工救灾钻孔等方案，通常这四种方法可结合进行。无论采取何种抢险救援方案，一般应注意以下几个方面的工作：

（1）突水期间加强水文地质工作，水情资料要掌握清楚，对水情的发展变化趋势做出预测，有针对性地采取措施，编制方案。

（2）无论采取何种方案，都应根据变化了的情况对方案随时进行调整，要因地制宜，符合现场实际，有条件时应采用比较成熟的新设备和新技术。

（3）应尽量避免给后期矿井恢复留下隐患或困难，一般在编制抢险救援方案的同时，提前考虑矿井恢复问题。

（4）采取综合方法抢险救援时，要坚持协调联动、互相配合的原则，积极创造条件。

2) 实施现场抢救

矿山救援队到达事故现场后，要了解灾区情况、水源及事故前人员分布、井内具有生存条件的地点及进入通道等，并根据抢险救援方案和实际被堵人员所在地点的空间、氧气、瓦斯浓度以及救出被困人员所需的大致时间制定相应的救援方案，实施现场抢救。必要时，根据井下被困人员的可能分布位置，从地面施工救灾钻孔，以便尽快获得井下被困人员的有关信息和保证给养。

（三）井下水灾事故处置技术

1. 测定突水量及预测其变化

该项工作主要为制订抢险救援保护、增加排水能力、紧急救援人员等措施提供可靠的依据，是指挥部抢险救援决策指挥的基础。矿井突水量测定要快且准确，应加强观测，掌握水量的发展变化规律，对水量可能变大或变小的情况做出准确和必要的预测。突水量测定的方法可根据不同条件选用。

（1）在突水量不大，并且水量较稳定的情况下，用浮标在流水巷道中实测。

（2）在突水量大的情况下，用淹没法计算突水量，即利用已有的水平标高和矿井空间体积关系图和淹没时间计算。

通过对突水量的连续监测或计算，在基本掌握突水量增长变化趋势的基础上，对淹没水位的上涨速度及淹没某个关键性水平的时间做出大体的预测，协助有关部门划定危险区域，并为未淹井巷抢险措施的制定提供依据。

2. 全面分析研究矿井充水条件，判断水害类型，确定突水水源和突水通道

根据矿井有关资料进一步确定突水直接水源、突水通道和间接补给水源，为分析预测水情变化及治理打下基础，主要进行以下工作：

(1) 地下水位动态变化观测。突水后,地测科应立即组织力量对地面各含水层观测孔水位进行观测和分析。

(2) 突水水源确定。主要根据含水层水位变化和突水水质监测资料确定。

(3) 突水通道的确定。通过构造分析和现场情况调查,以及物探、化探和钻探等成果进行推测,逐步推断准确的突水通道和空间位置。

(4) 尽最大努力保证排水设备不被水淹没,如果涌水量超过排水能力,必须预先撤离受威胁人员。

(5) 由于水位上升将导致矿区巷道采空区瓦斯随水面上升,在抢险救援过程中必须加强瓦斯监测和"一通三防"的管理工作,杜绝瓦斯事故的发生。

(6) 在恢复透水区域及抢救遇险遇难人员时,一般要由上往下探水。疏通或开凿临时排水巷道时,应先探清水位,防止二次透水。

3. 协调联动

(1) 各水平泵房值班人员接到调度室指令后,必须坚守岗位。值班人员根据水量调整排水泵数量,直至全部水泵启动。在水位增涨至水泵房内底板以上2 mm时,人员撤至管子眼口,用安装在管子眼口的专用电话,联络罐笼升井至上井口水平。

(2) 各暗井下井口把钩工,要坚守工作岗位,组织人员升井,随水位增涨,由最低水平向上一水平提升人员,并向调度室报告。罐笼停在上井口管子眼口,等待水泵司机升井。

各水平泵房中央高压配电室的进线开关、联络开关、母联开关、带水泵配电开关、带照明变压器开关提前做好"突发水灾,禁止停电"标志牌。突发水灾时,各水平泵房高压电工值班人员根据调度室指令,在泵房及时停掉未做"突发水灾,禁止停电"标志的高压开关,以保证各水平泵房供电不受影响。

突发水灾后,如果变电站值班员发现各水平任一条电源线出现连地报警,变电站值班员应及时拉开此开关(接地时间超过2 h),并指挥各水泵司机拉开地开关,合并两段的母联开关,同时启动因停电而造成停止排水的水泵。如果各水平出现2条电源线同时连地,则把2台电源开关同时拉开。变电站值班人员应及时向调度室汇报,水泵司机按要求撤离现场。

四、顶板事故应急救援技术

(一) 防止顶板事故扩大的应急处理措施

(1) 采取有效手段全力控制冒顶区域两侧巷道,使冒顶波及范围不再扩大。

(2) 在冒顶外围支护稳定的情况下,分不同情况采取如下办法:在冒落顶部稳定的情况下，采取打木垛接顶的方式；在冒落区域围岩破碎、冒落较高的情况下直接向冒落区打排杆，实施撞楔法，隔断顶部冒落体；当冒落区域破碎时，在比较技术、经济、安全因素后，可考虑改道。

（3）尽快组织恢复通风网络，尽最大可能保持冒顶区通风和对风流的调整。在积极组织处理冒顶的同时，要充分预见冒顶区给通风工作造成的影响，采取相应的应急方案。

（二）发生顶板事故的紧急避灾措施

1. 迅速撤退到安全地点

当发现冒顶征兆而当时又难以采取措施防止顶板冒落时，要迅速离开危险区，撤退到安全地点。

2. 遇险时要靠煤帮贴身站立或到木垛处避灾

当发生冒顶来不及撤退到安全地点时，应靠煤帮贴身站立避灾，但要注意煤壁片帮伤人；如靠近木垛时，也可撤至木垛处避灾。

3. 遇险后立即发出呼救信号

冒顶对人员的伤害是砸伤、掩埋或隔堵。冒落基本稳定后，如被困地点有电话，遇险人员应立即利用电话汇报情况；否则，遇险人员应立即采用呼叫、敲打（不要敲打对自己有威胁的支架、物料和岩块）等方法，发出有规律、不间断的呼救信号，以便营救人员了解灾情，组织力量进行抢救。

4. 遇险人员要积极开展自救和互救

（1）事故发生后，遇险人员要听从班组长和有经验的职工指挥，在保证安全的前提下，积极开展自救和互救。

（2）被煤块、物料等埋压的人员不要惊慌失措，在条件不允许时切忌采用猛烈挣扎的办法脱险，以免造成事故的扩大。

（3）未受伤和受轻伤人员，要采取切实可行的方法设法营救被掩埋人员，并尽可能脱离险区或转移到较安全地点等待救援。

（4）矿工互救时应暂停向冒落区附近的机电设备供电，以防抢救时人员触电。

（5）营救被埋压人员时要首先检查和维护好冒落点及其附近的设施，以保障营救人员在救援时的安全，并有畅通、安全的退路。

（6）冒落范围不大时，如果遇险人员被大石块压住，可用液压千斤顶等工具把大块岩石支起，再将遇险人员救出，切忌生拉硬拽。

（7）如果顶板沿煤壁冒落，矸石块度比较破碎，遇险人员又靠近煤壁位置时，可沿煤壁由冒落区从外向里掏小洞，架设梯形棚子靠冒落区的一帮必须用木板背好，防止漏矸石，边支护边掏洞，直到把遇险人员救出。

（8）如遇险人员位置靠近放顶区，可沿放顶区由外向里掏小洞，架设梯形棚子，木板背帮背顶；或用撞楔法，在撞楔保护下边支护边掏洞，把遇险人员救出。

（9）分层开采的工作面发生冒顶，底板是煤层，遇险人员的位置在金属网或荆条顶板下面时，可沿底板煤层掏小洞，边支护边掏洞，接近遇险者后将其救出。

（10）如果底板是岩石，遇险者位置在金属网或荆条顶板下面时，可沿煤壁掏小洞接近遇险人员，然后再视现场情况采取措施（如用风镐在底板中掏小洞等）到达遇险人员处将其救出。

（11）如果工作面上下出口同时冒落，或工作面中部冒落范围很大，把人堵在中间，采用掏小洞和撞楔法处理时间长、不安全时，可采用沿煤层重开切眼的方法处理和救人。

5. 被隔堵人员要积极配合外部的营救工作

（1）遇险人员要正视已发生的灾难，切忌惊慌失措；应迅速组织起来，听从灾区中班组长和有经验的老工人指挥，团结协作，尽量减少体力和隔堵区的氧气消耗，有计划地使用水、食物和矿灯等，做好较长时间避灾的准备。

（2）如人员被困地点有电话，应立即用电话汇报灾情、遇险人员数和计划采取的避灾自救措施；或者采用敲击钢轨、管道和岩石等方法，并每隔一定时间敲击一次，不间断地发出信号，以便营救人员了解灾情、组织力量进行抢救。

（3）维护加固冒落地点和人员躲避处的支架，并经常检查，以防止冒顶进一步扩大，保障被堵人员避灾时的安全。

（4）如人员被困地点有压风管，应打开压风管输送新鲜空气，稀释被隔堵空间的瓦斯含量，并要注意保暖。

6. 顶板冒落巷道的通风恢复

尽快组织恢复通风网络，在积极组织处理冒顶的同时，要充分预见冒顶区给通风工作造成的影响。无法尽快恢复通风时，应利用压风管路向灾区人员供风。

处理冒顶事故的过程中，救援队始终要有专人检查瓦斯和观察顶板情况。如发现异常，立即撤出人员。

7. 抢救人员时清理堵塞物

清理堵塞物时，使用工具要小心，防止伤害遇险人员。遇有大块矸石、木柱、金属网、铁架等物压人时，可使用千斤顶、液压起重器、液压剪刀等工具进行处理，绝不可用镐刨、锤砸等方法扒人或破岩。

在抢救过程中，指挥部可视情况请求上级抽调具有技术装备和有经验的骨干救援队伍紧急增援。

五、电气事故应急救援技术

（一）矿井停电事故应急处置程序

井下发生停电事故后，变电站运行值班员对故障线路进行排查，若抢修失败，则利用最快的通信方式汇报矿调度室。当调度室接到井下停电事故的汇报后，要立即启动应急措施（根据灾难程度启动相应响应等级）：立即撤出灾区人员，按矿井应急预案规定的顺序通知矿长、总工程师等有关人员，立即向神东煤炭集团调度室汇报，召请矿山救援大队（事故矿救援队先下井救援），成立应急救援指挥部，派救援队员进入灾区救人、侦查灾情。指挥部根据灾区情况制定救援方案，指挥救援队现场救援，直至灾情消除，恢复正常生产。

（二）矿井停电事故现场处置措施

1. 先期处置措施

（1）当发生供电事故造成变电站全站停电时，变电站运行值班员应首先断开事故回路开关，恢复系统供电；若事故原因不能恢复系统的正常供电，应断开电源进线开关和所有馈出开关，检查站内的其他设备状况，并向机电部门和矿调度室报告。

（2）机电部门在接到事故报告后，应立即组织值班人员及抢修人员赶赴现场，查清事故原因，提出处置办法。若属矿井管辖范围内设备事故，立即组织抢修；若属矿井管辖范围外设备事故，立即报告上级电网调度，并联系该设备维护管理单位。

（3）抢修时，必须严格执行各项规程的规定，防止事故扩大和发生二次事故。当停电事故危及现场抢修人员的安全时，应紧急疏散现场人员，设置隔离设施。

（4）若短时间内不能恢复对矿井供电，应立即通知矿调度室，并将停电事故情况通报重要用户单位。

（5）当采区变电所停电时，采掘带班领导按救援预案规定立即将所有人员从工作面撤至通风良好的安全地带，并向矿生产调度室报告停电情况和撤至的位置。

（6）发生火灾时，在岗人员应立即对初起火源进行扑救，运用灭火器扑灭火源。采取隔离措施确定着火部位电源。断开有可能使火灾扩大或危及人身安全的开关和设备。在切断电缆电源时，因部分电缆的电源可能未切除，消防人员在灭火救援时应与电缆架保持一定距离,防止触电。

2. 救援抢险行动

(1) 当涉及人身安全事故发生时,矿调度室应立即组织抢险人员进入现场抢险救援,采用电话和人工联络方式通知井下人员按矿应急预案撤出线路撤出井下,联系医院做好准备。

(2) 若主要通风机停电停风时,总工程师安排通风机房打开风门,保持井下自然通风。

(3) 救援队制定行动计划,队员等待合适时机到井下各要害地点(如水泵房等),监视灾情的发展情况,并随时向指挥部汇报;要害地点的值班人员在救援队员监护下现场待命;当灾情扩大时,救援队员和要害地点的值班人员应根据命令逐步撤至安全地带。

(4) 救援队员等待合适时机赶赴事故地点救援受灾人员,必要时设置救援基地,隔离受灾区域,按措施排放瓦斯。

(5) 运输部门配合安全部门运送撤出的井下人员,配合救援队及抢险队运送抢险救援物资。

(6) 安全部门负责查清与抢险无关人员的撤出情况,监督抢险救援措施执行。

(7) 生产部门负责查清灾难情况,提出有关处置办法,按指挥部要求组织现场抢险。

(8) 通风部门查清主要通风系统和设备的工作状况,负责恢复或改变通风系统,监控瓦斯变化。

(9) 供应部门在抢险救援期间应坚守工作岗位,随时保证抢险救援物资的供应和运送。

(三) 现场恢复措施

(1) 停电事故处置结束后,立即恢复对主要通风机和地面的供电。

(2) 瓦斯检查工或救援队员检查各水平中央变电所及泵房风流中的瓦斯情况,当瓦斯浓度在规定值以下时,恢复对中央变电所及主排水泵房供电。

(3) 依次检查各采区变电所瓦斯情况,确认瓦斯浓度在规定值以下时,恢复对采区变电所供电。

(4) 检查各采掘工作面瓦斯情况,确认瓦斯浓度在规定值以下时,恢复对采掘工作面用电设备供电。

(5) 井下全面恢复正常供电和生产。

第八章　神东煤炭集团生产安全应急建设远景规划

应急管理理论认为应急管理工作涵盖事故发生的整个阶段，即事前、事发、事中和事后。应急管理就是突发事件的预防与应急准备、监测与预警、应急处置与救援、事后恢复与重建等应对活动。应急管理是为了预防和减少突发事件的发生，控制、减轻和消除突发事件引起的严重社会危害，规范突发事件的应对活动，保护人民生命财产安全，维护国家安全、公共安全、环境安全和社会秩序。应急管理保障体系着力在应急管理体制机制、应急预案、应急值守、应急信息报告与传递、应急预案、应急演练与评估、应急响应、应急宣传教育与培训、应急档案管理和事故监测与预警、应急救援队伍、应急物资和装备、应急投入及资源保障、安全避险设施和应急救援现场调度等方面上下功夫。通过积极完善管理体系，深化责任落实，强化应急准备，最后稳步提升应急管理工作水平。神东煤炭集团遵循"统一领导、综合协调、分类管理、分级负责、属地管理为主"的应急管理体制建设思想和"横向到边、纵向到底"的应急预案体系建设原则，从应急管理体制机制、制度、预案体系、应急处置能力和应急保障能力等方面提出了神东煤炭集团应急管理保障体系建设远景。

第一节　应急管理体制建设规划

公司各级主要负责人作为本单位应急管理工作的第一责任人，负责应急管理全面工作。公司成立以董事长为组长，总经理为常务副组长，其他公司领导为副组长，公司副总师、各部门和各单位主要负责人为成员的应急管理领导小组，设置公司应急管理办公室和应急值守办公室。明确应急管理办公室是公司应急管理办事机构，负责公司日常应急管理工作；总调度室值班室是公司应急值守机构，负责公司24小时应急值守，接收、处置应急信息，统一调度、协调应急救援工作；其他各部门是公司应急管理工作机构，具体负责各自业务范围内的应急管理工作。

各单位结合公司应急管理机构设置，成立本单位应急管理领导小组、应急管理办公室和应急值守办公室,明确各业务部门职责分工,理顺工作关系。有条件设置生产调度指挥中心的单位,将应急管理办公室设在生产调度指挥中心;受客观因素限制的未设置生产调度指挥中心的,将应急管理办公室设在有相应职能的部门,同时配备满足工作需要的专兼职应急管理人员。

各单位明确界定内部科队(厂)、班组、员工的应急管理职责,层层落实应急管理责任,层层传导压力。

第二节　应急管理机制建设规划

各级应急管理领导小组推进资源整合,进一步加强部门协调联动,强化"事前预防、事发应对、事中处置、事后恢复"全过程应急管理,推动应急管理进一步向规范化、系统化、科学化方向发展。

一、做好事前预防与应急准备工作

重点加强风险防范机制建设,严格落实隐患排查与步行检查制度,认真做好风险辨识和隐患排查工作,做到早发现、早处理。根据生产接续计划和年度主要灾害特点,针对性地进行了灾害预防与处理计划相关内容的编制实施,以进一步有效预防事故发生。

各单位进一步强化应急准备工作,加强应急预案编制、培训与演练,抓好应急宣传教育,落实24小时应急值守,加大应急投入力度,确保应急系统运转可靠,不断提高突发灾害处置能力,实现由"事后处置"向"事前预防"的转变。

二、做好事发监测与预警工作

通过加强监测监控、人员定位、矿压管理、设备在线监测等系统建设和管理,提高对重大风险、重大隐患的监测和感知灵敏度、准确度。各级应急值守办公室、相关业务部门层层负责做好重大隐患、监控监测数据异常以及特殊天气预报等信息的分析、研判工作,及时作出危害程度、紧急程度和发展势态预测,对可能导致生产安全事故的信息,即时通过电话、广播、网络等途径发布预警信息,通知相关部门和单位采取有效预防性处置措施,防止事故发生、扩大。

三、做好事中应急处置与救援工作

按照《安全生产法》《煤矿安全规程》等法律法规要求,明确授予带班人员、班组长、调度员、安监员、瓦检员遇险处置权和紧急避险权。一旦出现险情或紧急事故时,被授权人必须采取先撤人后汇报的遇险处置和紧急避险措施,第一时间下达停产撤人命令,并组织人员按照避灾路线撤离至安全地点。

各级应急指挥部要充分发挥应急专业组的功能和内外部应急专家的作用,及时制定、落实应急救援方案,积极做好应急队伍、应急物资的指挥、协调和保障工作;严格发布事故处置信息,明确事故发言人,及时引导舆情走向,防止歪曲事实、恶意炒作等不良影响,积极稳妥地做好突发事件处置工作。当事态超出本级应急响应能力,或事故得不到有效控制时,立即请求实施更高级别的应急救援,严禁盲目施救,实现由"流程化"向"流程化+专业化"应急处置转变。

四、做好事后恢复与重建工作

应急处置结束后,各级单位及时进行事后恢复与灾后重建工作,做好遇险人员及家属、救援人员的心理辅导,相关部门要依照有关法律法规和两级公司规定开展事故调查评估工作,按照"四不放过"原则,严肃责任追究,总结事故教训,加强员工教育,落实整改措施。

第三节 应急管理制度建设规划

公司应急管理办公室负责梳理应急管理的各项法律、法规、规章、标准及集团相关要求,查找不符合项,制定整改措施,严格督促落实。各单位应根据应急管理方面的国家法律法规、所在地省(自治区)市(地区)县(旗)相关要求和工作职责,进一步加强应急管理工作。

公司应急管理办公室负责制定完善公司层面应急管理制度,主要包括《神东煤炭集团应急管理办法》和各类支撑性制度,如事故监测与预警、应急值守、信息报告与传递、应急预案、应急演练、应急队伍、应急物资、应急装备、安全避险设施、应急专家库及应急档案等管理制度。

各单位按照公司应急管理制度制定完善本单位各项应急管理制度,并确保制度的科学性和可操作性,强化制度落地执行,形成规范的应急管理制度体系。

第四节 应急预案体系建设规划

一、加强应急预案编制工作

按照国家应急救援指挥中心关于应急预案体系优化工作的指导意见和公司

《应急预案编制规范》企业标准,大力开展应急预案优化工作,积极推行应急处置卡,建立简明化、卡片化、实用化的应急预案体系。

公司应急管理办公室负责编制公司生产安全事故应急预案和冬、夏季"三防"应急预案;环保管理处负责编制环境污染、生态破坏事件和森林草原火灾专项预案;信访办负责编制突发群体性事件专项预案;治安保卫处负责编制防恐专项预案;矿业服务公司负责编制公涅尔盖水库和橡胶坝防洪、食物中毒专项应急预案;生产管理部、机电管理部、通风管理部分别负责编制分管业务范围内的突发事件专项应急预案。公司所属各单位负责编制本单位生产安全事故应急预案和各类专项预案。

各单位、相关部门应急预案的编制要结合实际,以公司生产安全事故应急预案为总纲,在仔细分析本单位存在的危险因素和灾害特点,系统、全面开展风险评估和应急资源调查工作基础上,针对危害较高的风险制定应急措施,编制简洁易记、科学实用的应急预案。各单位进一步加强区队(车间)现场处置方案与应急处置卡的编制和管理工作,确保人手一卡并熟练掌握应急职责、响应流程和处置措施等内容。

公司各级应急预案编制单位于每年12月份编制完成下一年度应急预案,及时组织评审并发布,确保下一年度1月1日起实施。

二、做好应急预案修订工作

当制定预案所依据的法律法规和规章标准发生重大变化、应急指挥机构及其职责发生调整、生产安全面临的风险发生重大变化、重要应急资源发生重大变化、在预案演练或者应急救援中发现需要修订预案的重大问题等情形发生时,及时修订应急预案,并做好备案工作。

三、提高应急预案培训质量

各单位牢固树立"应急预案培训不到位就是事故"的理念,做到全员应急预案培训。应急预案培训的内容包括应急预案、应急知识、自救互救和避险逃生技能,使有关人员了解应急预案内容,熟悉应急职责、应急处置程序和措施。

应急预案培训的时间、地点、内容、师资、参加人员和考核结果等情况如实记入本单位的培训档案。

四、提升应急演练实战化水平

各单位要树立"应急演练不到位就是事故"的理念,必须做到矿处级单位、

科队、班组全层级全员演练。

公司应急管理办公室负责全公司应急演练监督、考核与指导工作，制定考核标准，参与公司级演练，对各单位演练情况进行评估考核。强化演练过程管理，规范应急演练方案制定、情景设计和评估总结等工作，建立贴近实际、贴近实战的应急演练长效机制。

各单位充分认识应急演练工作的重要性，认真组织学习《神东煤炭集团应急演练教学片》，规范演练程序。针对本单位面临的主要风险，结合事故发生规律，依据应急预案规定和公司计划，严格制定、落实应急演练计划。

公司及所属单位、班组每半年应至少演练一次，三年内将应急预案规定的事故类型全部演练一遍。

应急演练结束后，演练单位要对应急演练效果进行评估，撰写评估报告，分析存在的问题，并对应急预案提出修订意见；公司及矿井单位演练结束后，将演练情况报送所在地县（旗）、市煤矿应急管理部门。

第五节 应急处置能力建设规划

一、推进应急救援队伍建设

充分发挥国家矿山应急救援神华神东队矿山救援骨干作用，进一步优化人员结构，建立超龄指战员择优调岗机制和人员补充机制，不断加强仪器操作、医疗急救、应急演练、救援竞赛等实战化训练，做好兼职应急队伍的业务指导工作，做好全公司救护消防知识的宣传教育工作，积极打造有自身特色灾害防治实战技术、专业化的救护中队。

矿井单位要加强兼职矿山救护队的建设，选拔精干人员、配齐救护装备、加强救护训练，明确待遇，加强考核，切实提高兼职矿山救护队员的业务素质和辅助救护技能。

地面单位要按照公司制度，建立素质过硬、作风优良的应急抢险突击队，负责本单位消防、防洪抢险等突发事件应急抢险工作。

公司应急管理办公室要积极推进应急专家库建设，制定科学合理的应急专家评选办法，聘请有关专家进入专家库，为应急管理提供决策建议，必要时参与突发事件处置工作。

二、提高全员应急能力

公司及所属单位必须将应急培训纳入安全教育培训年度大纲中，明确相关内容和学时，采取建立应急知识题库、应急救援案例库和举办知识竞赛、网络答题、事故案例宣讲以及邀请专家授课等方式，"分级、分类、分层次"的开展应急培训活动，促进全员应急素质的提升。培训的重点应包括：应急管理法律法规和管理制度，上级文件精神，应急预案、应急响应程序和处置措施，应急避险、自救互救、个人应急防护装备及用品、应急知识手册、典型案例等内容。

充分发挥公司内网、微信平台、自媒体的作用，多种形式、全方位地开展应急宣传教育活动，全面普及事故预防、应急避险、自救互救和应急处置知识，提高全员的应急意识和应急响应能力。

积极学习国内外先进企业的应急管理经验，参加应急救援装备展、机器人展等高端展会，开拓应急管理人员视野，提高应急知识储备和见识，促进应急管理的思想创新和方法创新，提升应急管理水平。

第六节　应急保障能力建设规划

一、加强应急物资储备

公司应急管理办公室负责组织制定应急物资储备计划和应急物资管理的监督、检查工作；机电管理部负责公司应急物资采购计划、大（项）修计划的签审；设备管理中心负责应急物资采购计划的提报、台账管理及大（项）修计划的提报和实施；物资供应中心负责应急物资的采购、验收、仓储和物资配送工作。各单位根据自身灾害特点，结合公司应急物资储备标准，在全面摸清自身风险的基础上，针对性地储备应急物资。

应急物资必须专人管理、专库分类存放，建立台账，明确调剂替换周期，做到"账、卡、物"相统一；定期检查、维护，做好记录，发现应急物资损坏、功能达不到要求和临近替换周期的，要及时进行维修、更换，保证储备应急物资性能可靠。

二、推进应急救援基地与装备建设

通过考察国内化工、消防、海事救援、航空基地，对比国内先进救援基地建设标准，收集国际先进救援基地相关资料，提出神东救援基地建设方案，在硬件设施、信息化程度、救援装备等重点领域达到国际一流标准，努力打造专业化、信息化、智能化于一体的应急救援基地。

大力推进应急装备的技术进步，加强应急救援技术装备建设，针对不同的事故类型，研发购置专业救护装备，打造世界一流的矿山事故应急救援装备。针对煤矿火灾、瓦斯、煤尘事故，研发火灾侦查机器人、侦查无人机、灭火机器人、采空区钻孔侦查机器人、密闭砌筑机器人，开发无线气体监测系统快速构建技术、无线通信网络系统快速构建技术；针对煤矿冒顶事故，研发仿生侦查机器人、冒顶支护车、矿用快速通风车；针对煤矿水灾事故，研发水灾救援坦克、水灾钻孔管路密闭封堵机器人、矿用缆线收放车、矿用水管快速连接车、矿用水泵车；针对冬季"三防"，购买除冰无人机、激光除冰仪。

三、加快应急信息化建设

依靠科技进步，以公司现有信息平台为基础，积极整合标准化调度管理系统中的应急处置模块和生产执行系统中的应急管理模块，建成一体化应急管理系统，实现资源整合、信息共享、辅助决策等功能。

利用已建成的井下4G无线网络，开发应急管理方面的各类型软件及应用程序，打造应急管理信息化示范矿井。

进一步加强矿井应急通信系统建设，完善系统设置，做到全覆盖、无死角，保证井下任何地方都能清晰听见应急指令。

附　　件

附件1　内蒙古自治区宝马煤矿"12·3"
特别重大瓦斯爆炸事故应急救援案例

2016年12月3日,内蒙古自治区赤峰宝马矿业有限责任公司(以下简称宝马煤矿)发生特别重大瓦斯爆炸事故,事故共造成32人遇难、20人受伤,事故直接经济损失4399万元。

一、事故矿井基本情况

宝马煤矿位于内蒙古自治区赤峰市元宝山区元宝山镇南荒村,井田面积2.82 km^2,地面井口标高 +485 m,开采深度由 +450 m 至 ±0 m,矿井核定生产能力 0.45 Mt/a。采用立井多水平集中上下山开拓方式,有一对立井,主井担负矿井提煤、运人任务,兼作回风井;副井担负全矿井辅助提升任务,兼作进风井。宝马煤矿属低瓦斯矿井,绝对瓦斯涌出量为 0.61 m^3/min,相对瓦斯涌出量为 1.05 m^3/t。主采6号煤层,煤层自燃倾向性为自燃,自然发火期为1.5~3个月,煤尘具有爆炸性。宝马煤矿井下布置有合法生产和越界违法生产两个生产区域(附图1-1)。事故发生在越界违法生产区域,该区域瓦斯涌出量等相关参数没有测定。

事故发生之前,合法生产区域布置3个采掘工作面,分别为642采煤工作面、601(又称801)采煤工作面和643运输巷掘进工作面,事故当班安排12人进行维护,没有进行生产作业。

事故发生之前,越界违法生产区域布置有8个采掘工作面,包括:6040综采放顶煤工作面(以下简称6040综放工作面)、6040卸压巷以掘代采工作面(以下简称6040巷采工作面)、6041准备工作面等3个采煤工作面,6039联络巷等5个掘进工作面(附图1-2),事故当班安排167人进行生产作业。

自2008年3月开始,宝马煤矿从井田东部边界越界进入中国国电内蒙古平庄煤业(集团)有限责任公司元宝山露天煤矿(以下简称元宝山露天煤矿)井

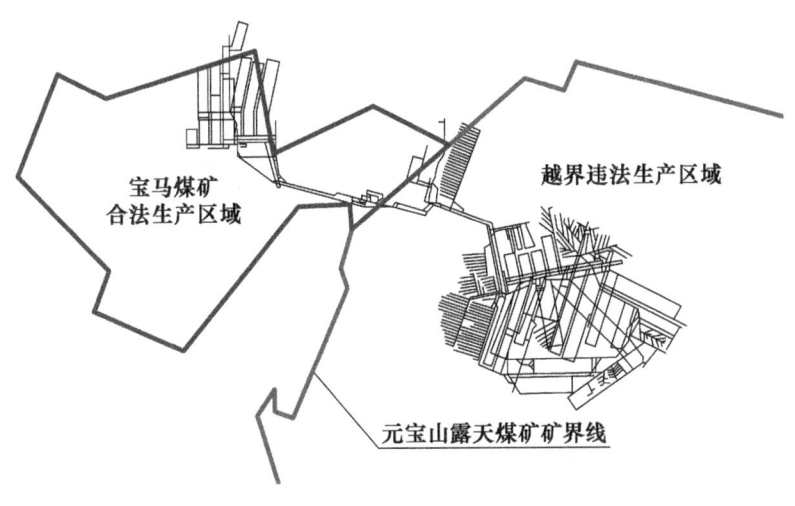

附图1-1 宝马煤矿生产区域平面示意图

田内,违法盗采煤炭资源。进入越界违法生产区域的电缆、管线均隐蔽铺设在有盖板的电缆沟内,盖板表面撒上浮煤伪装。巷道内建有一道经过伪装的假密闭,假密闭外铺设3 m长可快速拆卸的轨道,并备有用于封堵巷道的物料和木栅栏。在政府有关部门检查时,该矿可在20 min内拆除轨道、关闭假密闭并在假密闭外设置好木栅栏,而检查人员从入井到假密闭约需40 min。在进入假密闭前的东区进、回风大巷内建有通向越界违法生产区域的进风暗道口和回风立眼口,担负越界违法生产区域的通风任务,并用隔爆水棚进行遮挡。

事故发生在6040综放工作面和6040巷采工作面区域(附图1-3)。6040综放工作面走向长542 m、倾斜长100 m,煤厚28 m,采高2.2 m,放煤高度3~5 m。2016年5月中旬开始回采,至事故发生时已经推进372 m。6040巷采工作面在6040工作面进风顺槽(又称6040第四部皮带巷)向工作面方向50 m处开口布置,掘进方式为炮掘,以35°坡度向上掘进15 m后,变平掘进,多头布置,呈"鱼刺"型,巷道断面宽2.5 m、高2.2 m,总长度204 m。该工作面位于6040综放工作面正上方,垂直距离约为6 m。在6040工作面进风顺槽第四部带式输送机机头两帮分别布置6040联络巷和长48.5 m的盲巷。

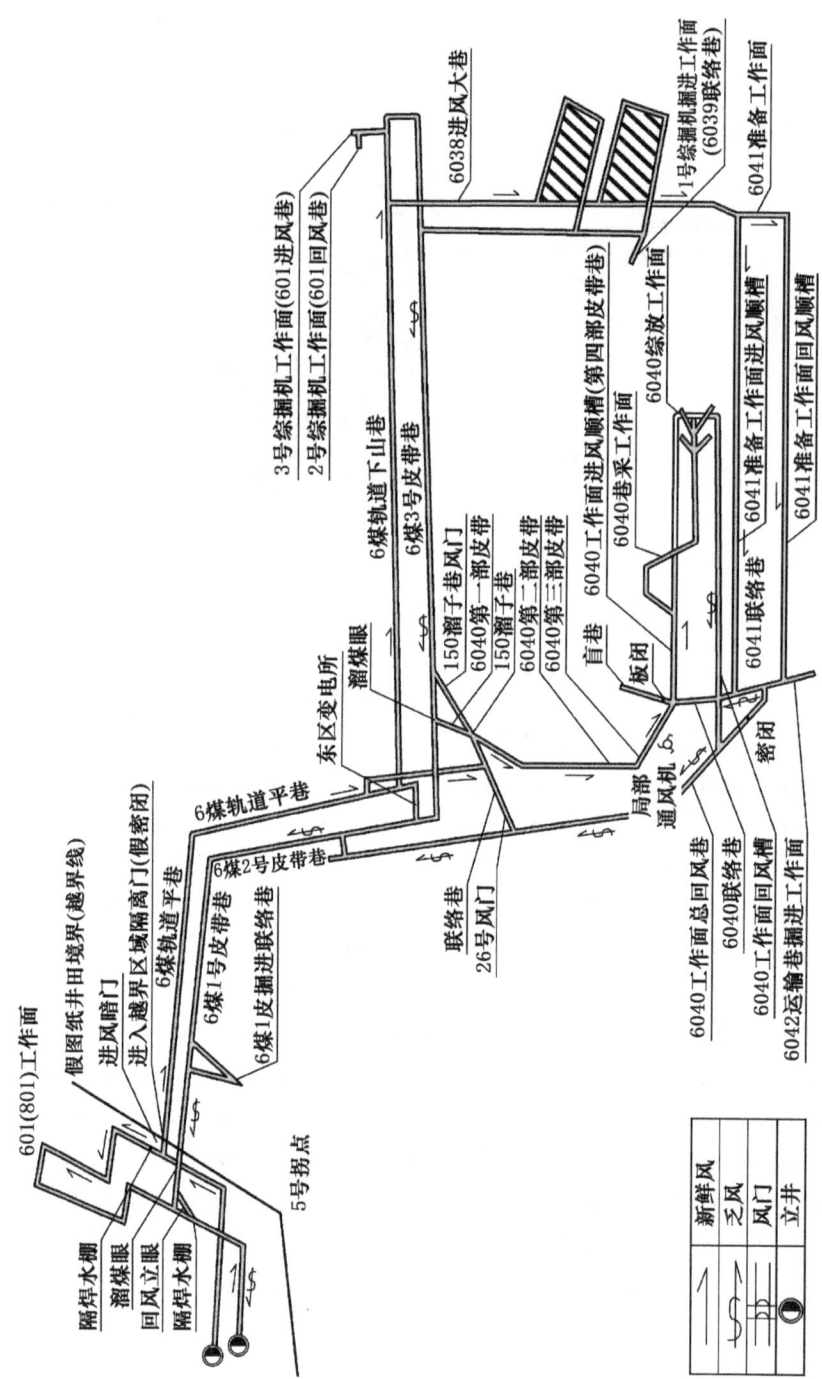

附图 1-2 宝马煤矿事故发生时越界违法生产区域采掘工程示意图

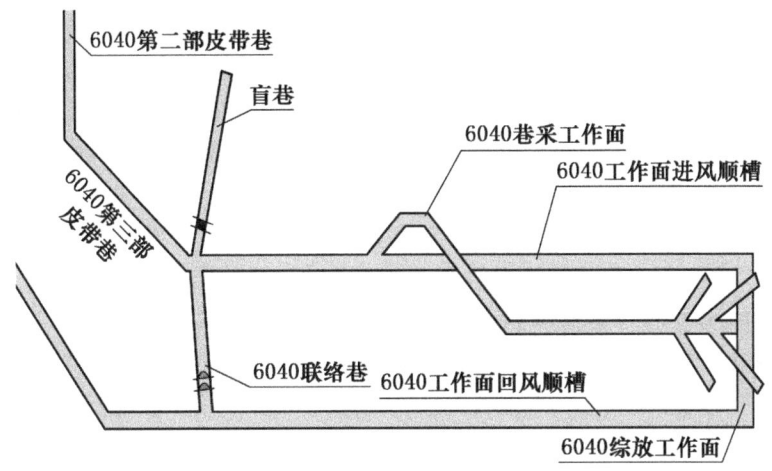

附图1-3 事故区域采掘工程示意图

二、事故经过

12月3日7时30分,宝马煤矿矿长吕某主持召开矿调度会,由生产副矿长董某安排井下当班生产任务。当班入井179人,其中合法生产区域12人,主要进行系统维护;越界违法生产区域167人,主要进行生产作业。越界违法生产区域中,6040巷采工作面16人,6040综放工作面42人,6040第一部至第二部皮带巷区域(含轨道巷)27人,6041准备工作面36人,清理皮带巷浮煤7人,其他区域39人。

8时30分左右,16人到达6040巷采工作面开始作业;42人到达6040综放工作面,开启刮板输送机运出工作面落煤,随后进行检修采煤机、打护帮锚杆、缩皮带等作业。10时左右,6040巷采工作面准备爆破时,局部通风机停电停风,6040巷采工作面所有人员撤至盲巷口休息、吃饭。

11时左右恢复供电后,电工顾某(事故中遇难)启动局部通风机,恢复6040巷采工作面通风。此时,6040综放工作面打眼工张某、李某在第7号综放支架附近的煤壁打工作面护帮眼,打眼监护工闫某在第8号综放支架处监护顶板,电焊工张某和杨某(均在事故中遇难)在第12号综放支架处使用电焊维修支架,电工张某在回风端头处向减速机注油,瓦检员刘某在工作面巡检。

11时7分左右,闫某看到正在打护帮眼的张某、李某突然向6040工作面回风顺槽方向奔跑，同时听到"噗"的一声，回头看到一团火球从张某和杨某的位置窜过来，闫某烧伤昏迷。电工张某正在回风端头支架下作业，一股强风吹掉了安全帽，头发烧焦。正在回风顺槽与联络巷交叉口处的液压泵工王某，被从联络巷风门方向冲过来的强风冲倒受伤。刘某在第 3 号综放支架处，感觉头顶像有一团火，喘不上气来、受伤。爆破工张某正从进风端头准备进入工作面，看到前面一片火光，随即被强风冲倒、受伤昏迷。打点工谢某在进风端头处，看到一道火光从工作面出来，被冲倒受伤昏迷。在盲巷板闭前休息、吃饭的工人郭某、宗某，听到"轰"的一声响，被风吹倒，并看到巷道顶部火苗乱窜。

11 时 10 分左右，运输队副队长马某在 6040 第二部带式输送机机头处听到爆炸声，看到煤尘扬起，急忙通知运输队人员撤出，11 时 30 分向矿调度室电话报告。技术科副科长刘某在东区变电所附近听到爆炸声后，赶到东区变电所，11 时 30 分左右向调度室电话报告。

三、事故现场

现场勘查认定，事故发生在 6040 综放工作面区域，波及范围主要为 6 号煤层生产系统，即 150 溜子巷（风门）、联络巷（26 号风门）、6040 第一至第三部皮带巷、盲巷、6040 联络巷、6040 巷采工作面、6040 综放工作面及 6040 工作面进、回风顺槽和 6041 准备工作面运输顺槽等（附图 1-4）。

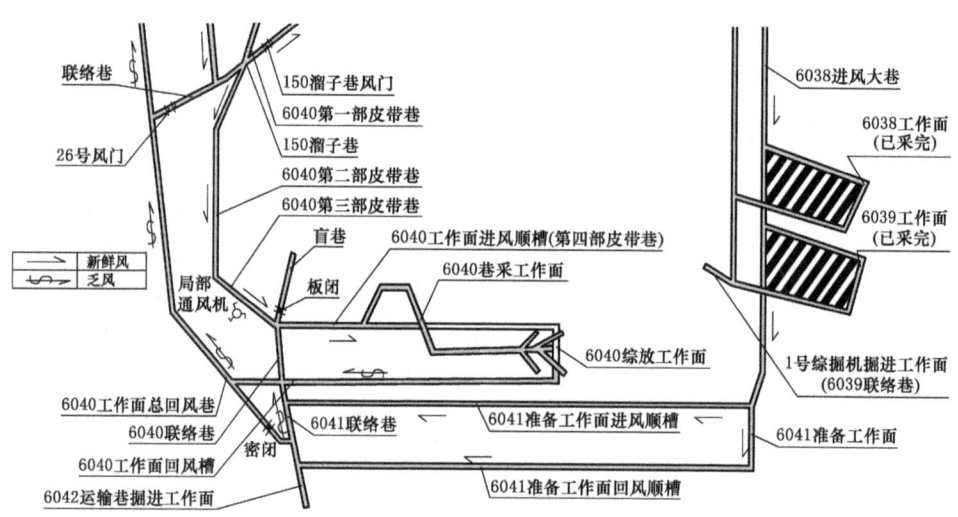

附图 1-4 事故波及范围示意图

附　件

1. 盲巷口及周边巷道

盲巷口及周边巷道内被冲击波破坏物体倾倒或移动分别向 6040 第三部皮带巷、盲巷里部、6040 工作面进风顺槽和 6040 联络巷等四个方向（附图 1-5）。6040 第三部皮带巷的顶板塑料锚网有烧化挂丝现象，过火特征十分明显（附图 1-6）。

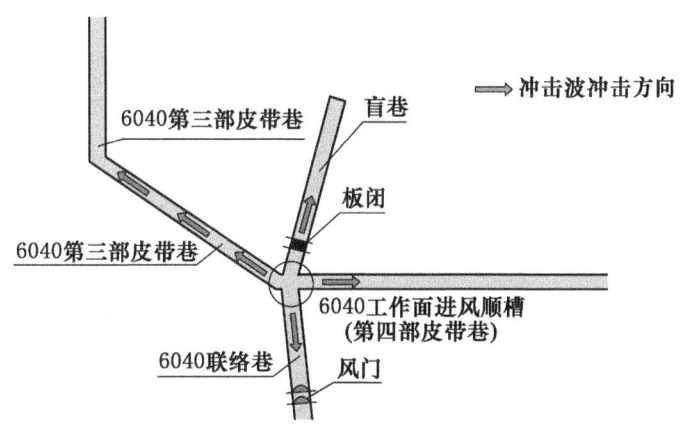

附图 1-5　盲巷口爆炸冲击波方向示意图

2. 6040 工作面进风顺槽

6040 巷采工作面口往 6040 综放工作面方向 6040 工作面进风顺槽 25～67 m 区域内被冲击波破坏的物体倒向凌乱，区域外分别向两侧方向明显（附图 1-7）。6040 巷采工作面口处转载平台和单体液压支柱全部被摧垮，向进风侧位移（附图 1-8）。6040 巷采工作面口处的木支柱向 6040 巷采工作面内倾倒，风筒被摧毁，巷口两帮和顶煤垮落，破坏严重。6040 巷采工作面里面的巷道和风筒完好。6040 工作面进风顺槽从 6040 巷采工

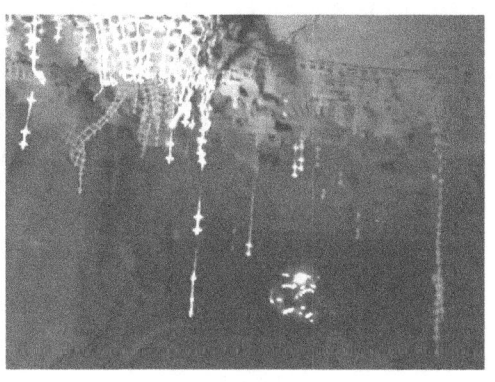

附图 1-6　6040 第三部皮带巷顶板塑料锚网烧化挂丝

作面口向 6040 综放工作面方向 25 m 巷道内，带式输送机机架与支柱倒向进风侧。6040 工作面进风顺槽从 6040 巷采工作面口向 6040 综放工作面 67 m 处至工作面进风端头区域，巷道内带式输送机机架被摧垮，倒向工作面方向。巷道帮上部撕开的锚网里有向工作面方向插入的手机、木板片、电缆钩等（附图 1－9）。

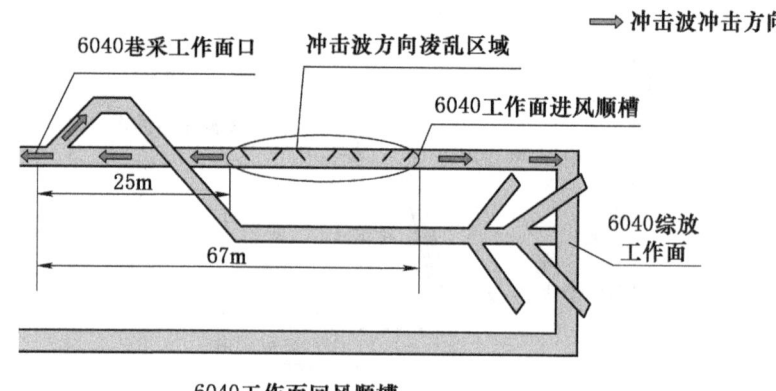

附图 1－7　6040 工作面进风顺槽冲击波方向示意图

附图 1－8　6040 巷采工作面口处
转载平台被完全摧毁

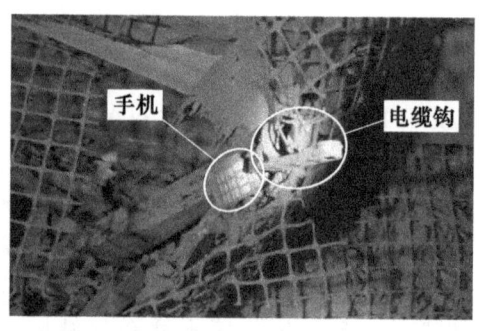

附图 1－9　6040 工作面进风顺槽内斜
插到锚网里的手机等物品

3. 6040 综放工作面

6040 综放工作面第 12 号综放支架处 1 台电焊机开关处于送电状态（附图 1－10），焊枪上夹着的焊条有使用、熔融痕迹（附图 1－11）。

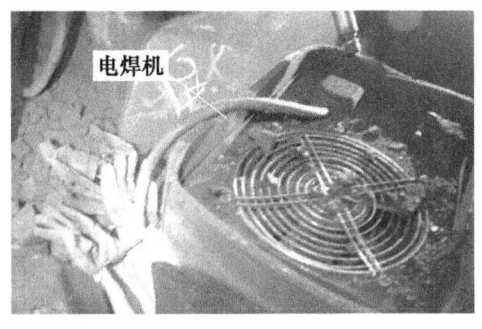

附图1-10 6040综放工作面第12号支架处的电焊机

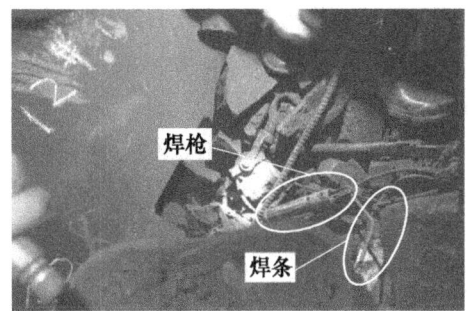

附图1-11 6040综放工作面第12号支架处的焊枪及焊条

4. 6040工作面回风顺槽

6040工作面回风顺槽至总回风巷完好，没有过火和冲击波破坏现象。

四、事故原因

事故直接原因是：宝马煤矿借回撤越界区域内设备名义违法组织生产，6040巷采工作面因停电停风，造成瓦斯积聚；1小时后恢复供电通风，积聚的高浓度瓦斯排入与之串联通风的6040综放工作面，遇到正在违规焊接支架的电焊火花引起瓦斯燃烧，产生的火焰传导至6040工作面进风顺槽，引起瓦斯爆炸。

五、事故应急救援情况

1. 事故信息报告及响应

12月3日11时30分，宝马煤矿调度室接到井下事故报告电话后，向矿总工程师刘某和安全副矿长张某报告，并通知井下作业人员立即升井。11时40分，该矿向赤峰宝马煤炭物资有限责任公司（宝马煤矿上级公司，以下简称宝马煤炭物资公司）报告。11时45分，矿总工程师刘某带领通风科3名工人下井，修复被冲击破坏的风门。12时10分，该矿切断了灾区的全部电源。井下矿工组织自救和互救，成功救出15名受伤矿工。

宝马煤矿分别于12时23分、12时27分、12时55分，向元宝山区安全监管局、平庄煤业（集团）有限责任公司救护大队和内蒙古煤矿安监局赤峰监察分局报告了事故。

13时00分，赤峰市人民政府应急办接到元宝山区人民政府应急办事故报告。14时02分，内蒙古自治区人民政府接到赤峰市人民政府应急办电话报告事故信息，立即启动事故应急响应，成立应急处置指挥部。内蒙古自治区、赤峰市及元宝山区党委政府及有关部门负责人陆续到达事故现场，全力组织事故抢险救援。

15时02分接到事故报告后，国家安全监管总局、国家煤矿安监局主要负责人率工作组紧急赶赴事故现场，指导事故救援和善后处理等工作。

15时35分，内蒙古自治区人民政府应急办向国务院总值班室报告事故信息。

2. 事故现场应急处置

平庄煤业（集团）有限责任公司救护大队接到宝马煤矿救援电话后，先后派出6个小队共76名救护队员参加抢险救援。

12时45分救护队员入井进行灾区侦查搜救，至14时35分，相继发现17名遇难矿工和2名伤员。至19时25分，又相继发现12名遇难矿工和3名伤员。23时40分，发现最后3名遇难矿工。至此，灾区所有巷道侦查搜救完毕，共发现32名遇难矿工、抢救出5名伤员。

12月4日9时30分，32名遇难矿工遗体全部升井，抢险救援工作结束。至此，事故共造成32人遇难、20人受伤。

3. 善后处理和伤员救治

应急处置指挥部成立了善后处置组，分32个工作小组，开展遇难人员家属安抚工作。至12月11日，32名遇难人员家属全部签订了补偿协议，遇难人员遗体全部火化，善后处理工作结束。截至2017年6月14日，20名伤员中，已有16人康复出院，4人仍在医院治疗、伤情平稳。

附件2 河北省艾家沟矿业有限公司"2·28"重大火灾事故应急救援案例

2013年2月28日19时43分，河北省冀中能源张矿集团怀来艾家沟矿业有限公司（以下简称艾家沟矿业公司）井下发生一起重大火灾事故，造成13人死亡，直接经济损失1425.08万元。

一、事故矿井基本情况

艾家沟矿业公司位于怀来县新保安镇，前身为怀来县艾家沟煤矿，属新保安镇镇办集体企业，1978年建井，1986年投产，生产能力0.06 Mt/a。2011

年按照河北省人民政府《关于加大小煤矿关闭力度加快推进煤矿企业兼并重组的决定》(冀政〔2011〕45号)要求,根据《河北省人民政府关于张家口市地方煤矿兼并重组工作方案的批复》(冀政函〔2011〕220号),由冀中能源张家口矿业集团有限公司(以下简称张矿集团)整合艾家沟煤矿。2011年6月28日张矿集团与怀来县政府签订煤炭资源整合框架协议,2012年3月29日签订煤矿整合重组协议。2012年6月5日张矿集团与怀来县新保安镇政府签订煤矿接管协议,由张矿集团控股51%、新保安镇政府持股49%,组建成冀中能源张矿集团怀来艾家沟矿业有限公司,经过整合技改,生产能力由0.06 Mt/a提高到0.15 Mt/a。

该矿井田煤系地层属中生界下侏罗系下花园统下部煤层,含可采煤层2层,层间距平均20 m,煤层厚度1.5~3.1 m,煤层倾角50°~80°,顶底板岩性均为中细砂岩,中等稳定,煤种为低灰特低硫贫煤。矿井地质构造条件为中等偏复杂,水文地质条件简单。矿井属高瓦斯矿井,煤尘具有爆炸性,煤的自燃倾向性为三类不易自燃。

矿井采用斜井开拓,主井斜长554 m,坡度22°,副井斜长445 m,坡度24°,风井斜长445 m,坡度23°,均为梯形木支护。主、副井均安装JT1200/1000单滚筒缠绕式绞车,用于混合提升、行人和进风,风井兼作安全出口。井下单水平分区布置,石门揭煤,小区段煤层平巷回采,立眼上下人员、溜煤。井下运输大巷、石门铺设15 kg/m轨道,人工推车或调度绞车运输。

矿井采用中央并列抽出式通风,主、副井进风,风井回风。风井安设2台4-72-11No10C离心式通风机,1台运转,1台备用。事故前,矿井总进风量为846.79 m^3/min、总回风量为851.81 m^3/min,负压709 Pa。

矿井采用一级排水系统,在主井750水平井底车场安设2台D12-25×7水泵,电机功率37 kW,一台工作,一台备用,地面有1台同型号检修水泵,主、副水仓总容量60 m^3,主井敷设2趟直径64 mm排水管路至地面。副井井底安设2台潜水泵,将北采区积水经副井筒排至地面。

矿井采用双回路供电,6 kV电源来自怀来矿业有限公司35/6 kV变电站。

矿井750水平安设1台无煤安标志的空气压缩机,型号为W-3/5(该设备购置安设于2008年之前,张矿集团接管后,艾家沟矿业公司计划矿井技改时将该设备与其他淘汰设备一起进行更换)。

二、事故经过

2013年2月28日7时,井口副主任汤某、瓦斯员王某两人下井巡查,发现主井750水平南采区750代巷1号密闭和760区段巷2号密闭压裂损坏漏风。约12时两人上井后,汤某向总经理李某汇报了情况。总经理李某与总工程师王某商量后,准备维修损坏的两处密闭。总经理李某电话通知井口副主任汤某,要求汤某打电话通知附近村的矿工到矿,安排总工程师王某制定技术措施。14时30分,陈某、陈某江、王某、陈某文、杨某、胡某、许某、师某林、师某明、武某、李某、牛某和王某银等13名工人到矿,总经理李某和总工程师王某布置工作后,总工程师王某制定并贯彻了《矿井密闭维修安全技术措施》。约15时,陈某等13名工人从主井入井,进行维修密闭作业。

约20时,主要通风机司机发现风机扩散器出口冒出黑烟,立即向总经理李某汇报。

三、事故现场

事故前,井下布置有750水平南采区、750水平北采区共两个采区,北采区处于封闭状态。井筒及石门大部分为裸巷,局部为梯形木棚支护,煤层巷道采用梯形木棚支护、窑柴背帮背顶,立眼为井字形木垛支护。

事故发生时,井下有2个维修作业地点,分别是主井750水平南采区750代巷1号密闭和760区段巷2号密闭,在两密闭处共有13名作业人员维修作业。

四、事故原因

1. 直接原因

维修密闭作业时使用的无煤安标志的空气压缩机着火,引燃附近区域巷道木支护,产生大量有毒、有害气体,造成下风侧13名工人CO中毒死亡。

2. 间接原因

艾家沟矿业公司安全主体责任落实不到位。该矿违反省政府、冀中能源集团关于整合重组煤矿通风、排水、维修等规定,在发现井下密闭压裂存在安全隐患的情况下,未按要求和程序将维修方案上报集团公司和张家口市政府批准,擅自组织人员下井维修作业;盲目处理隐患,没有采取严密的安全技术措施,超过规定人数组织13人下井;在排除安全隐患时,使用无煤安标志的空气压缩机;井下巷道采用木支护,且使用窑柴背帮背顶,为火灾事故埋下了重大隐患;煤矿消防管路系统不健全;安全培训不到位。

张矿集团对艾家沟矿业公司长期存在的重大安全隐患未能及时排查、管控和处置。省政府关于对整合重组矿井通风排水、维修等文件要求下发后,张矿集团对贯彻落实情况督查管理不力,未能及时发现艾家沟矿业公司违规维修和使用禁用设备的行为；对整合后小煤矿存在的安全隐患未进行认真排查，对整合煤矿技改前长期存在安全隐患排查不彻底、整改和管控不力。

怀来县、新保安镇政府及其有关部门对艾家沟矿业公司安全监管不力。

五、事故应急救援情况

总经理李某听完主要通风机司机汇报后，立即赶到主要通风机房查看情况，然后派人到附近的怀来矿业有限公司请求支援。约20时20分，总工程师王某和渠某带领6名怀来矿业有限公司兼职救护队员从主井入井，经750水平井底车场、750水平运输石门、750水平运输大巷，进入750水平南采区运输石门，看见空气压缩机着火，冒着黑烟。总工程师王某和渠某先走到距空气压缩机约5 m的地方用灭火器直接灭火，接着兼职救护队员准备继续用灭火器灭火，这时里面巷道不断冒落，热浪涌出，巷道顶部发热掉渣，距空气压缩机5~6 m处，巷顶温度达70 ℃、CO检测仪报警（浓度1960×10^{-6}），已经不具备用灭火器直接灭火的条件。渠某到井底车场配电室切断大巷以里电源，又到1号水窝附近开关处拆开空气压缩机及以里供电电缆，再到井底车场配电室向1号水窝潜水泵送电。此时，兼职救护队员已经把灭火软管与潜水泵排水管连接上，渠某启动潜水泵，由于灭火软管死折多，水压把水管接头崩开，加之1号水窝水源有限，用水直接灭火无望。总工程师王某在井底750水平车场打电话向总经理李某汇报情况。总经理李某当即让井下人员撤离，准备反风，接着向张矿集团调度室汇报情况，征得领导同意后，约21时11分，开始进行反风。

21时10分许，冀中能源张家口矿业集团有限公司救护大队赶到。21时30分，救护队员从风井入井，开始搜救工作，当救护队员从760区段巷通过750至760上山风门，到达750变平段时发现3名遇难人员。之后，在750水平南采区运输巷与750至760上山变平段交叉口左右15 m范围内又发现8名遇难人员。3月2日11时，在750水平南采区运输巷溜煤眼底发现1名遇难人员。在发现12名遇难人员的同时发现了12台自救器，自救器均已打开，口具、鼻夹已脱落，没有过火痕迹。在对井下进行了5轮搜索后，失踪的1名人员仍未找到。当时火情观测及瓦斯涌出情况是：接近火区CO浓度在0.5%以上，总回风道CH_4浓度在0.82%以上。经抢险救援指挥部研究、判断失踪人员在火区内，已无生还可能，在征得失踪人员家属同意后，3月5日决定采取地面封闭灭火措施。即在现有的主、副、风井井口以下15 m处选择合适位置施工密闭，从主井1号密闭实行注液态二氧化碳灭火方案。

由于封闭区内O_2指标一直达不到火区启封条件要求，CH_4浓度超标，经专家论证，不具备启封条件。为避免次生事故发生，并加快事故调查进度，经研究决定事故调查期间不再下井进行事故现场勘察。

附件3 山西省东于煤业"5·22"较大水害事故应急救援案例

2017年5月22日23时38分，太原市清徐县山西美锦集团东于煤业有限公司（以下简称"东于煤业"）井下三采区03304鉴定巷（开切眼）发生透水事故，造成11人被困，经全力抢险救援，其中5人获救，6人死亡，直接经济损失505.50万元。

一、事故矿井基本情况

东于煤业隶属于山西美锦能源股份有限公司所属的山西美锦矿业投资管理有限公司，属资源重组整合矿井。该矿于2014年6月16日由淮南矿业（集团）有限责任公司所属平安煤炭开采工程技术研究院有限公司（独立法人单位）组成建制队伍，进行整体托管。重组后井田面积16.8506 km²，保有资源储量273.42 Mt，可采储量142.88 Mt，批准开采03—9号煤层，安全许可能力1.26 Mt/a，可采年限73.2年。矿井为高瓦斯矿井，所采煤层煤尘具有爆炸性，煤层自燃倾向性为Ⅲ级，属地温正常区，水文地质条件复杂。

（1）开拓开采系统。矿井开拓方式为斜井开拓，井田内布置四个井筒，分别为主斜井、副斜井、行人斜井和回风立井。井下设计两个水平开采，第一水平布置在+658 m，沿煤层布置倾斜大巷，开采上组的03号、2号、4号、5号和6号煤层，二水平将通过一组暗斜井延伸至8号煤层，水平标高+623 m，开采8、9号煤层。目前，正在开采第一水平，采03号、4号煤层，布置有2个采煤工作面和3个综掘工作面。采煤工作面为03303综采工作面和4102综采工作面，采煤方法为走向长壁综采一次采全高。掘进工作面分别为03304鉴定巷、三采区轨道巷延伸、三采区鉴定巷（东）。

（2）通风系统。矿井通风方式为中央分列式，通风方法为全风压机械抽出式通风。有3个进风斜井：主斜井、副斜井、行人进风斜井；有1个回风立井。回风立井安装2台FBCDZNo.-36型轴流式通风机。目前矿井总进风量12947 m³/min，总回风量13203 m³/min，总回风瓦斯浓度0.18%～0.25%，主要通风机风压为1700 Pa。

（3）提升运输系统。主斜井井筒内装备一部带宽1200 mm的DTL120/2×

185型大倾角带式输送机,选用YB2-4001-4型电机两台,制动系统采用KPZ系列盘式液压制动器,电控系统采用西门子公司生产的交—直—交变频电控系统。副斜井井筒铺设600 mm轨距的30 kg/m型钢轨,采用单钩串车提升,井筒内设有ZDC30-1.5型跑车防护装置,提升采用JK-2.5/31.5矿用提升绞车,滚筒直径$D_g=2.5$ m,滚筒宽度$B=2.0$ m。行人进风斜井安装RJY-37架空乘人装置。

(4) 排水系统。中央水泵房位于井底车场,主、副水仓有效容量为3150 m³。配置3台MD450-60×3型矿用耐磨离心式水泵,一台工作,一台备用,一台检修。敷设$\Phi 325 \times 8$ mm排水管路2趟,经行人进风斜井排至地面污水处理站。三采区水仓布置在采区轨道巷东侧4号煤中,排水管路沿采区轨道巷布置,水仓容量为1288 m³,配置3台DF155-30×3型多级水泵,1台工作,1台备用,1台检修。敷设2趟$\Phi 194 \times 4$ mm的排水管路。在三采区水仓附近设置强排系统,安装有2台BQ-725-371/14-1000W-S型水泵,其流量725 m³/h,敷设$\Phi 426 \times 18$ mm的无缝钢管一趟,直排地面。矿井正常涌水量为269.16 m³/h,最大涌水量为328.68 m³/h,主要水仓的有效容量大于8 h的正常涌水量,20 h内排水能力大于矿井24 h的最大涌水量。

(5) 压风系统。矿井地面空压机采用2台LU250-8.5螺杆式空气压缩机,额定排气量43.0 m³/min,压力0.8 MPa,1台SC290L250螺杆式空气压缩机,额定排气量42.5 m³/min,压力0.8 MPa。

(6) 防尘洒水系统。防尘水源来自地面静压水池,储水量1400 m³。敷设防尘供水管路,并安设支管和阀门。综采工作面:带式输送机机巷、回风巷安装风流净化喷雾或水幕;各转载点安装喷雾装置。综掘工作面:设置风流净化水幕和净化喷雾;各个转载点安装喷雾装置;掘进机内、外喷雾正常使用。煤流系统和其他巷道,设置了喷雾装置和防尘设施。

(7) 供电系统。矿井地面35 kV变电所设置在主井场地,风井场地设置风井场地10 kV配电室(和风机房配电室联建)和瓦斯泵房10 kV配电室。矿井35 kV变电所以10 kV双回向风井场地10 kV配电室、副井绞车、主井带式输送机、空压机、井下主变电所和工业场地10 kV配电室等配电点进行供电。井下主要有三个变电所:中央变电所、一采区变电所和三采区变电所。中央变电所的10 kV双回电源引自地面矿井35 kV变电所的10 kV不同母线侧,一采区、三采区变电所的10 kV双回电源引自中央变电所的10 kV不同母线侧。

(8) "六大系统"。矿井设有安全监测监控、井下人员定位、紧急避险、压风自救、供水施救、通信联络等"六大系统"。

(9) 矿井地质及水文地质。井田内含煤地层为二叠系下统山西组和石炭系上统太原组，可采或局部可采煤层共7层，分别为03、2、4、5、6、8、9号煤层。目前开采03、4号煤层，其中03号煤层平均厚1.68 m，顶板为粉砂岩、砂质泥岩、中—细砂岩，底板为泥岩、砂质泥岩、细砂岩，与2号煤层相距3.71~17.65 m，平均8.65 m。2号煤层平均厚2.45 m，4号煤层平均厚2.48 m。井田处于西山向斜的东翼南缘，在总体构造控制下发育闫家庄背斜、黄大坪向斜、市儿口背斜等3个小的向斜、背斜，地层倾角4°~11°。井田内断层、陷落柱较为发育，目前生产揭露11条断层，156个陷落柱。

山西组各煤层之上砂岩裂隙含水层富水性弱，太原组6号煤层顶板L5灰岩含水层富水性弱，8、9号煤层顶板L1和K2灰岩含水层富水性弱，且其间隔有炭质泥岩和泥岩隔水层。奥灰水水位标高为773~820 m，除井田东南角局部外，均为带压开采。被整合的同亿煤矿、泽渔河煤矿（关闭）、东于太平煤矿（关闭）存在大量采空区和采空积水，矿井水文地质条件类型为复杂。03304鉴定巷位于黄大坪向斜轴部。

(10) 透水巷道基本情况。事故发生在03304鉴定巷，位于东于煤业三采区，西起三采区西回风巷，03304鉴定巷包括1条顺槽和开切眼，沿03号煤层底板掘进：顺槽沿方位角60°施工，规格为5.0 m（净宽）×2.8 m（净高），净断面面积为14.0 m^2，采用锚网索支护；开切眼沿330°方位角施工，规格为6.5 m（净宽）×2.6 m（净高），净断面面积为16.9 m^2，采用锚梁网支护。截至5月22日事故发生时，顺槽已完成施工，共997.5 m，开切眼施工66.7 m。工作面井下位于一水平三采区，西临三采区系统巷道，东距03号煤采空边界（原泽渔河煤矿东部边界）52~79 m，南北方向为未采区。03号煤平均厚度1.8 m，直接顶板为泥岩、砂质泥岩、粉砂岩，厚1.2~8.0 m，基本顶为中粗至中细砂岩，厚2.6~6.4 m。

工作面预计正常涌水量3 m^3/h，最大涌水量30 m^3/h，配备2台7.5 kW风泵，安设一趟Φ108 mm排水管，单泵额定排水能力12 m^3/h。

03304鉴定巷掘进工作面逐渐由警戒线外施工至探水线与积水线之间，其中开切眼大部分位于探水线与积水线之间，物探采用瞬变电磁法，探测顺层、顶板、底板三个方向。开切眼超前钻探两次，第一次位于开切眼开口处，第二次位于开切眼开口以里60 m处，各施工钻孔5个，其中3个为顺煤层方向，2个为底板方向，实际施工底板方向钻孔均探到2号煤层实体。根据矿方提供的资料和现场勘察，事故发生时迎头已掘进到距第二次钻探点6.7 m的位置。

二、事故经过

5月22日中班（14时—22时）井下接班时，作业人员发现03304鉴定巷（开切眼）工作面有积水，排完水后，约19时40掘进了两排（约1.6 m），班长易某带着人去支护顶板，同时跟班副队长盛某带人去钻场打木剁防止顶板来压，大约20时多易某发现工作面水变大了，就找盛某汇报情况，然后盛某向调度室、综掘一区区长焦某汇报说顺槽带式输送机机尾处水大，水泵排不完（水泵排水能力12 m³/h）。焦某接到盛某汇报后，打电话给掘进副总张某汇报，张某安排地测科副科长罗某下井观察水情。罗某向地测科科长詹某汇报情况后下井，约21时10分，罗某到达03304鉴定巷开切眼口，在此处测得水量为20 m³/h并伴有臭鸡蛋味。罗某顺着开切眼往里走遇到下班出来的盛某，罗某让盛某协助他测量渗水情况，约21时45分，罗某向调度室汇报"03304右钻场10 m范围内零星状分布出水，总水量在20 m³左右，有臭味"。约22时10分，罗某和盛某就一起出去，在03304鉴定巷（顺槽中部）碰到夜班跟班副区长徐某。

5月22日20时30分，综掘一区一队夜班在队部安教室召开班前会，参会人员有副区长汤某、跟班副区长徐某、跟班副队长张某及职工9人。当班工作的具体内容是安排9名职工抬水泵到03304开切眼掘进面，安装好后排水。约21时开始入井，约22时到达工作面。随后不久，安全员金某也到达现场。约23时，水泵到位后，综掘一区一队当班班长王某安排张某到顺槽外关闭静压水管的阀门，其余人员安装水泵、连接管路。约23时30分，积水点水量突然增大，徐某将此情况向调度室汇报，张某安排人马上将水泵抬到积水处，安装并准备抽水，正在抬水泵时，忽然听到"砰"的一声巨响，工人们就被水冲倒。23时38分，调度屏幕显示03304迎头甲烷传感器报警，随后井下一名瓦检员向调度室汇报03304一个局部通风机反转，出现异常，然后调度员邓某就向03304迎头打电话询问情况但未打通。随后调度室接到采煤队陈某在井下汇报说轨道大巷六联巷水大、人员无法通行。

在此期间，约22时30分，矿长陈某得知03304迎头水大后，通知总工程师周某、掘进一区区长焦某、调度主任陶某、地测科科长詹某4人到调度室，在听取了罗某对井下现场情况的汇报、焦某对夜班工作的安排等情况后，又对排水工作进行了安排。

约23时40分，矿长陈某在办公室接到调度员邓某电话汇报称井下透水，才安排调度立即撤人，并随后赶到调度室安排启动应急预案。

事故发生后，经清点，该矿当班入井人数67人，安全升井42人，安排留守井下救援人员14人，11人被困事发区域。23日1时50分，被困在03304鉴定巷躲避硐室（距离三采区西回风巷口579 m）的4个人通过电话与调度中心取得联系，其余7人失联。

三、事故现场

5月25日，技术鉴定组对东于煤业"5·22"水害事故现场进行了勘察。

1. 勘察路线

勘察路线为：行人斜井→轨道大巷→三采区轨道大巷→03301提料斜巷→三采区西回风巷→03304鉴定巷（顺槽）→03304鉴定巷（开切眼）→透水点。

2. 现场勘察情况

5月25日晚21时入井，从行人斜井到达03304鉴定巷，沿途发现：03304鉴定巷（顺槽）自三采区回风联巷口处向里30 m范围为一下山巷道，30 m至150 m处为平巷（最低洼处），150 m以里整体为略有起伏变化的上山巷道，随巷道起伏变化在低洼处和平缓处有大量淤泥煤渣、少量积水，在上山坡度较大的地段有深0.5~0.8 m的冲沟，局部轨道悬空，带式输送机架被摧倒，托辊、机架等或散乱、或聚集在巷道底板的淤泥中。T17号（距三采区西回风巷口579 m）测点处见避难硐室，T18号（距巷口698 m）点附近的左右钻场处均见到超前钻探钻孔的孔口及标牌。T19（距巷口785 m）号测点往里，距后部钻场40 m处，底板冲沟中有超前探钻孔的痕迹。进入03304鉴定巷（开切眼）后，在T22（距巷口999 m）测点处钻场，见超前钻探钻孔和超前钻探、物探牌板，同时见水流印痕，高0.6 m左右，水印之上有煤尘，印痕清晰。据实测，开切眼口T22号测点向里15 m开始，至透水口处，堆积有顶面平缓的条带状破碎岩块溃出物，长32.5 m，宽3.3 m，厚度约0.4 m，总体积42.9 m^3。岩块大小一般在0.05~0.1 m之间，少量0.2~0.3 m，岩块由透水口向外逐渐变小，岩性以碎块状细砂岩、粉砂岩为主（与2号煤顶板岩性类似）。距T22测点47.5 m处，见一长轴7.5 m（沿切眼巷道方向）、短轴6.5 m、深1.2 m的椭圆形塌陷坑，掘进机随塌陷坑下陷，掘进机两履带间有少量水流出，水量约5 m^3/h，并伴有少量气泡冒出。塌陷坑向外3 m，开切眼外帮揭露一陷落柱，揭露长度15 m。塌陷坑上方顶板完整。在塌陷坑右前方钻场口立一边长1.5 m的木垛。在掘进正前迎头及钻场侧帮距顶板1 m处，有明显被水浸泡痕迹。

四、事故原因

事故直接原因是东于煤业三采区03304鉴定巷（开切眼）针对老空区探放

水设计不符合规定,物探、钻探工作不严谨,透水后未立即停止作业、及时撤人。

1. 针对老空区探放水设计不符合相关规定

矿方《2017年度地测防治水"一矿一策"、"一面一策"》报告中,地质、防治水部分涉及03304工作面开切眼即03304鉴定巷(开切眼)的水患分析提到:"工作面开切眼附近可能有03、2号煤层或其他煤层不规则采空区,因小煤矿开采,时间久远,无准确采掘及测量资料,无法准确预计采空区范围,预计采空区内可能存在一定量的积水"。

在对03304鉴定巷(开切眼)做出可能存在老空水威胁的判断后,未按照《煤矿防治水规定》第九十四条第一款之规定设计探放水钻孔。规定要求探放老空水时,探水钻孔成组布置,并在巷道前方的水平面和竖直面内呈扇形,钻孔终孔位置以满足平距3 m为准,厚煤层内各孔终孔的垂距不得超过1.5 m。而东于煤业的《03304鉴定巷、开切眼"有掘必探"设计及安全技术措施》中"03304开切眼验证钻孔"设计4个钻孔,其中探测下伏2号煤层老空的底孔仅1个,在施工前调整为2个。单次探测水平控制距离约110 m,允许掘进80 m。进入03304鉴定巷(开切眼)后,共施工两轮探放水钻孔,每轮施工2个底孔探测2号煤底板老空水。由于钻孔密度不足,未能探测到引起本次透水的2号煤层采空区域。

由此可见,矿方03304鉴定巷(开切眼)针对2号煤层老空水的探放水钻孔设计针对性不强、钻孔密度不够,违反了《煤矿防治水规定》第九十四条第一款之规定。

2. 物探成果不可靠,钻探施工不严谨

(1)井下物探成果不可靠。2017年4月23日,东于煤业地测科人员在03304鉴定巷(开切眼)开口处利用便携式瞬变电磁仪对开切眼做了物理探查。《瞬变电磁仪物探报告》中显示掘进方向上顶板30°、顺层、底板30°三个方向均无明显低阻异常,富水的可能性小。瞬变电磁仪型号为TE MHZ75 + TE MJF50,说明书上有效探测距离为140 m,矿方按照一次探测110 m有效距离,允许掘进80 m的原则来利用物探成果。本次探测起始点位置距突水点下方2号煤层老空区直线距离约为51 m,在瞬变电磁仪的有效探测距离内,但物探结果未显示有低电阻异常(富水区域特征)。由此可见,物探结果与实际情况不符,物探结果不可靠。

(2)未严格按照探放水设计施工探放水钻孔。在钻探施工中,矿方将部分瓦斯抽放钻孔兼作探放水钻孔,使得实际施工钻孔参数和设计探放水钻孔参数不能完全相符。部分兼作钻孔孔径大于75 mm,违反《煤矿防治水规定》第九十七条之规定。调查03304鉴定巷近期的3次探放水设计和施工记录均发现上述问题。

3. 巷道底板透水后，未立即停止作业，撤出人员

（1）2017年5月22日中班接班时，工作面底板开始渗水。盛某（综掘一区一队副队长）发现03304鉴定巷（开切眼）迎头附近出现积水，并进行了抽水作业。

（2）20时22分，盛某向矿调度汇报，03304鉴定巷（开切眼）靠迎头附近右帮钻场底板水变大，大于工作面风泵排水能力（12 m^3/h）。

（3）21时45分，罗某（地测科副科长）在井下查看后，汇报矿调度中心03304鉴定巷（开切眼）右钻场10 m范围内有出水，水量约为20 m^3/h，并伴有臭鸡蛋味，怀疑为老空水。随后，中班掘进队组人员交接班升井，矿方安排夜班掘进队组人员入井进行安泵排水作业。

（4）23时38分，夜班掘进队组人员在安泵排水过程中，突水点水量突然加大，11人遇险。

在巷道底板透水后，矿方未按照《煤矿安全规程》第二百八十八条之规定立即停止作业、及时撤出人员，在隐患未排除的情况下安排人员现场作业，最终导致了事故的发生。

五、事故应急救援情况

1. 东于煤业应急处置基本情况

事故发生后，矿井立即启动应急预案，通知井下所有作业人员迅速撤离，矿领导、科室负责人、基层科（区）长立即到矿调度中心集合，并成立应急救援指挥部，设立了现场抢险组、技术专家组、后勤保障组、治安维稳组、善后处理组等相关专业小组，同时启动应急一级响应。

总指挥矿长陈某安排总工程师周某为井下现场总指挥，带领总支书记、矿长助理、调度主任等赶赴井下受灾现场，开展现场抢险救灾。同时命令当班带班机电副矿长魏某召集机电人员，确保供电、排水系统可靠畅通。安排机电副总黄某在地面负责抢险救灾物资调运、装车、入井。应急救援指挥部制定了三套救援方案，分别是现场排水、地面打钻、井下打钻（放水），三套方案同时进行，迅速形成了地面物资保障、井下物资调运、现场设备安装及运行抢险机制。

先期处置主要措施为将巷道供水管路改为压风管路向被困人员供风。23日5时47分，安装并运行5台100 kW水泵进行排水作业。8时0分左右，第6台排水泵安装运行，并继续增调排水泵。截至救援结束，共计向现场调配排水泵23台。事故发生后，东于煤业积极配合事故抢险和救援工作。参与应急救援工作分

三班进行，共入井368人次。配合太原市、西山煤电、汾西矿务局三支矿山救护队开展应急救援。

事故发生后，采煤一区职工陈某汇报"三采区六联巷向下流水较大，可能是哪个地方透水了"。5月22日23时40左右，矿长陈某接到调度员汇报立即赶到调度中心。5月23日0时24分，调度员庞某向美锦矿业公司调度中心汇报，0时30分，调度员庞某向清徐县煤炭工业管理局汇报，0时33分，调度员庞某向太原市煤炭工业局调度中心汇报，0时40分，矿长陈某向平安工程院公司领导汇报。事故发生后，东于煤业未严格按照有关规定将事故情况上报山西煤矿安全监察局太原监察分局。

2. 山西美锦集团与平安工程院公司应急处置基本情况

事故发生后，美锦集团于5月23日0时24分接到事故报告。值班调度员李某接东于矿值班调度员庞某汇报东于煤业03304鉴定巷开切眼出水，人员被困，要求公司联系太原市救护大队。李某立即向公司生产部董某汇报，董某同东于调度副主任李某核实具体情况后，分别向公司总经理吴某、总工程师姚某、安全副总刘某汇报。5月23日00时40分向清徐县煤炭工业管理局汇报，同时联系太原市矿山救护大队救护。美锦集团董事长姚某立即组织公司吴某、姚某、刘某、董某等相关人员赶赴东于煤业进行现场抢险指挥，同时联系公司机电、安全、地测等领导立即到公司调度留守值班。

事故发生后，淮南矿业集团、平安工程院公司在接到东于煤业汇报后，淮南矿业集团总经理、党委副书记王某、副总经理黄某、副总工程师赵某、办公室主任江某、地质通防部部长朱某、副部长汪某、生产部副部长张某、平安工程院公司董事长、党委书记郭某、总经理周某、党委副书记刘某于5月23日上午到矿，并立即与美锦集团、东于煤业组成联合抢险指挥部，开展指挥抢险。总经理王某第一时间带相关人员深入现场指挥抢险。

3. 事发地人民政府应急处置基本情况

1）应急响应情况

5月23日1时15分，清徐县人民政府接县安监局报告后，及时向县委副书记、县长王某报告，要求立即启动应急预案，同时通知相关县领导以及县政府办（应急办）、公安、安监、卫计、供电、移动、联通、东于镇等部门和乡镇相关负责人立即赶赴现场，公安局及时调配警力维护现场秩序，安监局专业人员赶赴现场，卫计局派出两台救护车，供电、移动、联通派出相应专业应急车辆。

清徐县人民政府于5月23日1时15分接县安监局事故报告后，第一时间向太原市人民政府应急办公室进行了汇报，并层层上报至山西省人民政府。

2）指挥救援及现场处置措施落实情况

接到事故报告，省、市、县有关部门负责人赶赴现场，由省政府牵头成立了山西美锦集团东于煤业"5·22"透水事故抢险救援指挥部，副省长王某担任抢险救援指挥部总指挥。指挥部下设抢险组、救护组、钻孔组、技术组、医疗组、新闻组、保卫组、善后组和保障组9个工作组，并明确了各组的分工和任务。从太原市矿山救护大队、汾西矿业和西山煤电等单位抽调人员、设备，立即进行事故抢险救援工作。

抢险救援指挥部通过科学分析，同时采取了三套救援方案：一是井下排水，在被淹巷道03304胶带顺槽入口处安设水泵向被淹巷道内排水。二是井下打钻放水，在三采区轨道大巷+632 m标高处开孔向被淹巷道最低位置处（标高638 m）施工放水钻孔，设计钻孔倾角5°，钻孔深度80 m。三是地面施工直孔，在被困人员所在避难硐室外侧上部地面对应位置施工ϕ191 mm的直孔，设计钻孔深度260 m，作为输送应急物品和给养的通道。

23日20时40分，水位下降至积水区距巷道顶板下1.4 m位置，救护队员进入灾区开始搜救。23日21时30分，救出避难硐室4人，其中2人正常、2人受伤。24日00时36分，救出另一名被困人员。剩余6名遇难职工于24日06时27分全部升井，救援工作结束。截至24日06时27分，03304鉴定巷总排水量约5100 m³。

4. 应急处置评估结论

（1）在本次事故救援中，事故企业、各级政府以及各方救援力量均以抢救矿工生命为第一任务，分工明确，响应及时，处置科学，措施得当。

（2）煤矿企业要加强对作业场所的风险检测和评估，对存在风险隐患必须制定切实可行的安全措施，切实做到防患于未然。

（3）强化风险与应急技能的安全培训，使每一个职工熟练掌握辨识风险的能力和应急处置技能，提高水害防治安全意识。

（4）生产经营单位应当按规定进行综合应急预案演练、专项应急预案演练以及现场处置方案演练。

附件4　山西平定汇能煤业有限公司"12·17"顶板事故应急救援案例

2018年12月17日21时20分左右，山西平定汇能煤业有限公司15207综采工作面113号支架至115号支架处发生一起顶板事故，死亡1人，重伤1人，直接经济损失人民币 138.09 万元。

一、事故矿井基本情况

山西平定汇能煤业有限公司（以下简称汇能公司）位于阳泉市平定县张庄镇新城村。矿井设计生产能力 1.8 Mt/a，核定生产能力 1.8 Mt/a。井田位于沁水煤田东北端，井田面积 18.4151 km²，井田保有煤炭资源储量为 123.22 Mt，可采储量 72.953 Mt，矿井设计服务年限为 28.9 a。该矿于 2007 年开工建设，2013 年 7 月竣工投产，属生产矿井，为高瓦斯矿井，水文地质类型划分为中等；15 号煤层自然倾向性鉴定等级为Ⅲ级，属不易自燃煤层，煤尘无爆炸危险性。

（1）开拓开采系统：矿井采用斜井立井混合开拓，现布置有主斜井、副斜井、中央回风立井 3 个井筒。井下布置有一个水平，为 +574 水平。井田划分为 4 个采区，现开采一、二采区。15 号煤层现布置 1 个综采工作面（15207 工作面），3 个掘进工作面（15203 进风顺槽、15203 回风顺槽、15203 高抽巷掘进工作面）。回采工艺为走向长壁后退式综采放顶煤，采用液压支架支护，全部跨落法管理顶板。煤巷掘进方式为综掘，岩巷掘进为炮掘。支护形式为锚杆、锚索、锚网联合支护。

（2）通风系统：矿井通风方式为中央分列式，通风方法为机械抽出式。进风井为主斜井、副斜井，立井为总回风井。主要通风机为 FBCDZNo.29/2×500 型轴流式风机，一台运行，一台备用。

（3）供电系统：矿井工业场地内建有 35/10 kV 变电所一座，一回 35 kV 电源架空引自陈家庄 110/35 kV 变电站 35 kV 出线，另一回 35 kV 电源架空引自蚕石 110/35 kV 变电站 35 kV 出线。由地面 35 kV 变电站以双回路 10 kV 电压供井下用电。井下 +574 水平大巷建有一座中央变电所。

（4）提升运输系统：副斜井安装 2JK-3×1.8E 型双滚筒绞车，提升方式为串车提升，担负矿井矸石、材料、设备等物料提升任务。副斜井安设 RJKY45-30/1800（A）型大坡度可摘挂式抱索器架空乘人装置，担负矿井人员升降。主斜井安装 DTL120/55/2×500 型带式输送机一部，长度 720 m，担负矿井原煤提升。井下辅助运输为电机车和绞车。

（5）主排水系统：矿井在副斜井井底车场南侧设主排水泵房。中央水泵房安装 3 台 MD280-43×8 型耐磨离心式水泵，一台运行、一台备用、一台检修。井下中央水仓有主、副水仓各一个。其中主水仓容积 1500 m³，副水仓容积 1450 m³。矿井现最大涌水量为 84 m³/d，正常涌水量为 72 m³/d。

（6）安全避险"六大系统"情况：两个避难硐室（+574 水平大巷避难硐

室和一采区避难硐室）均已建设完成，一个设在+574轨道大巷，另一个设在一采区轨道上山轨胶联巷处。矿井配有KJ70X煤矿安全监控系统、KJ128型人员定位系统、DDK-6综合业务有线调度系统、KT105（A）型无线通信系统和KTK113型井下数字语音广播系统。供水施救系统和压风自救系统均在所有避灾路线配设有管路，安设了三通和阀门。工作面配有ZYJ型矿用压风自救装置和KGS-2型矿用供水装置。安全避险"六大系统"运行正常。

（7）事故地点相关情况：事故发生在15207综采工作面113号支架至115号支架煤壁侧陷落柱处。15207综采工作面位于矿井二采区西北部，采用综采放顶煤工艺，为刀把工作面，顺槽长887 m，可采长度为515 m，剩余开采长度为126.7 m，进回风顺槽沿煤层底板布置。2018年7月20日，15207综采工作面完成刀把以里工作面推进，刀把外工作面于8月18日开始生产，截至12月17日刀把外工作面累计推进143.3 m。

15207综采工作面回风顺槽推进至里程346 m时揭露陷落柱（X-104），截至12月17日该陷落柱工作面方向揭露最宽为22.1 m，顺槽方向揭露长度为33.9 m，发生事故时工作面方向陷落柱揭露长度为13.5 m。此陷落柱填充物由砂岩、泥岩、砂质泥岩、煤、桃花岩组成。

15207综采工作面共布置124组支架，其中中间架118架，型号为ZF5400/19/30型；过渡架6架，型号为ZFG6000/19/32型支架，呈单列式布置覆盖全长工作面管理顶板。15207综采工作面采煤机型号为MG300/700WD型，前后刮板输送机型号为SGZ764/630型，两端头支护采用DZ-2.8型单体液压支柱和4.4 m长Ⅱ型梁支护顶板。

二、事故经过

12月17日四点班入井人数共92人。其中带班领导是安全副总经理王某，综采队20人，准备队13人，掘进队29人，机运队12人，通风队10人，安质部4人，信息中心2人，驻矿安监员1人，班后自行出井90人。

12月17日14时40分左右，综采队四点班跟班队长王某（综采队副队长）组织综采队当班人员召开班前会。参会人员共21人，其中跟班队长1人，班长1人，副班长1人，支架工5人，端头工3人，机组工2人，清煤工2人，刮板输送机司机3人，电工1人，皮带工1人，另有1人为送饭工。班前会上王某强调了安全注意事项，要求打炮眼作业时班长必须现场监督。班长闫某分配了具体工作，安排支架工张某、采煤机司机郭某为一组，支架工郝某、端头工李某为一组，在处理陷落柱时分两组打炮眼。

15时40分左右,王某与闫某到达15207综采工作面,对工作面安全情况进行巡查,未发现明显安全隐患。16时工人陆续到达了工作面,16时10分安全确认完毕,16时20分左右当班开始作业。21时左右割煤一刀半,割煤任务完成,机组停在约60号支架处,全部支架护帮板均打开,前溜闭锁,准备在陷落柱处打眼。张某、郭某一组(张某负责打眼、郭某负责协助打眼、观察周围环境),郝某、李某一组,共两个小组在工作面煤壁打眼作业,班长闫某负责监督。打眼工作的具体安排是:张某、郭某从113号支架处开始往机尾方向打眼,郝某、李某从121号支架处开始往机头方向打眼。开始作业前,班长闫某对打眼地段进行顶板检查和敲帮问顶,经检查后未发现煤壁和顶板有安全隐患,然后安排四人打眼。张某、郭某先把114号支架护帮板收起,在此处打了上眼,紧接着在煤壁中部打第二个眼。21时20分左右,闫某与郝某、李某一组在118号支架处检修完钻机后,闫某去机尾开启风管阀门开始试钻,突然听到张某大声呼救。闫某等人跑到114号支架处,发现113号支架至115号支架间的煤壁侧片帮,郭某胸部以下被矸石压住,张某被矸石砸伤并压住腿部。郭某当场昏迷,张某双腿受伤。

三、事故现场

2018年12月19日,按照事故调查组的安排,事故调查技术组会同矿方现场作业人员及记录人员入井对15207综采工作面事故现场进行了勘察。勘察情况如下:

1. 勘察路线

副斜井→+574水平轨道大巷→二采区辅助轨道巷→15207综采工作面回风顺槽→15207综采工作面→事故现场→原路返回。

2. 勘察情况

15207综采工作面采高2.6 m,布置有124组支架,其中113号支架至121号支架为现揭露的陷落柱段,长度为13.5 m。片帮段在113号支架至115号支架之间,片帮长度为4.8 m、高度为1.6 m、厚度为0.6 m。片帮煤壁距刮板输送机上齿轨边2.4 m,距刮板输送机的煤壁侧边缘1.7 m。电缆槽高度为0.7 m,114号支架对应煤壁中部和上侧有排距为0.8 m的两个炮眼。15207综采工作面支架前梁全部伸出,并有效接顶;除114号支架护帮板未及时支护到位外,其余支架护帮板全部支护到位。护帮板规格为1.5 m×0.6 m。113号支架至115号支架的护帮板处煤壁岩体为硕岩,与护帮板下方岩体分离,护帮板下方煤壁呈光滑面。煤壁岩体片帮后形成三块大石和碎石,石块大体规格:石块1,1.52 m×0.93 m×

0.55 m；石块 2，1.07 m×0.43 m×0.5 m；石块 3，0.58 m×0.4 m×0.3 m。YT-28 型钻机被压在 114 号支架处石块下，钻杆被埋入冒落的矸石中。15207 综采工作面进回风端头各布置 1 部通信电话，回风侧电话距工作面煤壁 13 m，进风侧电话布置在刮板输送机机头。15207 综采工作面每隔 3 架安装一盏矿用照明灯，113 号支架有支架照明灯。

四、事故原因

事故直接原因为综采工作面遇到陷落柱后，岩体存在隐蔽滑面，现场作业人员在未采取有效措施的情况下冒险作业，打钻诱发滑面松裂，拔钻过程中岩体突然垮落。

（1）陷落柱在形成过程中受力挤压，形成一个岩体滑裂面，现场作业人员在陷落柱和煤体结合处打眼，打眼产生震动，诱发岩体滑面松裂；同时 114 号支架护帮板收起，未及时支护煤壁，且在打眼处未设置临时戗帮柱支护煤壁。

（2）根据垮落岩层的长度、高度、厚度分析，在使用风动凿岩机第一次打眼前，对其进行敲帮问顶难以判断是否有空帮现象，但风动凿岩机打眼时震动较大，存在诱发片帮风险。

五、事故应急救援情况

1. 应急预案启动情况

听到呼救的闫某用工作面语音喇叭呼叫当班工作人员参加抢救。闫某组织工人将郭某、张某救出。王某于 21 时 30 分向矿调度室电话汇报了事故情况，现场人员制作简易担架将郭某、张某护送上井。22 时 8 分，值班调度员王某给平定县人民医院打电话叫了救护车。22 时 19 分，郭某升井，被紧急送往平定县人民医院，22 时 35 分左右在东锁簧村附近遇到医院救护车，经医护人员现场诊断确认死亡。23 时 4 分，张某升井，被送往平定县人民医院进行救治。

2. 事故报告情况

2018 年 12 月 17 日 22 时 16 分，山西平定汇能煤业有限公司值班调度员王某向平定县煤炭工业局电话汇报事故情况。平定县煤炭工业局指示山西平定汇能煤业有限公司启动应急预案，全力抢救受伤人员并及时汇报救治进展情况。22 时 50 分，山西平定汇能煤业有限公司调度值班员王某向平定县煤炭工业局电话汇报，称郭某经平定县人民医院 120 急救车医务人员诊断死亡。平定县煤炭工业局调度值班员 23 时 50 分向山西煤矿安全监察局阳泉监察分局电话汇报事故情况。

附件5　山东省星村煤矿"7·26"冲击地压事故应急救援案例

2015年7月26日13时13分，山东天安矿业有限公司星村煤矿3302综放工作面轨道顺槽发生一起冲击地压事故，3302工作面轨道顺槽约200 m巷道变形，底板突起0.2~1.5 m，巷道内的部分设备移位，工作面100 m超前支护的单体支柱大部分被折弯或折断，造成2人受伤。

一、事故矿井基本情况

1. 星村煤矿基本情况

星村煤矿位于山东省兖州市以东约15 km，曲阜市西南约10 km，主体位于曲阜市陵城镇境内。井田勘探范围：东起峄山断层，西至曲阜井田的31勘探线，北以F40断层为界，南以滋阳断层与兴隆庄井田和东滩井田相邻，勘探面积约32.6 km²。矿井设计生产能力为0.45 Mt/a，2014年核定为1.2 Mt/a。矿井主采煤层为3号煤层，经中国矿业大学煤炭资源与安全开采国家重点实验室鉴定，3号煤层及基本顶均具有强冲击倾向性。

2. 3302工作面基本情况

3302工作面位于矿井西翼（-196水平）三采区东翼，北侧有已回采完毕的3308工作面和正在掘进的3310面两顺槽；南侧为-196水平三条开拓大巷；三采区西翼有已回采完毕的3303工作面、准备回采的3307工作面和正在掘进的3311面运输顺槽。

3302工作面走向长1125 m（平距），面长100 m，煤厚8.2 m，倾角平均8°，埋深在1260 m左右。由于2013年8月5日3302工作面运输顺槽在掘进过程中发生过冲击地压，所以3302工作面在回采以来，全部按照高度危险区域进行防冲监测、卸压和管理。

3. 3302工作面采取的主要防冲措施

3302工作面根据规定编制了《3302工作面冲击危险性评价研究报告》和《3302工作面防治冲击地压专项设计》。由于3302工作面运输顺槽在掘进期间发生了一起强冲击现象，矿邀请相关专家对矿防冲工作进行了审查，并根据专家意见编制了《3302工作面防治冲击地压变更设计》，以上均通过济宁市煤炭局组织的专家评审。

（1）SOS微震监测系统。该矿实行24小时对井下发生的震动进行全天不间断监测。当回采工作面发生 3×10^4 J 以上震动时,及时组织人员分析和预测预报,根据不同危险程度划分冲击危险区域,并制定相应的防范措施。

(2) 冲击地压在线预警监测系统。该矿在 3302 工作面两顺槽和运煤巷内掘进期间安装了冲击地压在线预警监测系统,每帮每组间距为 30 m,两帮交错布置,每组应力计深度分别为 12 m 和 17 m。

(3) 电磁辐射监测。工作面生产期间,直按照防冲专项措施规定每 3 天对两顺超前 400 m 范围进行电磁辐射监测,测点间距为 20 m,每点监测 2 分钟。中国矿大给定的电磁辐射预警值强度为 100 mV,脉冲数为 1600。为加强管理,矿将电磁辐射预警值调为强度 60 mV 脉冲数为 960,作为矿的临危判定指标。

(4) 钻屑法监测。工作面生产期间,每天在对回采工作面超前 150 m 范围实施钻屑法监测,分别在超前 50 m 内、超前 50~90 m 和超前 90~150 m 范围各布置一个监测点

(5) 防冲卸压方面。工作面顺槽在掘进期间两帮已按 1.5 m 的间距施工深度不小于 20 m 的卸压大孔,大孔直径 110 mm。工作面回采期间,先对工作面超前 150 m 范围进行煤体和顶板爆破卸压,爆破孔直径 42 m,深度不小于 13 m,间距 3.0 m,煤体爆破孔装药 6 卷,顶板爆破孔装药 8 卷。爆破后再利用大直径钻孔对两帮进行卸压,卸压孔直径 110 mm,间距 1.0 m,深度不小于 20 m,始终超前工作面不少于 150 m。在工作面周期来压、见方时,对工作面超前 10~50 m 再次进行大孔卸压,卸压孔直径 110 mm,深度不小于 20 m,间距 3.0 m;在工作面过褶曲构造时,对两顺槽底板进行爆破断底;对运煤巷及两顺槽留设底煤区域进行底板大孔卸压。

二、事故经过及现场

2015 年 7 月 26 日,3302 工作面在推采至距停采线还有 51 m,距运煤巷 150 m(停采线距运煤巷 100 m,距三采区运输上山 150 m)时,轨道顺槽发生了冲击地压事故。

2015 年 7 月 26 日 13 时 13 分,星村煤矿 SOS 微震监测系统监测到 3302 工作面轨道顺槽回采帮以里 7 m、运煤巷以里 11 m、底板 17 m 处发生一次 2.03×10^6 J 的震动。监测到震动后,微震室值班人员立即汇报调度室,调度值班人员通知综采工区及井下其他单位停产撤人。

冲击造成 3302 工作面轨道顺槽受影响区域约 220 m,巷道内部分物料发生位移。冲击还造成超前支护内出现一颗支柱爆缸,大部分支柱压弯或折弯、柱头损坏,受冲击波影响超前支护整体向采空区方向倾斜;同时还造成运煤巷内一风门

整体被冲击波冲到，另一风门被冲掉。本次冲击共造成200 m巷道出现不同程度的底鼓，有30 m巷道底鼓较严重，达0.8~1.5 m；其余地方底鼓量在0.2~0.6 m之间；除超前支护外原巷道支护体系良好。

根据矿生产规定，中、夜班为生产班，工作面在生产时超前煤壁150 m范围内严禁有人，其他辅助工作不能在此期间进行；早班为检修班，不生产，根据星村煤矿投产以来总结的规律看，工作面在不生产期间不发生较大震动，认为在此期间为相对安全性较高的时间段，所以利用此时间段，综采工区进行超前支护工作、通防工区进行注浆防灭火工作、防冲工区进行钻屑法监测和预防性卸压工作。所以，冲击发生时，综采工区7人、通防工区8人和防冲工区3人共计18人在此区域内作业。其中综采工区：工作面刮板输送机尾部有2人正在联网工作；在煤壁超前20 m处1人正在支护巡查；在超前150 m处有2人正在连接防护网工作；在轨道顺槽开门口处有集控司机1人和物料巡查1人。通防工区：在工作面刮板输送机尾部有2人回撤注浆管路；在煤壁超前85 m处有3人正在打设地锚准备对注胶泵进行固定；在煤壁超前95 m左右有瓦检员和机修工2名人员；在煤壁超前160 m处有1人正在运输材料。防冲工区：在煤壁超前40 m处有1人正在挪移钻机具，准备施工钻屑法监测孔；在煤壁超前100 m处有1人正在挪移风水管；在煤壁超前220 m处有1人正在巡查做记录工作。

三、事故原因

直接原因：①该矿煤岩层冲击倾向性鉴定结果为3号煤层及顶、底板均具有强冲击倾向性，冲击具备了自然条件。②3302工作面开采深度大，达到1260 m；地应力高，经地应力测试，垂直应力为31.5 MPa，水平应力为67.9 MPa，埋深大、地应力高也是冲击发生的客观和直接原因之一。③3302工作面处于DF22、F14、SF107和SF108断层附近，构造应力集中，受回采应力场影响，造成应力叠加。④因受采区巷道布置影响，应力在3302工作面停采线附近巷道集中；同时受3303、3308工作面采空区及本工作面采空区的影响，造成该区域采掘应力叠加集中，是冲击发生的主要诱因。

间接原因：①3302工作面受巷道布置影响，需从煤层顶板过渡到底板穿煤施工，冲击段留有底煤，是造成在底煤段应力显现较重的主要原因。②因冲击地压预测预报难度大，仍为世界性难题，且我矿现有技术人员分析能力有限，对防冲监测的各项数据分析的准确性有所欠缺，未达到冲击地压预测预报的效果。③对冲击地压发生的时间判断有误，未意识到在检修且没有采掘活动情况下能够发生冲击，致使18名人员在顺槽内作业，是造成涉险人员较多的主要原因。

四、事故应急救援情况

2015年7月26日13时13分,矿压科微震监测室监测到井下发生较大震动波形,经过初步计算震动能量在10^6J以上,于是立即通知调度室,并汇报矿压科科长和防冲副总。

调度值班员接微震室通知后立即命令3302工作面人员全部撤离,其余生产队伍撤离至开拓大巷安全地点,并通知井下跟班矿领导防治水副总李某立即赶往现场指挥人员撤离和实施现场应急救援工作,同时通知井下值班医生赶往事故现场查看人员受伤情况并进行应急处理。调度室随后电话通知矿长、总工程师、各副矿长和应急指挥部成员,并向集团领导进行了汇报。

集团和矿领导在接电话通知后立即到矿,在详细了解事故时间、地点、事故现场、受威胁人员以及现场应急处置等情况后,宣布成立应急救援指挥部,并下达命令应急救援小组成员积极开展救援工作。

在冲击发生1小时20分钟后,井下灾区全部人员安全撤离升井,随后指挥部命令井下救援待命人员升井。之后安全矿长先后向山东省煤矿安全监察局鲁西分局值班室、济宁市煤炭局调度值班室进行了汇报。

灾区全部人员自行升井后,矿立即安排灾区所有人员到医院进行查体,经排查有2人受伤,其中一名员工牛某伤势稍重,有2处肋骨骨折,肺部挫伤,另一人孙某左下肢骨折;其余人员未受轻伤以上伤害。

附件6 黑龙江省某矿"11·27"煤尘爆炸事故应急救援案例

2005年11月27日21点40分,黑龙江省某矿发生煤尘爆炸事故,事故发生时共有221人在井下作业,该矿难共造成171人遇难,其中包括169名井下遇难矿工和2名地面工作人员。

一、事故矿井概况

该矿于1956年建井,经过矿井改造,于1972年建成,核定生产能力50×10^4 t/a,实际生产能力50×10^4 t/a。

矿井开拓方式为斜井多水平开拓,4条斜井进风,立风井回风,安装两台G4-73-44ND-28D型主要通风机,通风方式为中央并列式,采区分区抽出式通风，矿井总入风量为 6442 m³/min，总排风量为 6703 m³/min。

矿井瓦斯等级为高瓦斯矿井，相对涌出量为 18.14 m³/t，绝对瓦斯涌出量为 22.28 m³/min，矿井安装 KJF-2000 型瓦斯监测系统，分站 23 台，甲烷传感器 53 台，风机开停开关 30 台，风门开关 14 台，风速传感器 10 台，运行正常，矿井消防系统健全。井下静压水池共计 3 座，容量为 600 m³。消防尘管路齐全。

全矿开采 5 个煤层，厚度 0.6~0.9 m，煤尘爆炸指数 32.3%~35.2%，各煤层煤尘具有强爆炸性。

全矿 6 组采煤队，15 组掘进队，采掘队组的分布在三个采区。

全矿共划分 2 个水平，±0 m 标高以上为一水平，-200 m 标高为二水平，-200~-500 m 标高为二水平下山区，一、二水平开采已经结束，生产水平为二水平下山采区。

井下 -200 m 标高有 2 条主运石门，4 条主要采区大巷，分别通往一采区、二采区、三采区三个作业采区，采区分别有轨道下山、回风下山和箕斗下山。

二、事故经过及现场

事故发生时，矿值班领导总工程师、机电副总工程师、调度值班员听到巨响，随即停电，井上下通信中断。经检查，发现带式输送机机房被摧毁，带式输送机斜井井颈塌陷；主要通风机停止运转，防爆门被冲开，反风设施被损坏。随后值班人员向公司调度室汇报，通知所有矿领导。当时判断可能是井下发生了爆炸事故，并立即组织力量进行事故抢险救灾。

事故发生后，立即成立抢险救灾指挥部，启动事故应急预案，制定抢险救灾工作实施方案：

（1）紧急调集救护队应急队伍。

（2）实施抢修地面供电系统和主要通风机及附属设施。

（3）救护队进入灾区侦察，搜救遇险人员。

（4）主要通风机恢复运转。

（5）四局救护队进入井下灾区，一、二、三采区搜救遇险人员，排查遇难人员。

（6）分别在井上下设置救灾指挥基地，救护大队领导在井下指挥。

（7）恢复灾区通风系统，施工临时通风设施。

（8）设置矿工队伍指挥部搬运遇难人员，运出井外。

（9）对遇难人员清点人数，继续搜救未找到的人员。

（10）对 30101 掘进工作面进行气体测定与化验分析。

（11）恢复井下掘进，供风，供电。

（12）恢复灾区掘进、排放瓦斯等。

三、事故原因

直接原因为工人在275皮带主煤仓下给煤腔内，用乳化炸药包爆破处理堵仓，造成给煤机脱落，扬起强爆炸煤尘并达到爆炸界限，失火引起煤尘爆炸。

间接原因为：①矿井火药管理混乱，爆破措施不落实。井下爆破崩仓没有采取安全措施，没有使用《煤矿安全规程》规定的火药，火药随意领取，未使用的火药和雷管没有返库，随意放置，处理堵仓的爆破人员没有爆破工资格证。②防尘制度不执行，防尘措施不落实。主运皮带井和275皮带虽然安装了防尘设施，但是没有按规定实施洒水消尘，造成煤仓给煤机和皮带道产生积尘。③机电管理混乱，使用不合格电气产品。据调查，使用的爆破器没有防爆资格证。

四、事故应急救援情况

1. 救护队救援情况

矿井发生事故后，在救灾总指挥部的领导下，成立救护队内部救灾指挥部、救护行动指挥部，统一指挥、安排救护队的行动。矿方安排熟悉井下生产、技术、通风、机电情况的后勤保障人员在指挥部待命，并随时提供技术资料，物品供应。

救护总指挥迅速召集各队负责人了解现场情况，并做了详细的分工，专职电话员，专职记录员，并科学果断地制定行动方案和紧密的工作程序，大兵团作战，救援工作正式启动。

（1）建立畅通的井下通信系统。救灾指挥部成立后，根据事故类别和井下灾害程度建立井下救援基地，安排救护队指挥员在井下跟班指挥，传达地面指挥部的命令，根据救灾需要具体安排救护队的行动。事故波及的三个采区，每个大队各负责一个采区的侦察任务，在井下基地留守一个待机小队。基地储备一定数量的救护装备和板材、水泥、风筒、风机等必要物资，进入灾区的小队携带灾区电话和井下基地保持联系，井下基地和地面指挥部保持通信畅通（共铺设引路线2000 m），快速反应灾区情况。

（2）指挥科学，按救护规程操作，避免时间上的浪费和人力物力的消耗。救灾行动指挥部决定采取集中兵力，分区、分段抢救，地毯式搜救工作。已走过的路线全部标在工程示意图上，每队用不同颜色以示区别，各队不走冤枉路和重复路，争取宝贵的时间，提高了工作效率和救灾水平。在救援过程中，每个侦察小队都把侦察路线及遇难者上图,并签字留名,为确定遇难人员的位置和人数提供了依据。

2. 救援过程中遇到问题的处理

(1) 煤仓口冒烟处理。煤仓着火,侦察小队发现煤仓向外冒烟,立即汇报井下基地指挥部,井下基地领导立即决定对煤仓气体进行检测,当确定无爆炸危险时,立即组织队伍用帽斗装水,将煤仓内的余火浇灭。

(2) 30101 掘进工作面气体变化。三采区 30101 掘进工作面,当第一个侦察队进入时测得:瓦斯浓度为 10%,一氧化碳浓度为 2%,氧气含量为 17%,温度 30 ℃,能见度 2~3 m,烟雾大,刺激眼睛流泪。行动指挥部听取侦察队汇报后,立即向总指挥部报告,总指挥部下令井下搬运遇难人员和所有工作人员全部升井,由救护队再次进行侦察和进行气体分析。行动指挥部经过研究,在全巷道设三个检测点,里面为 1 号点,中部为 2 号点,进口处为 3 号点。侦察时轻起轻落,烟尘爆炸后的煤尘、灰尘比较厚,每个队长携带矿泉水,必要时洒水。经侦察,取样化验气体的化验结果见附表 6-1。

附表 6-1 三个点抽取的气体(移动化验车)化验结果

采样地点	分析时间	分析结果/%							
		O_2	N_2	CO	CH_4	O_2	C_2H_4	C_2H_2	C_2H_6
1 号点	21:00	2.5020	28.330	2.8330	64.1200	1.8890	0.1073	0.0343	0.0351
2 号点	21:40	19.6000	75.7400	0.4585	3.4280	0.3901	0.0177	0.0070	0.0068
3 号点	22:10	20.0200	78.6100	0.0673	0.8245	0.1123	0.0030	0.0010	0.0015

经三次侦察检测无明火,确定排放瓦斯,解放 101 灾区;对排放瓦斯制定了详细的措施,并由副大队长亲自带队组织排放瓦斯工作。历行 8 h 完成排放任务。

附件 7 山西坤龙煤业有限公司"10·1"一般运输事故应急救援案例

2018 年 10 月 1 日 12 时 18 分许,山西坤龙煤业有限公司 4101 综采工作面回风顺槽发生一起运输事故,造成 1 人死亡,直接经济损失 142.25 万元。

一、事故矿井基本情况

山西坤龙煤业有限公司现开采 4 号煤层,设计生产能力为 0.6 Mt/a。矿井井田地质构造简单,水文地质类型中等,低瓦斯矿井,煤层平均厚度为 1.39 m,自燃倾向性为Ⅱ级自燃煤层,发火期为 88 天,煤尘具有爆炸性。4 号煤层全井田全区不带压开采,标高高于奥灰水水位标高;矿井正常涌水量为 16 m^3/h,最大涌水量为 34 m^3/h。

(1) 采掘布置:山西坤龙煤业有限公司现采 4 号煤层,划分为 2 个采区:41 采区和 42 采区,现作业区域为 41 采区,布置有 4101 综采工作面(工作面长度为 200 m,顺槽剩余长度为 214 m),4102 运输顺槽、4102 回风顺槽掘进工作面(已贯通)。回采工作面采用走向长壁综合机械化采煤、全部垮落法管理顶板,掘进工作面采用掘进机(爆破)落煤、锚杆(索)+金属网+W 钢带支护。

(2) 矿井开拓方式:矿井采用斜—竖混合开拓方式,即主斜井、副立井和回风立井。主斜井斜长 560 m,倾角 23°,用于提煤、进风等任务,兼矿井安全出口;副立井垂深 230 m,净直径 5 m,担负矿井运料、提矸、进风、人员上下和敷设管路等任务;回风立井垂深 208 m,净直径 5 m,担负矿井回风任务,装备梯子间,为矿井的另一个安全出口。

(3) 提升运输系统:主斜井安装 DTL-100/20 型带式输送机,配套电机功率为 2×160 kW,担负矿井原煤提升任务;副立井选用 JK-3×2.2/31.5E 型单滚筒提升机,电机型号为 YSP-10,功率为 560 kW,担负矿井辅助提升任务;运输上山配备 DTL-80/20 型带式输送机,配套电机型号为 YBK2-250M-4,功率为 2×55 kW,担负矿井原煤运输任务;轨道大巷至轨道上山安装一部 SQ-120/132B 型无极绳连续牵引车,电机型号为 YBK2,功率为 132 kW,铺设 24 kg/m 钢轨;采掘工作面辅助运输采用 JD-1.6 调度绞车牵引 1 t 系列矿车、材料车、平板车接力运输。

(4) 供电系统:矿井供电采用双回路电源供电,一回引自距矿井 3.5 km 的山西大土河焦化有限公司的 110/35/10 kV 中心(南山)变电站 10 kV 电源侧,架空导线为 LGJ-150。另一回引自距矿 3.5 km 的大土河 2×1.5×104 kV·A 电厂的 10 kV 电源侧,架空导线为 LGJ-150,两回线路分列运行,一回工作,一回带电备用。

(5) 排水系统:副立井井底车场附近设主排水泵房和主、副水仓,水仓总容量为 1100 m^3;主排水泵房安装三台 DF155-30×10 型水泵,配套电机型号为 YB3-4 型,功率为 220 kW,一台工作,一台备用,一台检修。

（6）通风系统：矿井采用中央并列式通风，通风方法为机械抽出式。在回风立井安装两台 FBCDZNo‐22/2×132 型轴流式通风机，配备电机型号为 YBF2355S‐8，功率为 2×132 kW，一台工作，一台备用。主斜井、副立井进风，回风立井回风，矿井总进风量 4126 m³/min，总回风量为 4234 m³/min；通风总阻力为 789.38 Pa，等积孔 2.99 m²，矿井通风难易程度为容易。

（7）防灭火系统：采煤工作面采用黄泥灌浆和喷洒阻化剂两种防灭火方式，配备 1 套 JSG9 型矿井移动式束管采样系统和 GC‐6980A 型煤矿专用火灾气体色谱分析系统对煤层自然发火进行采样监测。地面站安装有两台 DQ‐50YPN25‐20 型离心式下液泥浆泵，灌浆管路选用 Φ108×4 mm 无缝钢管，沿回风立井、回风大巷、回风上山经工作面回风顺槽到达采空区进行注浆。

（8）"六大系统"：矿井选用 KJ340 型监测监控系统，实现对井下瓦斯浓度、一氧化碳浓度、温度、风速等的动态监控；选用 KJ278 型人员定位系统，实时掌握井下各个作业区域人员的动态分布及变化情况；选用 KT450‐D 型无线数字调度系统，容量 256 门，完成矿井内部行政、生产调度等功能，井下设固定电话，局部直通电话；在井下采掘巷道、回风巷道作业处以及避难硐室均按设计安装了 ZY‐J 型压风自救装置和 GZJ‐6 型供水施救装置；在井底轨道大巷处设一个可容纳 100 人的永久避难硐室，在轨道上山与 4101 综采工作面顺槽联络巷处设 2 个可容纳 25 人的临时避难硐室。

二、事故经过

2018 年 10 月 1 日早班运料队队长郝某组织召开班前会，安排当班运料队在 4101 回风顺槽回收道轨、枕木及风水管，同时讲了安全注意事项，并安排了具体工作。早上 6 时 35 分刘某、付某、冯某、张某入井，通过轨道上山无极绳绞车把矿车运送到 4101 综采工作面回风顺槽。到达作业地点后四人把物料装到平板车上，装好物料捆绑一道绳后，刘某安排付某、冯某两人分别开上下两部调度绞车，张某负责跟车。随后张某把沿途挡车栏打开后又返回原地发开车信号，张某发了电铃信号，平板车就开始行车，张某与平板车同行，刘某继续在装料点整理。付某在绞车运行时发现钢丝绳突然松动并隐约听到叫声，立即停止绞车运行并刹车，此时时间为 12 点 18 分。

三、事故现场

1. 事故现场勘察路线

副立井（入井）→副立井井底车场→轨道大巷→轨道上山→4101 综采工作面

运输顺槽→4101 综采工作面→4101 综采工作面回风顺槽→轨道上山→轨道大巷→副立井井底车场→副立井（出井）。

2. 现场勘察情况

（1）无极绳连续牵引车位于轨道上山上部停车场，未见异常，轨道大巷及轨道上山的轨道、挡车设施均完好。

（2）在 4101 综采工作面回风顺槽 126 m 处，一辆平板车前轮向轨道南侧掉道。车上装载一层水泥枕木，枕木上面为长 6 m 的道轨、钢管。

（3）平板车上装载的道轨、钢管捆扎一道钢丝绳，钢管、道轨前端向平板车南侧散开并撞击到巷道南侧巷帮底部，并向前滑移，

（4）4101 综采工作面回风顺槽 126 m 处巷道右侧巷帮底部有长 1.5 m 明显的撞击痕迹，一根钢管端头焊接的支阀门掉落，断裂面无锈蚀。

（5）平板车两头均挂有与绞车相连的钢丝绳，钢丝绳护绳在平板车上搭着，未与平板车连接。

（6）4101 综采工作面回风顺槽调度绞车、轨道、挡车栏、捕车器均完好。

四、事故原因

事故直接原因为：运料队在运输回收道轨、钢管等长件物料时，捆绑不牢固，装载物件重心偏后，物料在运输过程中震动散开，撞击巷帮，导致平板车掉道；跟车工张某违章行走于下行运输平板车右前方附近，受到掉道平板车上装载道轨、钢管的撞击致颅脑损伤而死亡。

五、事故应急救援情况

1. 事故救援

事故发生后，付某离开绞车沿着矿车行进的方向察看，当行走约 50 m（此处距 4101 综采工作面回风顺槽与回风上山交叉口 126 m）时发现矿车掉道侧翻，张某侧躺在回收的道轨、水管下面呻吟，付某立即叫喊在装料点的班长刘某进行救援，刘某立即跑过来，随后冯某也从下部绞车处赶过来，三个人开始组织抢救，抢救的同时刘某向调度主任刘某进行了汇报。调度主任刘某立即安排班长刘某进行现场急救并及时护送出井，12 点 22 分安排调度值班员通知地面值班矿长任某赶紧去副立井口接应，12 点 25 分到矿长办公室向宋某进行了口头报告。

矿长宋某随即启动应急救援预案，立即安排调度主任刘某，通知司机康某准备车辆到副立井井口等候。随后矿长宋某、值班矿长任某、调度主任刘某赶到副立井口等待接应，任某安排井口信号工刘某将罐笼停在井底等候伤员，随后康某

把车开到井口等候伤员出井。12点40分，刘某、付某、冯某用简易的担架把张某平抬着护送出井，并将张某抬到车上。约12点55分送到离石区人民医院，13点08分死亡。

2. 事故报告情况

事故发生后，12点20分运料班长刘某电话报告矿调度主任刘某，12点25分刘某向矿长宋某口头报告，宋某立即启动应急预案，同时用电话上报了主体企业和中阳县煤炭工业局值班室："井下发生一起运输事故，造成1人重伤，现正在全力抢救"。12点55分伤者张某被送到离石区人民医院，经抢救无效于13点08分死亡。13点22分中阳县煤炭工业局值班室向山西煤矿安全监察局吕梁监察分局值班室电话汇报了事故情况。13点35分宋某再次向中阳县煤炭工业局值班室电话汇报了事故情况，随后书面报告上报中阳县煤炭工业局值班室。

附件8　山西申南凹焦煤有限公司一般机电事故应急救援案例

2018年10月10日14时10分，山西乡宁焦煤集团申南凹焦煤有限公司（简称申南凹焦煤）井下20102综采工作面发生一起机电事故，造成1人死亡，直接经济损失176.3万元。

一、事故矿井基本情况

中南凹焦煤有限公司是山西乡宁焦煤集团有限责任公司子公司之一，矿井核定生产能力1.2 Mt/a，井田面积为8.1203 km²，矿井工业储量为42.66 Mt，设计可采储量24.50 Mt，服务年限11 a。

申南凹焦煤矿井采用立井开拓；通风方式为中央并列式；通风方法为机械抽出式；供电系统实现了双回路供电；矿井瓦斯等级为低瓦斯，绝对瓦斯涌出量为7.47 m³/min，相对瓦斯涌出量为3.72 m³/t，二氧化碳绝对涌出量为3.76 m³/min、相对涌出量为1.87 m³/t；煤层自燃倾向性鉴定为Ⅱ级自燃煤层；安全监控系统完善，运行正常。

事故地点为20102综采工作面，20102综采工作面开切眼沿2号煤层倾向布置，顺槽沿2号煤层走向布置，均沿煤层顶板掘进成巷。两顺槽均为矩形断面，采用锚网配合锚杆、锚索、梯子梁联合支护；顺槽长度为1286 m，工作面长度为180 m，煤层厚度为2.65～4.95 m，平均采高为4.2 m；设计可采期17个月。工作面采用走向长壁后退式采煤方法，全部垮落法管理顶板。

工作面主要设备：MG300/730-WD 型采煤机 1 台，ZZG6000/22/47 型液压支架 124 架，SGZ-764/500 型可弯曲刮板输送机 1 部，SZZ-764/132 型转载机 1 部，PLM1000 型破碎机 1 台，DSJ100/40/2×200 型可伸缩带式输送机 1 部，BRW-400/31.5 型乳化液泵站 2 台，BPW315/10 型喷雾泵 2 台，矿用隔爆兼本质安全型负荷中心 2 台。

运输顺槽、回风顺槽各设置 2 部固定电话。乳化液泵站、工作面刮板输送机机头、工作面每 10 架支架各安设 1 部 KJC-YJ 语音打点通信控制预警机，用于相互传递语音信息。

二、事故经过

2018 年 10 月 10 日 6 时 40 分，队长秦某主持召开综采队早班班前会，安排了文明生产、设备检修、工作面连网、打眼注浆等工作。当班跟班副队长王某进行了具体分工：班组长王某与柴某加密 1-50 号支架的网片连接，李某等 9 人去 50-124 号支架连网，苏某等 3 人搞文明生产，袁某等 6 人缩 40 t 溜槽，杨某开泵站、徐某修刮板输送机、刘某验收产量。

班前会后 24 人陆续下井，8 时许，到达工作面各地点开始工作。泵站工杨某到达现场时两台乳化液泵处在停止状态。9 时许，因工作面支架操作需要，开启乳化液泵。13 时许，因拆除管路，停止运行乳化液泵。大约半小时后，负责拆除管路的苏某到泵站告知杨某"管路改好了"。（这期间 5 号支架作业的柴某见王某进行了支架操作，随后跨过挡煤板进行网片连接。）14 时 10 分，王某正在 3 号支架煤壁处连网作业，90 号支架处的李某通过语音装置喊话要求开乳化液泵，杨某通过语音装置回复"开泵了，注意安全"。此时，跟班副队长王某正从运输顺槽行至工作面运输机机头处，听到有人"啊"了一声，发现 3 号支架护帮板把人挤压住了。

三、事故现场

1. 勘查路线

地面→副立井→井底车场→集中轨道大巷→20102 回风顺槽对口联巷→20102 综采工作面回风顺槽→20102 综采工作面。

2. 地面勘查情况

综采队 10 月 10 日早班班前会会议记录和出入井人员登记表显示：事故发生的综采工作面作业人员为 24 人，均为班前会安排的入井作业人员。

3. 井下事故现场勘查情况

事故地点位于井下一采区 20102 综采工作面 3 号支架处。现场勘查时，3 号支架护帮板处于收回状态，操作阀组 11 个操作手把均处于"零"位，限位装置处于闭锁状态。经实地测量，该支架护帮板收回状态下，前梁下距刮板输送机槽帮距离为：左侧 1.95 m、右侧 1.4 m；该支架护帮板打开状态下，护帮板下端距刮板输送机槽帮距离为：左侧 0.75 m、右侧 0.2 m。

四、事故原因

王某违反《20102 综采工作面作业规程》和《20102 综采工作面收尾、回撤安全技术措施》，操作支架后未将该支架的操作阀手把归至"零"位，乳化液泵开启时该支架护帮板突然打开，挤伤在 3 号支架护帮板下正在连网的王某头部，导致其死亡。

（1）通过询问事故地点邻近 5 号支架作业的柴某，事故发生前他曾发现王某操作支架，随后跨过挡煤板进入支架内进行网片连接。

（2）通过询问事故发生时正巡查至运输机机头的跟班副队长王某，在收回护帮板操作时，发现该护帮板操作手把处于右侧（打开护帮板）位置。

（3）现场进行了 3 号支架护帮板动作试验，试验结果表明：在护帮板操作阀手把处于右侧位置时，开启乳化液泵，护帮板即刻打开；处于"零"位时，再开启乳化液泵，护帮板不动作。

（4）通过以上调查、试验和分析，乳化液泵 13 时许停止运行后，王某进行了支架操作，但未将护帮板操作阀手把归于"零"位，3 号支架护帮板操作阀手把处于右侧位置（打开护帮板的位置）；乳化液泵再次开启时，该支架护帮板突然打开，挤伤在 3 号支架护帮板下正在连网的王某头部，导致其死亡。

五、事故应急救援情况

1. 救援过程

跟班副队长王某立即跑到 3 号支架进行操作，将护帮板收回，发现王某被挤伤了，当即用语音装置通知其他人员"有人受伤了，抓紧来溜头"。跟班副队长王某跨过刮板运输机挡煤板，发现王某头部有血，喊了一下他的名字，他"嗯"的回应了一下，随即组织柴某、李某、杨某等 10 余人就近找来木板，把王某迅速抬离事故现场。抬到机尾时，跟班副队长王某先后打电话向生产副矿长贾某和矿长张某汇报。

14 时 34 分，王某被送至地面副井口，立即把他抬到等候在副井口的救护车上并送往乡宁县人民医院抢救。11 日 4 时 30 分，王某经抢救无效死亡。

2. 事故报告情况

10月10日23时50分，申南凹焦煤向乡宁县安监局报告了"1名工人头部受重伤"的情况；11日1时47分，临汾监察分局收到乡宁县安监局申南凹焦煤"1名工人头部受重伤"的电话报告；11日5时38分，临汾监察分局收到乡宁县安监局申南凹焦煤"重伤人员经抢救无效死亡"的报告。

附件9　河北吕家坨矿业分公司"2·19"触电事故应急救援案例

2017年2月19日17时50分，开滦能源化工股份有限公司吕家坨矿业分公司（以下简称吕家坨矿业公司）井下－800三采配电室内发生一起触电事故，死亡1人，直接经济损失69.01万元。

一、事故矿井基本情况

吕家坨矿业公司隶属于开滦集团公司旗下的开滦能源化工股份有限公司，原由波兰设计，是一座设计能力为1.5 Mt/a的大型水采矿井，矿井位于唐山市古冶区境内，西距唐山市区18 km，北距古冶9 km。2004年6月，采煤工艺实现了由水采向综采的整体转型，经过系统改造和设备升级，核定生产能力3.3 Mt/a。吕家坨矿业公司2016年全矿井绝对瓦斯涌出量为11.513 m³/min，相对涌出量为1.874 m³/t，矿井属于低瓦斯矿井，建有完善的通风、排水、提升、运输、供电、监测监控等生产系统。

矿井采用立井多水平集中大巷上山开拓，煤层群联合开采，主要井巷布置在煤层群最下可采煤层（12号煤层）底板以下，采区从水平大巷开拓平、斜石门贯通各可采煤层。目前矿井共有－600、－800、－950三个水平，生产集中在－800、－950水平。开采顺序为自上而下；采煤方法为综合机械化采煤，开采方式为走向长壁、后退式开采；一次采全高，采用自然垮落法管理顶板。

事故地点－800三采配电室位于矿井－800水平大巷三采区附近，硐室布置于12号煤层底板岩石中，与－800大巷标高基本相同。－800三采配电室内设有7台6 kV高压隔爆开关、20台6 kV矿用一般型高压开关柜、7台移动变压器、20台低压馈电开关、2台照明综保、1台隔爆型交换机和1台安全监控分站。－800三采配电室6 kV高压采用单母线分段方式结线，电源分别取自－800中央变电所和－950五采皮带变电所。主要承担503－2皮带、－950三采皮带、－950综采皮带、6191风专动力、瓦斯泵、6191工作面配电点等负荷，其设施、设备均完好。

因-800三采配电室供电范围较大,涉及多处生产用电,因此检修时采用分1、2段交替停送电方式,1、2段之间由一台1-2开关柜联络。事故当班安排检修第1段高压开关柜和第1段低压馈电开关。吕家坨矿业公司救护队抢险后在地板上留下的伤者位置显示:机电科副班长吴某斜倒在8319号PT柜和8310号进线柜后方的电缆沟盖板上。

二、事故经过

2017年2月18日,吕家坨矿业公司机电科组长杨某编制了检修-800三采配电室1段母线及1段低压设备停送电工作票,副班长吴某审阅后按规定程序进行了审批。

2017年2月19日两点班,根据吕家坨矿业公司批准的配电室周期检修安排:吕家坨矿业公司机电科副班长吴某带领组长杨某、员工张某、王某、李某、张某、杨某共7人检修-800三采配电室1、2段高压母线和低压开关。按照停送电工作票安排,8319号PT开关柜未列入1段高压母线检修范围。

15:30左右,7人乘井下人车到-800三采配电室,副班长吴某开始布置检修工作,说明了检修范围和时间:17:00—19:00检修-800三采1段高压开关母线和低压开关,19:00—21:00检修-800三采2段高压开关母线和低压开关。

安排杨某等3人检修高压开关母线,安排张某等2人检修配电室低压开关。要求检修1段高压开关母线时,只能打开8311至8310号开关柜后上盖,后下盖不打开。

布置完工作后,吴某让大家先吃饭。吃完饭后吴某带领李某去-950综采皮带配电室按倒闸操作票和第二种停送电工作票的工作程序进行倒闸。倒完闸后,吴某在皮带配电室打电话通知杨某可以停电了。杨某指挥王某在-800三采配电室进行停电操作。停好电后对1段高压母线进行验电、放电、封地、设置警戒线,开始检修。17:25左右,吴某和李某回到三采配电室。1段高压母线检修完毕后,吴某进行检查,无问题后安排杨某等3人开始恢复检修完毕的高压开关后盖。17:50左右,吴某在高压开关后方突然倒地,杨某等3人听见"哐当"一声。杨某立刻上前查看,发现吴某仰面倒在8319号PT柜和8310号进线柜后方的电缆沟盖板上并伴有呻吟声,意识到吴某可能触电,大家上前对吴某进行抢救,掐人中和人工呼吸。同时张某机电科调度站汇报。张某打电话后到现场发现8319号PT柜后上盖打开着,由于PT柜下口带电,张某认为危险,怕抢救人员触碰发生事故,于是张某将PT柜后上盖盖上并紧好螺丝。现场人员不间断轮流对吴某进行人工呼吸。

三、事故原因

1. 直接原因

-800三采配电室8319号PT柜内的控制变压器，电源取自8310柜下口电源侧。检修时，8310柜电源未停电，8319号PT柜控制变压器接线柱处于带电状态。吴某清扫8319号PT柜时碰触带电部位，导致发生事故。

2. 间接原因

（1）现场人员违章作业。-800三采配电室检修负责人为现场组长杨某，检修范围由组长在停送电工作票中确定。检修前，现场副班长吴某未认真审阅停送电工作票，未能准确掌握停电范围。倒闸回来后，在不了解工作进程情况下，盲目打开8319号PT柜后上盖，清扫PT柜控制变压器接线柱时碰触带电部位，造成事故。

（2）设备检修的安全管理不到位。一是-800三采配电室检修只由现场组长随意确定检修1、2段高压开关母线的停送电范围；二是此次检修的停送电工作票规定，参加检修人员共6人，班长未列入其中，停送电工作票中的安全措施未按规定进行贯彻；三是各级领导对-800三采配电室检修工作重视不够，未安排有关管技人员盯在现场；四是公司对机电科的安全管理薄弱，致机电科在-800三采配电室检修方面出现了诸多漏洞。

（3）技术管理有漏洞。虽然机电科编制了井下配电室高、低压电气设备检修安全技术措施，但缺乏可操作性。-800三采配电室检修未制定有针对性的安全技术措施，埋下了事故隐患。

（4）安全教育和培训不到位。员工安全意识差，危险预知、危害辨识能力不强；现场其他人员未及时提醒和制止班长的违章行为，现场作业人员未做好自主保安和相互保安。

四、事故应急救援情况

1. 事故救援经过

吕家坨矿业公司救护中队值班室17：58接调度室唱某通知，-800三采配电室有一名电击伤员，命令救护队迅速出动救援（吕家坨矿业公司调度室在命令救护队出动的同时，请求开滦总医院林西医院立即启动救援预案进行现场救援）。救护中队带班队长许某迅速带领值班小队携带相关装备17：58出动，18：02到达-800下井口，18：11到达车场乘车，18：32到达-800三采车场，

18:33到达-800三采配电室现场,发现被电击伤员仰卧在8319号PT柜和8310号进线柜后方的电缆沟盖板上,头朝里,脚朝外。许某立即对被电击伤员进行检查,其神智、呼吸、脉搏、血压无,瞳孔扩散放大,双手有电击痕迹,立即对其进行心肺复苏、抗休克处理,直至19:42医生到达现场接手进行检查抢救。19:54在医生指导下边向外运边抢救,19:56到达三采车场,20:28到达-800下井口,20:32到达-800上井口,此时开滦总医院林西医院救护车已经在上井口等候。20:33将其抬运至医院救护车,20:54到达林西医院做进一步抢救,21:45经抢救无效,医生宣布吴某死亡。

2. 生产安全事故应急处置评估

吕家坨矿业公司"2·19"事故发生后,公司立即启动了应急预案,通知了公司救护队下井救援,同时向公司有关领导进行了汇报。公司主要负责人接到事故汇报后及时向有关部门报告了事故。

在本次事故救援过程中,现场人员处置得当,救护队出动迅速、及时,应急救援队伍、人员、装备、物资储备、资金保障、防范次生事故等措施落实到位。

本次救援体现了吕家坨矿业公司应急管理规章制度健全,执行得力,编制的应急预案切合实际,培训、演练到位。

本次应急救援工作整改建议:井下发生生产安全事故后,现场人员应按照应急预案要求,直接向公司调度室进行汇报。

参 考 文 献

[1] 河南煤矿安全监察局. 煤矿安全生产应急管理[M]. 北京：煤炭工业出版社，2012.

[2] 国家安全生产应急救援指挥中心. 生产安全应急管理[M]. 北京：煤炭工业出版社，2007.

[3] 王志亮，等. 煤矿安全生产应急管理：井工[M]. 北京：煤炭工业出版社，2015.

[4] 国家安全生产应急救援指挥中心. 煤矿企业应急管理与救援[M]. 北京：煤炭工业出版社，2011.

[5] 国家安全生产应急救援指挥中心. 煤矿企业应急预案编制指南[M]. 北京：煤炭工业出版社，2007.

[6] 吴永平. 煤矿应急救援组织指挥实务[M]. 北京：煤炭工业出版社，2014.

[7] 周心权，常文杰. 煤矿重大灾害应急救援技术[M]. 徐州：中国矿业大学出版社，2007.

[8] 朱艳艳. 矿井灾害应急救援技术[M]. 北京：煤炭工业出版社，2017.

[9] 郝贵. 煤矿安全风险预控[M]. 北京：煤炭工业出版社，2013.

[10] 包国忠，等. 现代矿山企业安全控制创新理论与支撑体系[M]. 北京：冶金工业出版社，2007.